Detlev Quintern

Zur Leistungsfähigkeit der **„Universalistischen Geschichtstheorie“** von Karam Khella in der Analyse internationaler Zusammenhänge

Detlev Quintern

Zur Leistungsfähigkeit der **„Universalistischen Geschichtstheorie“** von Karam Khella in der Analyse internationaler Zusammenhänge

tp
THEORIE UND PRAXIS

CIP-Titelaufnahme der Deutschen Bibliothek

Quintern, Detlev:
Zur Leistungsfähigkeit der „Universalistischen Geschichtstheorie“ von Karam Khella in der Analyse internationaler Zusammenhänge / Detlev Quintern. [Hrsg. AK-Süd-Nord, Universität Bremen] – 1. Aufl.
Hamburg: Theorie-u.-Praxis-Verl., 1996
2. überarbeitete Aufl. 2020

Zur Leistungsfähigkeit der „Universalistischen Geschichtstheorie“ von Karam Khella in der Analyse internationaler Zusammenhänge

ISBN 3-921866-63-4

Theorie und Praxis Verlag
Goldbachstr. 2
D 22765 Hamburg

INHALT

1. Kapitel
Theoretische und methodische Grundsatzfragen

2. Kapitel
Zur Kritik historischer Theorien

3. Kapitel
Universalistische Geschichtstheorie

4. Kapitel
Deutsche Geschichte des 19. Jahrhunderts als Beispiel

Anhang 1

Anhang 2

Im Gedenken an meine Erkenntniswegbegleiter
Nadine Belamon, Harm Dunkhase,
Maria Rojas, Sabri Ibrahim

Vorwort

Es ist der 21. März 2020, Frühlingsanfang und, dem Persischen Kalender folgend, der erste Tag im Neujahr (Naurūz). Der Tag wird vor allem von persischen, türkischen, kurdischen Kulturen in Zentralasien und dem Balkan feierlich begangen. Das Sonnenlicht erhellt und erwärmt mein Heimbüro (*home office*); es strahlt durch die hohen, offenen Fenster. Eine sanfte Brise bewegt die Vorhänge zu einem Schattenspiel. Das Zwitschern der Vögel ist in diesen Zeiten deutlicher als sonst zu vernehmen. Menschen wie ich kommen in Folge von Quarantäne ein wenig zur Ruhe. In Folge der Pandemie, verursacht durch Covid-19, gezwungener Maßen. Ein großes Privileg, wenn ich an das medizinisches Personal in den großen und überlasteten Krankenhäusern, die Stadtreinigung, der Müllabfuhr und überhaupt an all jene denke, die das Leben gegenwärtig in der rund 20 Millionen Einwohner zählenden Metropole Istanbul versorgen und aufrechterhalten.
Am 21. Juni 1995, der Sommersonnenwende vor 25 Jahren, schrieb ich das Vorwort zur ersten Auflage des vorliegenden Buches. Eigentlich hatte ich mir vorgenommen, das Buch zu erweitern. Dies nicht zuletzt in Rückblick auf die letzten 25 Jahre, liegt doch der Arbeit die Methode *Autobiographische Erkenntnisbiographie* zugrunde. Das kann an dieser Stelle nicht geleistet werden.
Um nicht falsch verstanden zu sein: selbstverständlich ist ein isolierter Fokus auf die gegenwärtige Pandemie sicherlich fehl am Platze, genauso wie deren Herunterspielen. Sie soll in einem erweiterten Zusammenhang verstanden werden. Natürlich trifft sie die Schwächsten, Ärmsten, die von imperialistischen Aggressionen, Räubereien und Blockaden und deren Folgen am unmittelbarsten betroffenen Menschen am härtesten. Hier fehlt es oft an medizinischer Grundversorgung und Ausstattung. Wird etwa die Blockade gegen das palästinensische Gaza aufgehoben? Oder gegen den Iran? Werden Waf-

fenlieferungen für willfährige Marodeure und Todesschwadronen, sei es in Syrien, Libyen, Kolumbien oder andernorts eingestellt? Mitnichten! Die Blockade gegen den Iran wird trotz der humanitären Katastrophe in Folge der Pandemie verschärft, dies obwohl ein Gericht der Vereinten Nationen dessen Aufhebung wenigstens für medizinische Hilfslieferungen forderte. Die Lage in den Lagern der Geflüchteten vor allem an der europäischen Peripherie entbehrt jeglicher Beschreibung. Die, die nicht zuletzt in Folge der imperialistischen Heimsuchungen Asiens und Afrikas sich auf den Weg ins Ungewisse machten, haben weder ausreichende Wasserversorgung noch sanitäre Anlagen zur Verfügung. Von einem Zuhause, wohin sie sich zurückziehen könnten, ganz zu schweigen.

Kürzlich wurde vom Kauf israelischer Kleinwaffen seitens Indiens berichtet. Solche, vor allem Maschinengewehre, sind nicht zu unterschätzen, weil sie „am Boden“ in bislang unvorstellbarem Ausmaße ihr Tötungswerk verrichten. Indien stand mit seinen rund 1,3 Milliarden Einwohnern bereits kurz vor einer totalen Quarantäne. Etwa eineinhalb Monate zuvor hatte ein faschistischer Mob in vor allem muslimischen Vierteln von Neu-Delhi gewütet. Der mutige, Konfessionen übergreifende Protest indischer Studierender, zunächst an der *Jawaharlal Nehru Universität* gegen neue Gesetze hatte die brandschatzenden Schläger mobilisiert. Der Widerstand richtete sich gegen konfessionalistisch motivierte Apartheidgesetze, welche an Stelle säkularer Staatsprinzipien treten sollen.

Pause: Demet, meine Frau, kommt zurück. Sie behandelte heute mittels traditioneller Chinesischer und Japanischer Heilverfahren (Akupunktur) auf der Intensivstation eines Krankenhauses einen Professor, Spezialist für Atemwegserkrankungen. Er hatte sich mit Covid-19 infiziert. Wie so viele Ärzte gerade in der Anfangszeit der Pandemie.

Zurück: Wir wissen nicht, ob sich die Pandemie auf das Jahr 2020 beschränken wird. Oder, ob nicht in Folge von viraler Mutation in Zukunft Schlimmere auftreten werden. Ich möchte einen zeitlichen Bogen schlagen und autobiographisch in die Anfänge des Jahres 1996 zurückblicken.

Es war im Januar 1996 in welchem Cuba dem 30-jährigen Bestehen der anti-imperialistischen Zeitschrift TRICONTINENTAL[1] gedachte und in einem feierlichen Akt zelebrierte, an deren Abschluss der große Denker der Afrikanischer Befreiung, *Julius Nyerere*, geehrt wurde. *Maria Rojas*, die zuvor in Deutschland die lange unsichtbaren Wellen einer breiten Volksbewegung im Südlichen Amerika vorgestellt hatte, war es, die mich eingeladen hatte, an diesem beeindruckenden Süd-Süd Zusammenkommen teilzunehmen. Anfang 1996 kündigten sich bereits erste Keime der langen, ausdauernden praktischen Initiativen auf dem Südamerikanischen Kontinent an. Getragen von Indigenen, Frauenbewegungen, Kooperativen und Gewerkschaften in Süd-, Mittel, Zentralamerika und der Karibik vereinte sich der Kontinent. Die Bewegung der Völker trug erste Früchte.
In den zwei Monaten, die ich auf Cuba verbrachte, konnte ich auch Einblick in das Gesundheitswesen erlangen. Es war sicherlich eine der schwersten Zeiten, die Kuba nach dem Zusammenbruch der Sowjetunion erlebte: die Verschärfung der Blockade seitens der USA und anderer imperialistischer Staaten. Die Folge war eine Ausnahmezeit (*período especial*), in welcher der sozialistische Inselstaat, so gut wie abgeschnitten von jeglicher Einfuhr, die Versorgung der Hauptstadt Havanna und anderer Städte gewährleistete. In den Gärten vor den Wohnanlagen wurden Bananenstauden und anderes Obst und Gemüse angebaut, um so einen Grundstock städtischer Lebensmittelversorgung zu garantieren. Ein vorbildliches und zukunftweisendes Projekt. Städte sind, weil sie sich eben häu-

---

1 TRICONTINENTAL ist eine antiimperialistische vierteljährliche Zeitschrift, die während der Tricontinental-Konferenz 1966 in Havanna gegründet wurde. Das Magazin ist die offizielle Veröffentlichung der kubanischen Organisation **OSPAAAL** (**O**rganization of **S**olidarity with the **P**eople of **A**sia, **A**frica and **L**atin America).

fig nicht ohne aufwendige und längere Transportwege versorgen können, sehr verwundbar.
Das kubanische Gesundheitswesen war und ist vorbildlich. Das gilt sowohl für die dezentralen, stadtteilbasierten Familienärzte und -kliniken wie für die medizinische und pharmazeutische Forschung. Heute sind in Cuba entwickelte, im westlichen Afrika, z.B. gegen Ebola erprobte Heilmittel und Impfstoffe weit über Kuba und den Süden hinaus gefragt. Meine Kenntnisse im Medizinischen sind allgemeiner Natur, von Aspekten der Medizingeschichte einmal abgesehen. Aber auch für einen Laien ist offenkundig: Das Kubanische Gesundheitswesen ist hervorragend. Das konnte ich auch in verschiedenen Krankenhausprojekten in Augenschein nehmen. In einer spezialisierten Klinik wurden Augenleiden (grüner und grauer Star) nur gegen Dollar behandelt. Auch aus den USA kamen Patienten dorthin. Mit den Dollarerträgen wurden Naturheilverfahren in Kooperation mit China und Vietnam entwickelt. Die heilbotanischen Gärten in den Krankenhäusern waren beeindruckend; zuweilen fanden sich auch kleinere Heilgärten in Schulen. Prioritäten, welche nun in aller Deutlichkeit vor Augen führen, was lebensnotwendig ist und was nicht. Vor allem kubanische und chinesische medizinische Teams helfen heute in vielen Teilen der Welt; Europa, darunter dem schwer von der Pandemie betroffenen Italien[2], inbe-

---

[2] http://www.tagesschau.de/multimedia/video/video-678735.html Seit dem Wochenende sind 52 kubanische Mediziner in der Lombardei, um dem am schlimmsten von der Coronavirus-Pandemie betroffenen Land Italien zu helfen. Zu der Gruppe gehören neben Ärzten auch Pfleger und Krankenschwestern. Kubanische Ärzte und Pfleger arbeiten derzeit im Auftrag ihrer Regierung in gut 60 Ländern, wo sie teils dringend benötigte Beiträge zur Gesundheitsversorgung leisten. Sie sind für den sozialistischen Staat auch ein Mittel der Diplomatie und bringen ihrem Land auch wichtige Einnahmen. „Wir sind aus Solidarität mit den Italienern hier, sagt dieser Arzt. Unsere Regierung hat uns geschickt." Nach Angaben der Weltbank gehört Kuba zu denjenigen Ländern, die die höchste Ärztedichte im Vergleich zur Bevölkerung haben.

griffen. Und immer noch wird China rassistisch gebrandmarkt. Ein Bekannter schickte ein Foto aus den USA. An einem Kiosk steht *Klung Fu* geschrieben, um so das Land mit der Pandemie zu stereotypisieren. Asiatinnen und Asiaten werden tätlich angegriffen, beleidigt und ausgegrenzt, ob in den USA, Österreich oder Deutschland. Ob der Epidemie Erreger seinen tatsächlichen Ursprung in China hatte, ist dabei gar nicht erwiesen. Und, selbst wenn, hatte China bereits Ende Dezember 2019 die Weltgesundheitsorganisation vorbildlich und detailliert informiert.

Der Imperialismus, den ich – weil er eine das bis dato in ungekannter Weise auto-destruktive Lebensweise beinhaltet – als *Imperiozän* bezeichne, offenbart sich in seiner Monstrosität. Historisch kann das Zeitalter in seiner Genese auf das Imperium Romanum zurückgeführt werden, das bereits Wälder rund um das Mittelmeer abholzte, um seine Flotte zum Zwekke expansionistischer Raubzüge auszubauen. Das Imperium brach schließlich, auch in Folge von Widerstand sowie klimatisch bedingten Ernteausfällen und Seuchen, um die Mitte des 5. Jahrhunderts endgültig zusammen. Das frühe Christentum mit seinen unzähligen Märtyrern steht für den zivilen Ungehorsam, wie wir es vielleicht heute nennen würden, beispielhaft für den Widerstand gegen das Imperium.

Das *Imperiozän* ist in Folge seiner unaufhörlichen Politik der verbrannten Erde immer wieder von Seuchen heimgesucht worden. Denken wir nur an die durch die französischen Besatzer verursachte Pest in Palästina als Folge der Massaker und Belagerung der palästinensischen Stadt Jaffa. Vor dieser rettete sich Napoleon nach Frankreich, wo er sich zum Kaiser krönen ließ. Eine Geschichte des Zusammenhangs von imperialistischen Kriegen und Seuchen ist noch nicht geschrieben. Das gilt auch für eine Geschichte der biologischen und bakteriologischen Kriegsforschung und -führung. Denken wir nur

---

Und:
https://www.stern.de/gesundheit/gesundheitsnews/corona-hoelle-italien--warum-jetzt-sogar-aerzte-aus-kuba-helfen-9193178.html

an Anthrax, welches US-Außenminister Powell Anfang 2003 vor dem UN Sicherheitsrat in Reagenzgläsern hochhielt, um auf diese Weise dem Irak die Produktion chemischer Kampfstoffe in die Schuhe zu schieben. Heute ist Powell nahezu aus der Öffentlichkeit verschwunden. Woher aber kam das Anthrax, das innerhalb der USA in Päckchen und Briefen versandt wurde, nur um kriegspsychologisch auf die Aggression gegen den Irak einzustimmen? Lügen haben kurze Beine. Anthrax (Milzbrand) ist ein bakteriologischer Kampstoff (*Bacillus anthracis*) der in den USA produziert wird. An den Rändern der imperialen Riesenstädte finden sich Militärisch-Industrielle Komplexe, darunter Biowaffen Forschungslabore, wo auch der bakteriologische Krieg geführt wird.

Nicht nur wurde der Irak, das Zweistromland, in Folge der imperialistischen Aggression für viele noch folgende Generationen zerstört, auch die Erinnerung an die Wiege der Menschheit sollte aus dem Geschichtsdenken gelöscht werden. Dazu war es nicht notwendig, wie seitens des Imperium Romanum mit Karthago geschehen, die vormals blühende Handelsstadt dem Erdboden gleich zu machen. Das inhumane und das imperiozän charakterisierende Menschenbild „*Der Mensch ist ein Wolf für den Menschen*" (Thomas Hobbes) wurde, nachdem der Widerstand eine Besatzung des Irak unmöglich gemacht hatte, eingepflanzt. US-Experten der Todesschwadronie, die ihre Erfahrungen mit dem „*schmutzigen Krieg*", wie das gezielte und massenhafte Töten verharmlosend genannt wird, in El Salvador in den 1980er Jahren gesammelt hatten, waren die Ausbilder. Die Söldner, aufgestachelt mit sektiererischen, konfessionalistischen und ethnizistischen Ideologien wurden mit Unmengen an Kleinwaffen versorgt. Mittels neuester Medien, in alle Welt propagiert, wurde das globale Kanonenfutter auch aus europäischen Migrationszusammenhängen rekrutiert. Schließlich lieferte das perfide Szenario den Vorwand dafür, Städte wie das nordirakische Mosul, aus der Luft dem Erdboden gleichzumachen. So wurde auch mit dem syrischen Raqqa verfahren. Es ist hier nicht der Ort, darauf näher einzugehen, aber es sei auf die aufkläreri-

sche Literatur verwiesen, die der *Theorie und Praxis Verlag* seit Jahrzehnten auch in diesen Zusammenhängen publiziert. Auf den Niedergang des *Römischen Imperiums* folgte eine zuweilen als dunkles Mittelalter bezeichnete Periode in Europa, die erst nach Jahrhunderten vordergründig Arabischer Wissensadaption ganz allmählich überwunden wurde. Die unter dem Begriff Aufklärung gefaßte Periode brach sich allmählich Bahn. Die langzeitgeschichtlichen Wellen der Aufklärung reichen zurück in die Zeit der ʿAbbāsiden, in deren Regierungszeit Bagdad seit dem Ausgang des 8. Jahrhunderts zu einer Weltmetropole der Wissenschaften entwickelt worden war. Vor dem Hintergrund der Pandemie sei bemerkt, dass bereits, und nach meinem Wissen erstmalig, im Tunesien des 9. Jahrhunderts dank arabischer, medizinischer Observation und Erfahrungsauswertung Pestkranke voneinander isoliert wurden.
Noch Alexander Humboldt bemühte sich in der ersten Hälfte des 19. Jahrhunderts um Zugang zu arabischen Quellen aus der Wissensblütezeit, vor allem in Hinblick auf geographische Koordinaten von Orten in Regionen, darunter Zentralasien, die Europäern unbekannt waren. Er sah in den arabischen Wissenschaften des 9. und 10. Jahrhunderts die Begründung der modernen Naturwissenschaften, die nun allmählich in Europa Einzug hielten. Erkenntnisse, die der langzeitgeschichtlichen Herangehensweise der Universalistischen Geschichtstheorie zu verdanken sind.

Das arabische Wissenserbe ist in Folge von nach wie vor grassierendem Eurozentrismus noch immer nicht als universelles Erbe anerkannt. Araber sind nicht wir, sondern die anderen. *White Supremacy*, sprich weißes Herrenmenschendenken, zieht es vor, sich inzüchtig abzugrenzen. Nicht nur Völker und Menschen werden voneinander unter- und geschieden, sondern der Wissenscodex des Imperiums insgesamt beruht auf kategorischem Zerreißen der Einheit-Alles-Lebendigen. Als gäbe es zusammenhangslos hier den Menschen, dort den Baum. Das feingliedrige Netz des Lebens ist anders, es ist universell gewoben, unaufhörlich zusammenspielend in der Einheit des Lebens, von Natur, davon der

Mensch ein Bestandteil, und Kosmos. Leben kommuniziert stetig horizontal, anders als es vordergründig die Aristotelische Seins-Leiter fehlentwickelt hat. Es ist eben nicht der vertikale Aufstieg vom Niederen zu Höherem (Pflanze, Tier und schließlich der Mensch als Krone des Seins oder der Schöpfung), sondern das Leben entfaltet sich symbiotisch. Das westliche imperiale Denken und sein Verständnis von Entwicklung, Wissen und Wissenschaften führt sich zurück auf das Aristotelische Konstrukt von der Hierarchisierung des Seins, an dessen Spitze, wie kann es anders sein, der weiße Mann steht.

Der Niedergang des gegenwärtigen Imperiums tritt insbesondere in den Riesenstädten (*megacities*), mit ihren *Shopping Malls*, Finanz-, Bankenzentren und sonstigen Verschwendungstempeln zu Tage. Das *Imperiozän* ist Ausdruck der Agonie einer destruktiven Lebensweise in einem auch erdgeschichtlich nachhaltigen Zerstörungsprozeß Alles-Lebenden. Es ist die Epoche eines in der Geschichte des Lebens bislang unbekannten Zerstörungswahns, der sich der Entfaltung des lebendigen Seins mit Gewalt, Macht und Wissen entgegenstemmt.

Die *Universalistische Geschichtstheorie*, entwickelt von Prof. Dr. Karam Khella, hat ihre Leistungsfähigkeit unter Beweis gestellt. Sie hat nichts an Aktualität eingebüßt; eine Auseinandersetzung mit ihr ist dringlicher denn je. In der hier neu aufgelegten Ausgabe habe ich die *Universalistische Geschichtstheorie* erkenntnisbiographisch nachvollzogen, historisch als Alternative gegenüber eurozentristischen Geschichtsschulen des Positivismus und Historischen Materialismus dargestellt und in der Aufarbeitung der deutschen Orientpolitik des 19. Jahrhunderts exemplarisch skizziert.

Der Wegweisung durch Karam Khella, dem Betreuer meiner nun neuaufgelegten Diplomarbeit, gilt, ebenso wie dem Team vom *Theorie und Praxis Verlag*, mein herzlicher Dank.

Istanbul, den 29. März 2020 Detlev Quintern

Vorwort

Die Theoriebildung hat sich zwischen den positivistisch orientierten Geschichtsschulen Westeuropas und den historisch-materialistischen Strömungen des Ostens polarisiert. Im letzten Jahrzehnt des 20. Jahrhunderts herrscht in Europa nahezu ein Theoriemonopol des Positivismus und Empirismus vor. Der Sieg des Geschichtspositivismus über den dialektischen und historischen Materialismus ist freilich ein politischer Sieg. Die schlechtere der beiden Geschichtsauffassungen in Europa hat sich durchgesetzt. Ein politischer Sieg, auf dessen Welle auch die Wissenschaftler reiten.
Seit Jahrzehnten stagnierte die Theoriebildung. Neuere Auffassungen stellten lediglich Modifikationen der bisher herrschenden dar. Karam Khella erkannte einen Theoriebedarf und stellte seine „Universalistische Geschichtstheorie" vor. Dank seiner Fähigkeiten in großen Zusammenhängen zu denken, faßte er die historischen Erfahrungen der Völker zu theoretischen Abstracta zusammen.

Ich habe die Bedeutung dieser theoretischen Innovation gesehen und ihr eine Abhandlung gewidmet. Mit der vorliegenden Arbeit wurde ich in diesem Jahr diplomiert. Dem Theorie und Praxis Verlag schien diese Arbeit es wert zu sein, sie einer breiteren Öffentlichkeit zugänglich zu machen.

Mit welch irrationalem Kampf Innovation im Geschichtsdenken konfrontiert ist, verdeutlichten die Reaktionen der etablierten Lehre. Sie verhängte ein Lehrverbot gegen Karam Khella und meinte damit der Entfaltung von Erkenntnissen in die Geschichte der Menschen einen Riegel vorschieben zu können. Ein Ausweg ohne Diskussion, denn trotz dreimaliger Einladung seitens der Studierenden zur Auseinandersetzung um Inhalte und Methoden der Universalistischen Geschichtstheorie zogen es die für das Lehrverbot verantwortlich zeichnenden Professoren vor, mit fadenscheinigen Entschuldigungen fern zu bleiben. Die Auseinandersetzung zwischen dem AK-Süd-Nord und Professoren an der Universität Bremen zum Lehrverbot gegen Karam Khella ist im Anhang dieses Buches dokumentiert.

Solche Entwicklungen lassen sich nicht ohne die globalen Zusammenhänge erklären. Wir leben in einer gespaltenen Welt, in der der Norden die Herrschaft über die Völker der Welt anstrebt. Die Interventionen des Nordens – eine die weltgeschichtlich ungekannte Dimension der Barbarei verschleiernde Umschreibung – in den Süden sprechen für sich. Sie stellen die „Weltkriege“ in ihren Schatten, haben eine lange Geschichte und weisen in die Zukunft. Niemand steht abseits dieser Realität. Die Wissenschaften im Westen zuallerletzt. Für die Stagnation von Erkenntnisentwicklungen in die Zusammenhänge globaler Geschichte von unten trägt neben den herrschenden Weltsichten der Marxismus einen entscheidenden Anteil. In unsere Gegenwart praktisch einzugreifen, setzt Reflexion, Selbstkritik und Fortschritte in der Theoriebildung voraus. Die Universalistische Geschichtstheorie von Karam Khella eröffnet der Geschichte der Völker neue Perspektiven.

Bremen, den 21. Juni 1995 Detlev Quintern

1. Kapitel
Theoretische und methodische Grundsatzfragen

1. Zur Begründung der erkenntnistheoretischen Autobiographie – Eine neue Methode stellt sich vor

Seit rund 15 Jahren befasse ich mich mit erkenntnistheoretischen Fragen. Der erkenntnistheoretische Stand, den ich in der Gegenwart erreicht habe, ist Ergebnis der Auseinandersetzung mit den drei großen Schulen des 19. und 20. Jahrhunderts: Positivismus, Historischer Materialismus, Universalismus.
Es ist ein Versuch, den ich unternehmen werde, die Theorieentwicklung eines Individuums – meine eigene – in der Bewegung von Zeit und Raum zu reflektieren und darzustellen.
Eine Retrospektive auf die Evolution der Theoriebildung eines Individuums läßt die Anatomie einer komplexen theoretischen Auseinandersetzung erkennbar werden. Die Theorieevolution ist kaum optimaler darzustellen als daran, wie sie vom beteiligten Individuum vollzogen wurde.
Nach Beratung mit meinen Hochschullehrern möchte ich versuchen, diese theoretische Herangehensweise zu prüfen und die autobiographische Methode als Ansatz meiner Arbeit entwickeln. Die Methode erkenntnistheoretischer Sozialisationsaufarbeitung wird am Langzeitexperiment einer Individualgeschichte angewandt; erfreut sie sich seit einigen Jahrzehnten in den Sozialwissenschaften ihrer Verwendung – im Bereich der Erkenntnistheorie hat sie sich noch nicht durchgesetzt.[3]

---

[3] Ein Überblick zu Konzepten und Anwendungsbereichen biographischer Methoden findet sich in dem von Wolfgang Voges herausgegebenen Sammelband: Methoden der Biographie- und Lebenslaufforschung, Opladen 1987. Die empiristische Datenverwertung steht im Vordergrund der hier vorgestellten Methoden sozialwissenschaftlichen Forschung. Karl-Ulrich Mayer schreibt in seinem Beitrag „Lebenslaufforschung“ auf Seite 53 des Bandes: „Lebenslaufuntersuchungen bieten aber in ausgezeichneter Weise die Chance, individuelle Betroffenheit, die Wirkungsweise von Institutionen und gesellschaftlichem Wandel in einem ge-

Die autobiographische Methode findet vorwiegend ihre Anwendung in:

- der Medizin (anamnestischer Ansatz)
- der Psychologie (z.B. Psychoanalyse von Lebensläufen)
- der Psychiatrie/Psychopathologie
- der Sozialarbeit/Sozialpädagogik (z.B. Pennerkarrieren)
- der Soziologie (z.B. in der empirischen Sozialforschung)
- der Jurisprudenz
- der Kriminologie (z.B. Analyse krimineller Karrieren)

In all diesen Fächern ist die Kasuistik als angewandte Fallanalyse seit längerem ein didaktisch gut aufgearbeitetes Lehrmittel. Mit der Einführung der autobiographischen Methode in Felder der historischen und politischen Wissenschaften möchte ich dazu beitragen, ihr einen neuen wissenschaftsmethodischen Bereich zu erschließen. Die autobiographische Methode als ein Werkzeug der Analyse theoriegeschichtlicher Entwicklung eines Individuums soll als Experiment einer theoretischen und methodischen Innovation historischer, politikwissenschaftlicher und philosophischer Forschung verstanden werden.
Stellt die Evolution der Theoriebildung – eines letztlich individuell vollzogenen Erkenntnisprozesses – den Gegenstand der Analyse dar, dann ist die autobiographische Methode besonders geeignet, deren Entwicklungsphasen nachzuzeichnen. Von der Gegenwart ausgehend, werde ich meinen Theoriebildungsweg rekapitulieren und aufarbeiten. Ein historisches

---

samtgesellschaftlichen Rahmen zu untersuchen. Dieser Forschungsansatz ist nicht nur aktuellen gesellschaftlichen Problemlagen besonders angemessen, er ist aufgrund methodischer Entwicklungen im Bereich der Datenerhebung und Datenanalyse auch erst in den letzten Jahren realisierbar geworden." Die Zielsetzung einer solchermaßen orientierten Lebenslaufforschung ist zuallererst auf die Erhebung von Sozialstatistiken aus; der Lebenslauf eines Individuums dient somit als Objekt und Datenträger für statistische Erhebungen, deren Zweck in staatlichem Auswertungsinteresse begründet ist.

Herangehen an die eigene theoretische Gegenwart ermöglicht es, Schritte, Phasen und Stadien der Theoriebildung aufzuzeigen. Die Bausteine des Theoriegebäudes werden aneinandergefügt, um retrospektivisch die erkenntnistheoretische Gegenwart zu erreichen. Über die Rekonstruktion eines Lernprozesses werde ich den Erkenntnisweg, der mich zur „Universalistischen Geschichtstheorie" führte, zurückverfolgen und darstellen.

1.1 Kognitive und entwicklungspsychologische Aspekte individueller Lernprozesse

Die Entwicklungspsychologie hat in diesem Jahrhundert – analog der organischen Entwicklung – die Entfaltung des Psychischen und des Bewußtseins eines Menschen herausgearbeitet. Erziehern und Lehrern, aber auch Eltern, ist die Entwicklungspsychologie zur Hilfe geworden.

Im Unterschied zu den Schulen der bürgerlichen Psychologie, in denen ein biologisches, ahistorisches Menschenbild angenommen wird, hat die Entwicklungspsychologie die historische und gesellschaftliche Dimension menschlichen Verhaltens herausgestellt. Während die bürgerliche Psychologie angeborene Intelligenz (Begabung) als ein nur wenig oder überhaupt nicht abänderliches intellektuelles Potential vorgibt, betont die historische Psychologie die gesellschaftliche Dimension intellektueller Fähigkeiten, die nicht als ein biologisches, sondern als ein erworbenes, gesellschaftliches Produkt verstanden, jederzeit entwicklungs- und förderungsfähig sind.[4]

Die Entwicklungspsychologie hat vor dem Hintergrund der historisch-gesellschaftsabhängigen Dimension menschlichen Verhaltens eine spezifische Lern- und Persönlichkeitstheorie entworfen. Die Persönlichkeitsentfaltung eines Individuums ist vom Sozialisationsprozeß, den es stets in einer bestimmten Gesellschaft und einer gegebenen historischen Situation

---

[4] Karam Khella, Einführung in die Psychologie, Hamburg 1981, 65.

durchläuft, geprägt. Sozialisation – ein gesellschaftsbezogener Begriff – wird von dem Begriff der Aneignung, der subjektiven Reproduktion der objektiven Wirklichkeit, als einer persönlichkeitsbezogenen Größe, differenziert, denn: „die Sozialisation geschieht durch Aneignung von Erkenntnissen, Vorstellungen und Verhaltensregeln."[5] Die Entwicklungspsychologie ist auf die Entfaltung der Aneignungsfähigkeit des Menschen ausgerichtet, dem entsprechend sie eine Sozialisationstheorie entwickelt hat, die:

a.) die Vermittlung von Erziehungs- und Lerninhalten gemäß der Wahrnehmungen und kognitiven Fähigkeiten wahrt
b.) die Lehrinhalte adäquat des altersgemäßen Entwicklungsstadiums des Heranwachsenden vermittelt und
c.) mittels der kognitiven Psychologie die Lernschritte und -phasen eines Individuums systematisiert hat.

1.1.1 Zum Begriff der Sozialisation

Der Sozialisationsbegriff umfaßt den Vermittlungsprozeß von gesellschaftlichen Werten, Normen und Orientierungen. Familie, Schule und Universität sind wichtige Institutionen der Sozialisation. Wenn in dieser Ausführung Sozialisation, Sozialisand oder Sozialisationsträger erwähnt wird, dann immer im Rahmen der sekundären Sozialisation (Schule und Universität, im Unterschied zur primären Sozialisation, deren Trägerin die Familie ist).

Die institutionalisierte Sozialisation, die durch Programmatik charakterisiert ist, macht den weit geringeren Anteil des Sozialisationsprozesses eines Individuums aus. In der intersubjektiven Auseinandersetzung und Kognition werden durch alle Bereiche menschlichen Handelns, Empfindens und Denkens Sozialisationsinhalte vermittelt, die sich das Individuum spontan oder gezielt, jedenfalls nicht institutionalisiert, aneignet. Die auf Anpassung ausgerichtete Sozialisation in Schule und Universität bedingt die notwendige Suche nach Möglichkeiten

---

[5] Karam Khella, Wörterbuch der Sozialarbeit, Sozialpädagogik und Sonderpädagogik, Hamburg 1980, 199.

der Aneignung von nichtetablierten Erkenntnissen und Werteorientierungen.[6] Anhand der autobiographischen Sozialisationsaufarbeitung werde ich diese Wechselbeziehung aufzeigen.[7]

1.1.2 Aneignungs- versus Anpassungsbegriff

Die Aneignung ist die Grundlage der individualgeschichtlichen Sozialisation; ein Erkenntnisprozeß, in dem das Individuum die historischen Erfahrungen und Leistungen der Menschheit sich zu eigen macht. Dieser aktive Prozeß orientiert auf eine universelle Dimension; der Mensch eignet sich die Widersprüchlichkeit der Welt an.[8] Er entwickelt seine

---

[6] Den fortschreitenden Wandel der Universität von einer Lehr- zu einer Anpassungsanstalt, in der nicht nur das Quantitative über das Qualitative herrscht, sondern auch Macht über Wissenschaft, die kritische Wissenschaft aus dem offiziellen Lehrbetrieb hinausdrängt, hat Gerhard Vinnai beispielhaft anhand der Zerstörung der psychologischen Lehre auf den Punkt gebracht: „Die Universität wird immer mehr zu einer Stätte der Abschaffung des Denkens, ...“ Gerhard Vinnai, Die Austreibung der Kritik aus der Wissenschaft, Psychologie im Universitätsbetrieb, Frankfurt a.M., New York 1993, 225.

[7] Entsprechend der erkenntnistheoretischen Lebensabschnitte werde ich mich in diesem Kapitel auf die Kritik bürgerlicher Sozialisationstheorien der 70er und 80er Jahre konzentrieren.

[8] Von formgeschichtlicher Bedeutung für die Genese der „Universalistischen Geschichtstheorie“ ist Khellas erkenntnistheoretische Herausstellung: „Die Fähigkeit, die Welt zu erkennen, bedeutet eigentlich, daß der Mensch die Wirklichkeit, die ihn umgibt, widerspiegelt.“ Karam Khella, Wörterbuch der Sozialarbeit, Sozialpädagogik und Sonderpädagogik, Hamburg 1980, 199. Die Wirklichkeit wird bereits in diesem Werk universell verstanden; ein wesentlicher Unterschied zu den bürgerlichen Sozialisationstheorien, in denen das Individuum nicht darauf orientiert wird, intellektuelle Fähigkeiten – werden sie nicht als angeboren angenommen – über den konstruierten Bezugsrahmen Familie, Institution und Gesellschaft hinaus zu entwickeln. Auch die Kognitionsforschung des historischen Materialismus blieb in

Subjektivität und steht in einem bewußten Verhältnis zu sich selbst (Identität). Die Kategorie der Aneignung hebt den aktiven Anteil des Individuums im Erkenntnis- und Sozialisationsprozeß hervor.[9]
Die Sozialisationstheorie der Entwicklungspsychologie ist auf Stimulierung und Förderung der autokreativen Fähigkeiten des Menschen ausgerichtet; er lernt Position zu den Widersprüchen in der Welt zu beziehen, zielgerichtet auf die Wirklichkeit zu wirken und sie gemäß seinen Interessen und Bedürfnissen zu verändern.[10]

---

der Enge eines reduktiven Gesellschaftsbegriffes gefangen: „Die Erkenntnis richtet sich gewöhnlich auf das im gesellschaftlichen Bewußtsein verankerte Wissen über den zu erfassenden Ausschnitt objektiver Realität, das seinerseits ein Abbild von ihr darstellt." Günter Pippig, Beziehungen zwischen Kenntniserwerb und Entwicklung geistiger Fähigkeiten, Berlin 1980, 55. Ein universalistischer Erkenntnishorizont überwindet den reduktionistischen Sozialisationsrahmen und stellt eine neue Qualität erkenntnistheoretischer Orientierung dar.

9 Fritz Riedel hat vom Ansatz der Kulturhistorischen Schule ausgehend die Aneignungstheorie zur Basis einer vom ihm entworfenen Unterrichtskonzeption entwickelt. Sie ist von vier Prinzipien getragen:
1. Der wissenschaftlich fundierten Ableitung der Lernprinzipien aus der Dialektik von Phylogenese und Ontogenese,
2. dem Begreifen des Menschen als Subjekt,
3. des Ziels einer umfassenden Persönlichkeitsentwicklung und -entfaltung des Menschen,
4. dem Begreifen des Menschen als Ensemble gesellschaftlicher Verhältnisse.
Fritz Riedel, Die Unterrichtspraxis nach der Aneignungstheorie, Reutlingen 1981, 3.

10 „Für den echt humanistischen Erzieher wie den echten Revolutionär ist die Wirklichkeit, die von ihnen mit anderen Menschen zusammen verwandelt werden muß, Gegenstand des Handelns, nicht aber der Mensch selbst. Unterdrücker behandeln Menschen in der Absicht, sie zu indoktrinieren und einer Wirklichkeit anzupassen, die als solche unangetastet bleiben soll." Paulo Freire, Pädagogik der Unterdrückten, Hamburg 1973, 164. Freire ent-

Im Widerspruch hierzu steht der Anpassungsbegriff der bürgerlichen Erziehungswissenschaften und Sozialisationstheorien. Eine im wesentlichen passive Haltung gegenüber der Realität, wie der Begriff Anpassung bereits sagt.[11]
Die Wirklichkeit wird als harmonisch suggeriert; Widersprüche – einschließlich des Widerspruches zwischen persönlichen Bedürfnissen und Systeminteressen – werden aus ihr

---

wickelte in der Pädagogik der Unterdrückten eine praxisorientierte Aneignungstheorie. In der Dialektik von Aktion und Reflexion entfaltet sich der Unterdrückte auf dem Weg der Befreiung zu einer neuen Persönlichkeit. Im Rückblick auf ein Alphabetisierungsprojekt im befreiten Guinea Bissau, an dem Paulo Freire 1975 mitwirkte, beschreibt er den Prozeß des Lernens als schöpferischen Akt und stellt die kulturelle Dimension des Befreiungskampfes heraus. Eine Dimension, die in den pädagogischen Konzepten des Realsozialismus im Norden wenig Berücksichtigung fand. „Einer revolutionären Gesellschaft stellt sich also nicht das Problem, die Arbeiterklasse in Fertigkeiten zu 'trainieren', die für die Steigerung der Produktion als notwendig gelten – Fertigkeiten, die in der kapitalistischen Gesellschaft immer enger eingegrenzt werden –, sondern den Verständnishorizont der Arbeiter (Arbeiterinnen) im Hinblick auf den Produktionsprozeß zu vertiefen und zu erweitern." Paulo Freire, Dialog als Prinzip, Erwachsenenalphabetisierung in Guinea Bissau, Wuppertal 1980, 30 f.

11 Eine Variante bürgerlicher Sozialisationsweisen, der behavioristischen Lerntheorie, stellt das von B.F. Skinner als Methode entwickelte „operative Konditionieren" dar; ein System von Strafen und Belohnen, welches das Kind und den Jugendlichen zum Objekt von an Tierversuchen verglichenen Experimenten macht. „Der Lehrer spielt die Rolle eines Senders: Er teilt seine Erfahrungen mit; er gibt, der Schüler nimmt." B. F. Skinner, Erziehung als Verhaltensformung, Grundlagen einer Technologie des Lernens, München-Neubiberg 1971, 11. Ist dieses Lernverständnis ein besonderer Ausdruck der Anpassungstheorie – den bürgerlichen Sozialisationstheorien ist ein im wesentlichen durch Belohnen und Strafen „motiviertes" Ziel passiven Verinnerlichens von Lerninhalten gemein (dies trifft auch auf Rollen- und Interaktionstheorien zu).

ausgeblendet. Die Erziehung zur Anpassung ist an der Funktionalität des Einzelnen im System des Ganzen orientiert. Der Begriff der Anpassung kennt keine universelle Dimension, im Gegenteil, die bürgerliche Erziehung ist auf die Reduktion der Fähigkeiten des Menschen angewiesen. Diese werden nur so weit ausgebildet, wie sie für das System funktionabel sind. Die Funktionalität des Anpassungsbegriffs läßt keine individuelle Entfaltung zu. Lerninhalte werden selektiv, auf die soziale Stellung der Kinder und Jugendlichen in der Gesellschaft zugeschnitten und qualitativ wie quantitativ eingeschränkt beziehungsweise ausgebaut.[12] Erziehungsinhalte und -formen in für Heranwachsende aus Arbeiterfamilien geschaffenen Hauptschulen fördern z.B. nicht die Sensibilität für das Erlernen von Fremdsprachen, während dies in Hinblick auf die Karriere von Abiturienten Berücksichtigung findet. Die Sozialisation in ersteren ist auf die möglichst schnelle Zuführung in den Produktionsprozeß aus, hingegen letztere die Befähigung zu „Führungsaufgaben“ anstrebt.

---

[12] In seiner Kritik des Monolinguismus als einer Anpassung von Kindern und Jugendlichen aus Migrantenfamilien an die herrschende Sprache im deutschen Erziehungs- und Bildungswesen macht Tove Skutnabb-Tongas im Zusammenhang von Sprache als einem Instrument der Bewußtseinskolonisierung auf einen weiteren Aspekt selektiver Sozialisation aufmerksam: „Eine zweite Generation von Jugendlichen aus Einwandererfamilien, bei denen Deutsch dominiert, und die geistig kolonisiert sind, akzeptiert eher eine spätere Tätigkeit, wo sie/er die Scheißjobs machen muß, für die sich Deutsche zu gut sind, als eine Generation, die zweisprachig ausgebildet und kritisch ist.“ Tove Skutnab-Kangas, Minderheitenbildungspolitik und Rassismus/Linguizismus, Manuskript eines auf der XIII. Kemnade International vom 1.-2. Juli in Bochum gehaltenen Vortrages, 9. Eindrucksvoll hat Franz Fanon die Verinnerlichung der kolonialen Sozialisation, die sich u.a. in der Sprache widerspiegelt, und die die Persönlichkeit der Schwarzen zerstörenden Folgen dargestellt. Frantz Fanon, Schwarze Haut, weiße Masken, Frankfurt a.M. 1980.

Bewußte oder unbewußte Auflehnung gegen diese restriktive Erziehung wird als „unangepaßtes", „abweichendes", „abnormes Verhalten" oder „Delinquenz" stigmatisiert und sanktioniert.[13] Nicht gesellschaftliche Ursachen, z.B. für psychisches Leiden, werden in Therapie und Resozialisation angegangen, sondern ganz oder teilweise außer Acht gelassen. Die bürgerliche Resozialisation zielt ausschließlich auf die Wiederherstellung der Funktionstüchtigkeit des Individuums ab. Der Mensch selbst wird zur Ursache der georteten Störung erklärt. Nicht die zerstörerische Umwelt bedarf der Veränderung, sondern das Individuum soll sich dieser anpassen.
Der Anpassungsbegriff kennt keine historische Dimension; er zielt nicht auf eine besser zu gestaltende Zukunft, in deren Prozeß der Mensch das Subjekt der Veränderung ist.[14]

---

13 „'Anpassung' und 'Normalität' sind in den Köpfen der Menschen die herrschenden Begriffe. Sie haben gelernt, daß man sich anpassen muß und daß das, was die Mehrheit macht, 'normal' ist. Alles andere ist Unangepaßtheit, unnormal, abweichend – hier liegt schon in der Sprache die Diskriminierung. Die bürgerliche Wissenschaft, besonders die Pädagogik und Sozialpädagogik, haben ihr übriges dazugetan, angepaßtes Verhalten als normales Verhalten zu legitimieren. Gegen unangepaßtes Verhalten, besonders bei Kindern und Jugendlichen, wurden eine Menge Theorien und praktische Vorschläge entwickelt, sie mit Erziehung und bei 'schweren' Fällen auch mit Strafe 'wieder in die Gesellschaft einzugliedern'. Gefragt wird dabei nie, was das für eine Gesellschaft ist." Brigitte Dottke, Lernen zu widerstehen, Hamburg 1987, 11.

14 „Versuche, Dissozialität und Verwahrlosung als Symptome einer „kranken Gesellschaft" darzustellen, sind, wie jeder andere wissenschaftliche Deduktionsversuch, berechtigt, wenn sie neue Möglichkeiten für die Prävention und Therapie eröffnen können. Im Hinblick auf das dissoziale Kind oder den dissozialen Jugendlichen führen sie aus ärztlicher Sicht nicht weiter, weil sie keine Wege zur individuellen Therapie aufzeigen." siehe: H. Harbauer, R. Lemp, G. Nissen, R. Strunk, Lehrbuch der speziellen Kinder- und Jugendpsychiatrie, Berlin-Heidelberg-New-York 1976, 83. In diesem Ansatz ist der therapeutische und pädagogische Pessimismus unverkennbar. Die so verstandene

Zwischen der Anpassungs- und Aneignungstheorie ist der rollentheoretische Ansatz einzuordnen, wobei dieser ersterer nähersteht. An der Rollentheorie zu kritisieren ist die Ge-

---

individuelle Therapie zielt nicht auf das Bewußtwerden des Zusammenhanges von individuellem Handeln im gesellschaftlichen Kontext. Erkenntniswege der Reflexion des Beziehungsgeflechtes von Individuum, Gruppe, Gesellschaft und deren Milieu werden mit dieser therapeutischen Herangehensweise verschlossen. Wird sogenanntes dissoziales oder delinquentes Verhalten nicht unmittelbar bestraft, so werden die Entfaltung hemmende Schuldgefühle erzeugt, anstatt auf die Möglichkeit von Reflexion und verändernder Aktion zu motivieren und zu orientieren. Kriminelle Karrieren führen zu Bewußtsein, daß das System von Belohnen und Strafen oftmals soweit verinnerlicht ist, daß Strafe als Belohnung für „Delinquenz“ eingefordert wird. Einen alternativen therapeutischen Ansatz verfolgt die kritische Psychologie: „Man wird es praktisch ausschließen dürfen, daß es eine wirklich totale, vollständige psychische Anpassung eines Menschen an konkrete, belastende Alltagsbedingungen gibt; vielmehr lassen sich stets Momente eigenen Widerstandes gegen diese psychische Anpassung und Selbstmanipulation ausmachen, und diese positiven emotionalen Wertungen und Widerstandstendenzen müssen vom Therapeuten aufgegriffen und deren praktische Umsetzung unterstützt werden.“ K.-H. Braun, Genese der Subjektivität, Köln 1982, 313. Die Pathologie verinnerlichter Anpassung steht einer Therapie der Befähigung zur Kritik der Verhältnisse im Wege. „Das in autoritären Erziehungsstilen kollektiv verhängte Verbot, außerhalb der offenen, zugelassenen Problemfelder zu suchen, zu zweifeln, zu fragen, erweckt im Fragenden Angst, wenn er jene Forderungen introjiziert hat; sogar Abweichungen von einer etablierten Methodik machen ihm Unruhe. Hier endet die Bildung und beginnt der Gehorsam.“ Peter Brückner, Zerstörung des Gehorsams, Aufsätze zur politischen Psychologie, Berlin 1983, 27. Der Gehorsam entlädt sich dann in Kriminalität gegen die Fragenden, die Zweifelnden und heute zunehmend – wofür die rassistischen Verbrechen alltäglich den traurigen Beweis liefern – gegen die Menschen aus dem Süden, die sich nicht dieser Pathologie der Autodestruktion anpassen.

ringschätzung des Anteils des Subjekts in der Wahl seiner Optionen. Es wird unterstellt, daß das Individuum vermittels Bildung und Sozialisation auf eine bestimmte Rolle herangezogen wird. Die eigene Identität, die über unterschiedliche Aussichten entscheidet und zwischen Handlungsalternativen wählt, wird übersehen.[15]

---

[15] Der u.a. von Talcott Parsons (1902-1979) entwickelte – auch als struktur-funktional bezeichnete – rollentheoretische Ansatz erfreute sich in den 70er Jahren breiter Rezeption im Westen. „Als Persönlichkeit nimmt das Individuum an Prozessen sozialer Interaktion mittels verschiedener Rollen teil. Rollen sind organisiert und zu Kollektiven aggregiert, die zunehmend über generalisierte institutionelle Normen gesteuert werden. Die 'Spitze' des Systems bildet die Gesellschaft als Gesamtsystem, heute meist in Form eines einzigen politischen Kollektivs, in dem ein einziges mehr oder minder integriertes Wertsystem institutionalisiert ist." S. Jensen (Hrsg.), T. Parsons, Zur Theorie sozialer Systeme, Opladen 1976, 87 f. Die „Rollenerwartungen" an den Heranwachsenden seitens des Systems und seiner Erziehungsinstitutionen stehen der traditionellen „Anpassungserwartung" nahe genug, als daß Unterschiede kaum zu erkennen sind: Ein labiles Gleichgewicht zwischen Anpassung (als gesellschaftsstabilisierender Tendenz) und Selbstbestimmung (als Grundrecht) wird in den Institutionen der Sozialisation ausgemacht und auf ein Organisationsproblem reduziert.
Hans Peter Henecka, Karlheinz Wöhler, Schulsoziologie, Stuttgart 1980, 143. Der in den 70er Jahren führende Vertreter etablierter sozialpädagogischer Konzepte, Klaus Mollenhauer, verfolgte einen rollen-/interaktionstheoretischen Ansatz. Anpassung wird zu Anpassungshilfe. Dieser steht – darauf reduziert sich seine Kritik – Bürokratie und Verwaltung im Wege. „Damit werden nicht materielle Bedingungen, objektive Unterversorgung und Mangelhaftigkeit der sozialen Sicherung angeklagt, sondern das Verwaltungspersonal, die Sozialbürokratie, allenfalls die Institutionen; das Gesellschafts-System selbst kommt noch einmal davon." Karam Khella, Theorie und Praxis der Sozialarbeit, Bd. 2, Hamburg 1980, 109. Der auf Jürgen Habermas zurückgehende interaktionstheoretische Ansatz blendet die Funktion von Institutionen der Sozialisation aus dem gesell-

1.2 Denken wir uns den Erkenntnisweg als lebenden Organismus

Nach dem Vorbild der kognitiven Sensibilitätsforschung bin ich bemüht, eine gegebene Sozialisation – meine eigene – als Rahmen für die erkenntnistheoretische Entwicklung zu analysieren. Während seiner Sozialisation durchläuft ein Individuum verschiedene Stadien:

a.) eine passive-rezeptive Bestandsaufnahme
b.) eine reproduktive-erkenntnistheoretische Wahrnehmung der geistigen Umwelt
c.) eine spontane, nicht-reflektierte Infragestellung bis Ablehnung dieser (Trotzphase)
d.) eine aktive Suche und kritische Rezeption (einer nicht-etablierten und nicht-institutionalisierten Erkenntnistheorie) und schließlich
e.) das Auseinanderklaffen von Praxis und Theorie in der politischen Sozialisation

Über diesen allgemeinen erkenntnistheoretischen Entwicklungsweg kommt für einen politisch bewußten und oppositionell handelnden Menschen noch eine weitere Phase hinzu, in der er sich oppositionelle Theoriebildung und alternatives Denken contra konformistische, systemtragende Staatstheorie aneignet.

1.3 Erkenntnistheoretische Etappen meiner Biographie

1.3.1 Von der Manipulation zur kritischen Sensibilisierung – Gymnasium (1971-1981) Nachwellen der 1968er in der Schule

Bis zu meinem Abitur durchlief ich zwei gymnasiale Modelle, ein humanistisches und ein reformorientiertes. Das humanisti-

---

schaftlichen Kontext vollends aus; selbst dessen Reproduktion innerhalb der Institutionen wird nicht berücksichtigt, sondern der Blickwinkel verengt sich auf die Interaktion von Sozialisand und Sozialisator. Klaus-Jürgen Tillmann, Sozialisationstheorien, Hamburg 1991.

sche Gymnasium war ein auf Anpassung in reinster Form ausgerichtetes; das alltägliche Morgengebet wurde vom stumpfen Pauken lateinischer Vokabeln und dem Auswendiglernen klassischer Texte abgelöst. Dazwischen waren In-der-Ecke-stehen, hin und wieder Prügelstrafen und Strafaufgaben die Abwechslung. Außer schlechten Noten hat mir dieses Sozialisationsstadium keinen persönlichkeitsfördernden Reichtum eingebracht. Der Unterricht war weder von Motivations- noch Orientierungshilfen geleitet. Das Pauken lateinischer Quellen – sie waren, neben der zusammenhanglosen Wiedergabe von Daten, weitestgehend Gegenstand des Geschichtsunterrichts – war von mir spontan abgelehnt. Ich trotzte dieser Sozialisationsweise, was das Vergessen der Lehrinhalte und somit kaum Erkenntnisgewinn mit sich brachte. Die so erfahrene Sozialisation demotivierte die Aufnahmebereitschaft von Lehrinhalten. Mit dieser Erfahrung sah es auf dem folgenden, ebenfalls humanistischen Gymnasium, auf das ich wechselte, nicht anders aus. Aufgrund der schlechten Noten wurde ein weiterer Schulwechsel angeraten, der mich 1976 auf einen gymnasialen Reformversuch führte. Dieses Gymnasium war auf die Anforderungen eines anschließenden Studiums ausgerichtet. Ein System von Wahl- und Pflichtkursen räumte den Schülern Entscheidungsspielraum ein, die Interessenswahrnehmung bezüglich der Lernbedürfnisse mitzubestimmen. Die von Reformansätzen getragene Lernatmosphäre war ein Motivationsimpuls, der eine Wahrnehmung der geistigen Umwelt einleitete.

Die hier unterrichtenden Lehrerinnen und Lehrer waren in ihren wissenschaftskritischen und pädagogisch-didaktischen Ansätzen von der abebbenden Welle der 68er Studentenbewegung getragen. Im angetretenen Marsch durch die Institutionen versuchten sie sich in Alternativen zu Inhalt und Form etablierter schulischer Sozialisation. Der bürgerlichen Wissenschaft wurden marxistische und andere kritische Ansätze gegenübergestellt und den Schülern vermittelt. Die Unterrichtsformen beinhalteten Gruppenarbeiten, Projekte und Referate. Schüler lernten eigenständige Darstellungs- und Präsentationsmöglichkeiten von Lehrinhalten zu entwickeln. Die Lehrer verstanden sich weniger als lehrende Autorität, denn als Lern- und Orientierungshilfen. Dieser erfahrene Motivationsschub ging mit einer reproduktiv-erkenntnistheoretischen Wahrnehmung der erstmals akzeptierten geistigen Umwelt einher. Das gewählte Leistungsfach Soziologie führte mich an die marxistische Gesellschaftsanalyse heran und verhalf mir zu einer kritischen Position gegenüber den positivistischen Schulen.

Der Unterricht war auf die Befähigung zur Kritik der positivistischen Soziologie ausgerichtet, was in den anderen Fächern, wie Politik, Psychologie, Pädagogik nicht anders war – auch hier wurde versucht, den Schülern eine kritische Sichtweise gegenüber der etablierten bürgerlichen Wissenschaft zu vermitteln. Die Motivation der Lehrenden, deren kontinuierliche sozialisationstheoretische Diskussionen innerhalb der fortschrittlichen Organisationen der 70er Jahre Früchte trugen, übertrug sich auf uns, die Schüler und Schülerinnen dieser Zeit und stimulierte eine vertiefende Auseinandersetzung mit alternativen, der etablierten Wissenschaft gegenüber kritisch stehenden Theorien. Das geweckte erkenntnistheoretische Interesse an der Gesellschaftsanalyse schlug sich 1981 in meiner Abitursarbeit nieder, die den Vergleich positivistischen und historisch-materialistischen Gesellschaftsverständnisses zum Thema hatte. Das fortschrittliche pädagogische Konzept stellte praktische Bezüge zur System- und Gesellschaftskritik her. Die Gefahren der Atomenergie wurden im Biologieunterricht behandelt und über die Teilnahme an Anti-Atomkraft-Demonstrationen in die Öffentlichkeit vermittelt. Die Auswirkungen von Isolationshaft politischer Gefangener (soziale Deprivation) wurden in Projektwochen behandelt. Außerschulplanmäßige Lerninhalte und -formen waren dem kritischen Engagement der Lehrer zu verdanken, die versuchten, nichtkonformistische Sozialisationstheorien anzuwenden und alternative pädagogische Konzepte umzusetzen. Dennoch erfuhren diese Bestrebungen Grenzen, abgesteckt durch den Beamtenstatus einerseits, wie auch die Persönlichkeitsentwicklung der Lehrenden selbst. Auf der auslaufenden Welle der 1968 angestoßenen Studentenbewegung und dem dann später einsetzenden Auflösungs- und Verfallsprozeß fortschrittlicher Organisationen schlugen nicht wenige den Weg der Anpassung oder Resignation ein; an die Stelle gesellschaftsverändernder Umwälzung trat die Suche nach Aufstiegsmöglichkeiten und dem Selbst. Begegnete ich später Lehrern, die Kurse für Marketingpsychologie in großen Konzernen leiteten, waren für andere Depression und Alkoholismus nicht selten die Folge einer Ende der 70er Jahre einsetzenden Neu- beziehungsweise Desorientierung. Von Zuversicht getragenes Engagement schlug oftmals in Karrierestreben oder resignativen Rückzug um.

Mein in dieser Sozialisationsphase aufgekommener erkenntnistheoretischer Impuls konnte sich im Rahmen Schule nicht weiter entfalten. War ein Baustein kritischer erkenntnistheoretischer Rezeption gelegt, die Suche nach vertiefender und weiterführender Orientierung hatte kein Vorbild mehr. Die Kritik an den kritischen Lehrern setzte ein. Das Zusammenfinden in Schülergruppen und die Entwicklung eigenständiger politischer Praxis ging über den Sozialisationsrahmen Schule hinaus.

Die Begegnung mit Palästinensern, die an der Schule, zusammen mit Referendaren, Unterrichtseinheiten gestalteten, prägte meine weitere politische Sozialisation. Eine unbekannte Welt eröffnete sich mir, der näherzukommen ich die Möglichkeit über Freundschaften und Besuch der palästinensischen Flüchtlingslager in Jordanien im Frühjahr 1980 hatte. Hier – in den palästinensischen Flüchtlingslagern – erfuhr ich, welche Bedeutung Lernen und Wissen für das Leben, getragen von emanzipativer Orientierung, hat. Lernten acht Kinder einer Familie auf engstem Raum in größter Selbstdisziplin, dann war ihnen bewußt, daß ihr angeeignetes Wissen sie befähigen würde, nach Palästina, von wo aus sie vom Zionismus vertrieben waren, zurückzukehren. Erstmalig hörte ich hier von mir unbekannten deutschen Philosophen – in den palästinensischen Flüchtlingslagern waren sie Gegenwart der erkenntnistheoretischen Auseinandersetzung. Das Wissen dort, selbst über die deutsche Geschichte, war weiter und tiefer – meine bisherige Sozialisationsorientierung war in Frage gestellt. Nach den Ferien zurück am Gymnasium begann ich, die Schule als Sozialisationsrahmen mehr als je zuvor in Frage zu stellen. Von der Ahnung eines anderen Blickwinkels, den ich versuchte, mir zu eigen zu machen, sah die Realität anders aus. Die Sozialisationsinhalte stimmten nicht mehr mit meinen Erfahrungen überein. Das in Pädagogik als fortschrittliches Erziehungsmodell behandelte Kibbuz[16] ist vor dem Hintergrund der palästinensischen Erfahrung ein Modell militärischer Expansion. Mir wurde bewußt, auf welche Fälschungen eine kritisch erscheinende Sozialisation aus ist, die das Einzelne aus dem Zusammenhang des Ganzen löst, um so einen bezweckten Lehrinhalt zu transportieren. Das Weltbild war erschüttert; die Suche nach alternativen Erkenntnistheorien nahm ihren Lauf.

Ausgehend von der Bedeutung der Ökonomie für erkenntnistheoretische Zusammenhänge – die marxistische Sozialisation im schulischen und außerschulischen Rahmen gab den Anstoß hierzu –, nahm ich mir vor, diese zu studieren und immatrikulierte mich bald nach meinem Abitur – nach kurzem Studienaufenthalt in Oldenburg – an der Universität Bremen für dieses Fach.

---

[16] Die Kibbuzim bildeten sich zu einem System von strategisch angelegten Wehrdörfern heraus, mittels dessen die koloniale Eroberung mit Beginn des 20. Jahrhunderts seitens des Zionismus vorangetrieben wurde; in einigen reformpädagogischen Ansätzen wird dieser entscheidende Hintergrund ausgeblendet. „Unserer Überzeugung nach kann der Kibbuz als ein Stück verwirklichter 'Mikro-Sozialismus' mit menschlichem Antlitz angesehen werden, (…) und eine Seite weiter, dies scheint für den Autor Michael Krüger kein Widerspruch zu sein, steht als Vorbedingung für die Aufnahme in ein Kibbuz: „3. man muß Mitglied im zionistischen Weltverband sein." Jenseits von Staat und Kapital, Ökonomie und Gesellschaft; 3, Frankfurt a.M., New York 1985, 250f. Zur Rolle der Kibbuzim im Entarabisierungs- und Zionisierungsprozeß Palästinas hat Nazeh Brik eine aufschlußreiche Studie vorgelegt: Nazeh Brik, Kibbuz, Legende und Wirklichkeit, Hamburg 1991.

1.3.2 Im erkenntnistheoretischen Labyrinth – Universitäten Bremen und Hamburg (1982-1986)

Die schulische wie außerschulische Sozialisation hatte erste, keineswegs fundierte Grundlagen des historischen Materialismus gelegt. Mit der Aufnahme des Ökonomiestudiums hatte ich mir vorgenommen, diese zu vertiefen und auszubauen. Ich konzentrierte mich auf das Lehrangebot, welches sich die Vermittlung marxistischer Erklärungsversuche zum Ziel gesetzt hatte. Besuchte ich einerseits Schulungen des Marxschen Kapitals, die auch in der vorlesungsfreien Zeit von Hochschullehrenden angeboten waren, so vernachlässigte ich andererseits die Pflichtveranstaltungen. Deren Inhalte – Mathematik, Statistik, Rechnungswesen, Betriebswirtschaft – gaben keine Antworten auf die sich mir stellenden erkenntnistheoretischen Fragen. Ein Zahlenspiel, indem ich jeglichen Bezug zur gesellschaftlichen Realität vermißte. Die positivistischen Erklärungsversuche der bürgerlichen Wirtschaftswissenschaften zerlegten die Totalität der Bewegung von Gesellschaften in Fragmente der Mathematik; eine metatheoretische Ebene, eine Weltsicht, die Erkenntnisziel und subjektive Haltung gegenüber der Wirklichkeit in der Wissenschaftstheorie voraussetzt, ist ihnen unbekannt.

Ausgehend vom Primat der Ökonomie – ein Grundsatz des historischen Materialismus – vertiefte ich die Rezeption marxistischer Ökonomie. Sie galt mir als ein Schlüssel, den ich versuchte auf erkenntnistheoretische Problemstellungen allseitig anzuwenden. Der historische Materialismus verführte in den hermeneutischen Zirkel; ein wissenschaftlicher Schlüssel, der jede Tür erkenntnistheoretischer Fragen zu öffnen vermochte. Die Wirklichkeit wurde durch die vorgegebene Theoriebrille gesehen. In dieser Zeit machte ich erstmals mit dem Werke Khellas Bekanntschaft. In einem selbstorganisierten Theoriekreis lasen und erarbeiteten wir uns sein Buch „Dialektischer und historischer Materialismus“.[17] Diese Selbst-

[17] Karam Khella, Dialektischer und historischer Materialismus, Hamburg 1979.

schulung verhalf zu kritischer Rezeption des historischen Materialismus; eine Alternative zu seiner in den Seminaren gelehrten ökonomistischen Variante. Die dialektische Wechselbeziehung von Sein und Bewußtsein, von Ökonomie und Politik, stellte die Bedeutung politischen Bewußtseins heraus. Die Grenzen des marxistisch-ökonomistischen Erklärungsansatzes für die Widersprüche in der Welt wurden mit der im Juni 1982 beginnenden Aggression Israels gegen den Libanon deutlich.

Durch das Engagement in der Solidarität mit den Völkern Palästinas und Libanons wurde mir bewußter: der Realität des Völkermordes und des mutigen Widerstandes des palästinensischen und libanesischen Volkes war sich nur über die Erarbeitung der konkreten historischen Dimension des israelisch-arabischen Konfliktes theoretisch zu nähern.[18] Für die praktische Solidaritätsarbeit sind grundlegende Kenntnisse und fundiertes Wissen unabdingbar. Bemühte ich mich um eine historische Erarbeitung des Palästina-Konfliktes – was ich durch Bezugnahme auf die Zerschlagung der „asiatischen Produktionsweise“ (in Palästina) durch Imperialismus und Siedlerkolonialismus in die Seminare zu tragen versuchte.[19] Von einer

---

[18] In der Zeit der israelischen Libanoninvasion (Beginn 4.6.1982) klafften zwei Welten auseinander. Die Welt der Realität – eine durch den Austausch mit palästinensischen Freunden in der Diaspora gewonnene Erfahrung – und die Welt des Scheins in der Öffentlichkeit, multipliziert durch die Medien. „Der Historiker ist einfach verblüfft, wenn er die Entwicklung der diplomatischen Künste verfolgt. Die rücksichtslosen Krieger früherer Epochen haben den Krieg Krieg, Mord Mord und Ausrottung Ausrottung genannt. Die Vandalen haben nie behauptet, daß ihre Raubzüge Friedensinitiativen seien. … Im Sprachgebrauch von Zionismus und Imperialismus steht das Wort „Friede“ für die Praxis von „Invasion“ und „Ausrottung“. Beispiel: der gesamte Ausrottungskrieg vom Sommer 1982 wird „Friede für Galiläa“ genannt.“ Karam Khella, Der israelisch-arabische Konflikt, Hamburg 1982, 120.

[19] „Marx sah in der Entwicklung der kapitalistischen Produktion spezifische Wesenszüge, die dieser in Westeuropa zugrunde la-

historisierenden und universalistischen Herangehensweise war ich – retrospektiv betrachtet – weit entfernt (schließlich stand die Grundlegung der „Universalistischen Geschichtstheorie" noch bevor) und im Reduktionismus und Determinismus des Marxismus und der empirischen Sozialforschung gefangen. Die in unseren Fächern gelehrte positivistische Variante des Empirismus trat uns, den Studierenden, als atheoretisch, akausal[20], ahistorisch und apolitisch gegenüber. Auch die marxistische Variante der Volkswirtschaftslehre, obwohl sie für sich das Prädikat politisch beanspruchte (politische Ökonomie), unterschied sich von der positivistischen Methode nicht wesentlich, soweit sie in der Analyse des Marxschen Wertgesetzes, ohne historische und politische Zusammenhänge einzubeziehen, gefangen blieb.
Von dem Erkenntnisinteresse geleitet, Einblick in die historische Dimension des arabisch-israelischen Konfliktes zu gewinnen, begann ich in Hamburg Orientalistik zu studieren, wobei ich mich jedoch auf das Erlernen des Arabischen be-

---

gen. In vielen Regionen Afrikas, Asiens und Amerikas herrschte eine Produktionsweise vor, in der diese Grundlagen nicht gegeben waren, sondern erst mit dem Eindringen des Imperialismus gewaltsam durchgesetzt wurden. Die Trennung des Produzenten von den Produktionsmitteln." Referat, integriertes Eingangsstudium, Die arabische Produktionsweise, Bremen 1982

20 „Alle Erscheinungen in der Welt sind kausal bedingt. Das Kausalitätsprinzip besagt, daß jede Wirkung eine Ursache hat; es besagt aber nicht, daß die Kausalität die einzige Form des universellen Zusammenhangs ist. Die Erscheinungen treten miteinander verschiedene Beziehungen ein: zeitliche, räumliche usw., die mit der Kausalität zusammenhängen, ohne sich auf sie zu reduzieren." Karam Khella, Theorie und Praxis der Sozialarbeit und Sozialpädagogik, Bd. 2 (2. Aufl.), Hamburg 1980, 79. Gerade dieser universelle Zusammenhang war weder in der bürgerlichen noch in der marxistischen Ökonomie berücksichtigt. Die Analyse von Krisenerscheinungen in der imperialistischen Ökonomie war entweder auf die des Auf und Ab von Angebots- und Nachfragekurven oder auf eine nationalstaatlich ausgemachte Verminderung der Ausbeutungsrate der Ware Arbeitskraft reduziert.

schränkte. Hier begegnete ich dem Typus eines deutschen Orientalistikprofessors, der von sich – ganz in kolonialer Manier – überzeugt war, das Arabische besser zu beherrschen als jeder muttersprachliche Araber. Von seinen Aufenthalten in Ägypten wußte er nichts besseres zu berichten, als daß die Kinder ihn um „stylos" (franz. Kugelschreiber) anbetteln würden. Er selbst glaubte natürlich, das arabische Wort für Kugelschreiber zu wissen. Außer für das Erlernen der arabischen Sprache besuchte ich im Hamburger Institut für Orientalistik keine weiteren Kurse, z.B. in Geschichte, was ich heute noch weniger als damals bereue. In diesem, in der kolonialen Tradition stehenden Institut war für ein Erkenntnisinteresse antikolonialer Geschichtsaufarbeitung der arabischen Völker kein Platz. Dieser widmete ich meine Zeit in nicht-institutionalisierten, nicht-systemkonformen Zusammenhängen der Palästinasolidarität. Eine Möglichkeit angeleiteter Schulung des Palästina-Konfliktes bot sich mir 1986, an der ich neben der Fortsetzung meines Ökonomiestudiums teilnahm.

1.3.3 Alternative Sozialisationswege – Angewandter Historischer Materialismus (1986-1987)

Im Frühjahr 1986 begann in Hamburg die Palästina-Schulung, die für die Dauer eines Jahres anberaumt war. Allwöchentlich versammelten sich Dienstag abends Palästinasolidarität tragende Kräfte und Interessierte, um sich in einer angeleiteten Schulung die Grundlagen und die historische Dimension des Palästinakonfliktes kontinuierlich zu erarbeiten. Das Seminar war von Karam Khella geleitet. Die Palästina-Schulung bot zum einen die Möglichkeit der Aneignung fundierten Wissens zu Ursachen und Entwicklung des israelisch-arabischen Konfliktes und stellte sich zum anderen die Aufgabe, den historischen Materialismus an einem konkreten Thema anzuwenden. Somit diente das Palästinaseminar zugleich als Qualifikation im dialektischen und historischen Materialismus. Die Arbeitsweise im Seminar war – ohne daß ein Vorwissen vorausgesetzt war – dadurch charakterisiert, daß die Teilnehmenden in Form von Referaten und Protokollen lernten, eigenständige

Erkenntnis- und Lernprozesse zu entwickeln. Ausführliche Diskussion schloß sich den Grundlagenreferaten an; die Kontroversen von Konsens und Dissens befruchteten die Diskussionsatmosphäre, die in aktuellen Fragestellungen und praktischen Bezügen (z.B. in der Vorbereitung von Diskussions- und Informationsveranstaltungen) mündete.
Erstmalig hatte ich hier die Möglichkeit, mir Grundlagenwissen in der Komplexität des Palästina-Konfliktes anzueignen und lernte, den historischen Materialismus im konkreten Kontext anzuwenden. Die historische Dimension, die wir uns erarbeiteten, reichte von der Themenstellung Palästinas in der Urgesellschaft, bis in die unmittelbare Gegenwart des Aushungerns der palästinensischen Flüchtlingslager der Jahre 1986/87.[21] Vor diesem Hintergrund eröffnete der historische Materialismus neue Erkenntnishorizonte.[22]

---

21 Seit Mai 1985 geht Amal an das schmutzige Werk der Palästinenservernichtung, das unter dem Namen Lagerkrieg bekannt geworden ist. Karam Khella, Lagerkrieg, Hamburg 1987, 19. Amal ist eine schiitisch-konfessionalistisch orientierte Organisation im Libanon, die in diesen Jahren zu einer Söldnerarmee im Dienste des Imperialismus umfunktionalisiert wurde.

22 Als ein Beispiel des angewandten historischen Materialismus in der Analyse des Zusammenhanges von „Judenfrage und Kapitalismus" führe ich beispielhaft, die in der Schulung diskutierte Studie von Abraham Léon, einem in Ausschwitz von den Nazis ermordeten belgisch-jüdischen Kommunisten an. Bereits 1942 stellte dieser heraus: „Der Rassismus ist also in erster Linie die ideologische Verkleidung des modernen Imperialismus. Die „für ihren Lebensraum kämpfende Rasse" spiegelt nichts anderes wider als den ständigen Expansionszwang, der den Finanz und Monopolkapitalismus charakterisiert." A. Léon, Kapitalismus und Judenfrage, München 1971, 96. Eine wenig beachtete historisch-materialistische Kritik des Zionismus als Rassismus hat Karl Kautsky 1914 formuliert: „In diesem Streben begegnet sich der Zionismus mit dem Antisemitismus wie nicht minder darin, daß sein Ziel dahin geht, die gesamte Judenschaft aus den heutigen Staaten zu entfernen." Und weiter auf die Frage der zionistischen Kolonisierung Palästinas bezogen: „Aber die Frage ist nicht die, ob sie in Palästina besser leben würden als heute in

Vom abstrakten gesellschaftsanalytischen Schlüssel war er in diesem Kontext ein auf der konkreten Realität fußendes Theoriegebäude. Die Wirklichkeit des Widerspruches von Imperialismus und arabischen Völkern leitete zur Anwendung von Inhalt und Methode des historischen Materialismus und nicht umgekehrt, daß die Wirklichkeit der Theorie angepaßt wurde. Inhalt und Form dieser erkenntnistheoretischen Sozialisations- und Aneignungsphase orientierte auf die schöpferische Anwendung des historischen Materialismus in der Dialektik von Theorie und Praxis.

1.3.4 Atavistische Periode – In die Theorie der Theorielosigkeit (1987-1990)

Diese für mich so fruchtbare und lehrreiche alternative Sozialisationsphase – von der Gegenwart aus betrachtet – setzte ich nicht fort, sondern orientierte auf eine in den systemoppositionellen Zusammenhängen in der zweiten Hälfte der 80er Jahre, in denen ich mich bewegte (Autonome und Antiimperialisten), verbreitete Einstellung: die Theorie der Theorielosigkeit. Diese Auffassung stellte der theoriegeleiteten Praxis eine Praxis der Theorielosigkeit gegenüber. Deren Prämisse war, daß sich eine imperialismus- und systemkritische Haltung und Praxis, ohne theoretische Orientierung entwickeln ließe. Ein konstruierter Praxisbegriff wurde der Revolutionstheorie gegenübergestellt. Die theoretische Arbeit galt in diesen Zusammenhängen als ein Hemmnis für die Praxis; eine Haltung, die nicht nur gegenüber der bürgerlich-etablierten Wissenschaft feindlich eingestellt war, sondern ebenso kritische, systemoppositionelle Wissenschaft und revolutionäre Theorie ablehnte. Sich theoretisch in diesen Zusammenhängen auseinanderzusetzen, war als kontraproduktiv verschrien.

Rußland, sondern ob die Gründung eines jüdischen Gemeinwesens dort ihnen bessere Aussichten bietet, als die russische Revolution oder auch nur die Auswanderung nach England oder Amerika." Karl Kautsky, Rasse und Judentum, Neue Zeit (Ergänzungsheft), Oktober 1914, 78/79.

Theorielosigkeit und Wissenschaftsfeindlichkeit stützten sich gegenseitig. Eine Haltung, die zur Arroganz der Theorielosigkeit eskalierte. Gegenstand der Auseinandersetzung in diesen Zusammenhängen waren im wesentlichen die Beziehungen in oder zwischen den Wohngemeinschaften, unterbrochen von sporadischen Demonstrationsaktivitäten. Eine Selbstbezogenheit, die sich eine kollektive Lebensweise suggerierte, die, war sie für die Träger dieser Vorstellung keine Realität, erst recht keine gesellschaftliche Anziehungskraft haben konnte. Zumal sich die Theorie der Theorielosigkeit auch darin wiederfand, daß jegliche gesellschaftlichen Beziehungen so weit als möglich umgangen wurden, das heißt weder eine regelmäßige Arbeit noch Studium hatten hierin ihre Berechtigung. In der praktischen wie theoretischen Isolierung von der Realität blieb nur der Rückzug auf das Selbst. Ein Kreislauf, der in Desorientierung und politischem Verfall mündete. Ein Sozialisationsprozeß, der für mich mit Stagnation bis Rückgang des zuvor erreichten erkenntnistheoretischen Standes einherging und von Persönlichkeits- und Identitätskrisen gekennzeichnet war. Der Rückzug von zielgerichteter theoretischer Arbeit in den Kult der Theorielosigkeit mündete in isolierter Abgeschiedenheit. Aus ihr befreite mich erst der Entschluß, den zu verlieren drohenden Faden theoretischer Auseinandersetzung wieder aufzugreifen und mich für das Studium der Arabistik in Leipzig einzuschreiben.

1.3.5 Die erkenntnistheoretische Konfrontation mit dem Historischen Materialismus – Spätrealsozialistische Erkenntnisvermittlung – Universität Leipzig (1990-1991)

Von der Universitätsverwaltung in Leipzig war ich im Frühjahr 1990 herzlich aufgenommen. Ich solle kommen und bekäme eine Wohnmöglichkeit im Studentenwohnheim für zehn Mark im Monat. Es war die Zeit nach der sogenannten Maueröffnung; der Verfall aller zuvor bestehenden sozialen Einrichtungen ging mit dem Vordringen der Symbole „westlicher Zivilisation“ einher. Lag alles am Boden, die Reklame der Zigarettenmarke „West“ leuchtete und am Grau der zerfallen-

den Häuser wuchsen die Satellitenantennen. Eine gespenstische Realität.
Das Studium der Arabistik war derart intensiv, daß ich mich vollends darauf konzentrieren mußte, um mitzukommen. Eine mir unbekannte Lernatmosphäre tat sich auf. Der Unterricht begann in aller Frühe am Morgen und endete in den Nachmittagsstunden. Ein didaktisch klar abgesteckter Rahmen, Konversation, Grammatik, Hörverstehen, Übersetzung, jeder Bereich hatte seine darauf spezialisierte Lehrkraft. Unter den Studenten herrschte Disziplin vor, ein Zuspätkommen wurde jedesmal von der Lehrkraft angemahnt. Die Lehrkräfte identifizierten sich mit der von ihnen betriebenen Wissenschaft. Die koloniale Arroganz, wie ich sie am Hamburger Orientalistik-Institut erfahren hatte, war hier nicht anzutreffen. Unter den Wissenschaftlern verbreitete sich die Unsicherheit spürbar. Professoren, die zuvor Philosophie gelehrt hatten, arbeiteten bereits als Heizer in Kraftwerken; jeder drohte abgewickelt zu werden, paßte er nicht nahtlos in die vom Westen vorangetriebene Neuorientierung der Lehre. Diese hatte sich jedoch zu dieser Zeit noch nicht vollends durchgesetzt; so hatte ich die Möglichkeit, einen Einblick in die letzten Züge realsozialistischer Geschichtsbetrachtung im akademischen Unterricht zu erhalten. Ich belegte Kurse für prä-islamische Kultur der arabischen Länder, arabische Kulturgeschichte und Einführung in den Islam. Herrschte unter den Lehrenden Achtung und Hochschätzung gegenüber der arabischen Geschichte und Kultur vor – ganz im Unterschied zum kolonialistischen Blickwinkel der westlichen Universitäten –, so war das Theoriegebäude des historischen Materialismus realsozialistischer Prägung dennoch nicht frei vom Eurozentrismus. Eine große Detailkenntnis paarte sich mit Elementen eurozentristischer Theoriestränge. Der Bezug von Geschichte und Gegenwart war nicht hergestellt, im Detail verlor sich die historische Kontinuität, wenn z.B. die Entwicklung der „Semitischen Sprachen“ – ein Konstrukt, der biblischen Legende von Ham, Sem und Japhet entlehnt – an einem Schaubild erklärt wurde und keinerlei Bezug zum Arabischen erkennbar war. Der historische Materialismus verfolgte einen gespaltenen Diskurs, wird in einer Chronologie von der Französischen Expedition

nach Ägypten (1798-1801) gesprochen, die Araber werden im realsozialistischen Standardwerk „Geschichte der Araber“ meist in Verbindung mit „Raubzug“ und „Metzelei“[23] im Zusammenhang mit der „vor-islamischen Geschichte“ – eine abzulehnende religiös orientierte Geschichtsdatierung, die die Kontinuität arabischer Geschichte negiert – dargestellt. Die Diskussion des eurozentristischen Geschichtsbildes des historischen Materialismus werde ich an dieser Stelle abbrechen und in einem unten folgenden Kapitel wieder aufgreifen.

War die Studienzeit in Leipzig in Einzelfragen erkenntnisreich – vor allem konnte ich die Grundlagen des Arabischen ausbauen –, so wurde die politische Wende im Denken der Lehrenden wie der Studenten immer deutlicher, was für die schließliche Rückkehr nach Bremen den Anstoß gab. In Diskussionen wurde nicht nur die Auffassung vertreten, arabische Länder, wie der Jemen, hätten niemals in den Fortschritt gelangen können, da sie ein kapitalistisches Stadium nicht durchlaufen hätten, sondern mit der Kritik an einer angeblich einseitigen Unterstützung der palästinensischen Seite durch die DDR, wurde zudem Israel rehabilitiert.

Die vollzogene Wende im Denken schlug in eine Identifikation mit dem Westen um, was besonders in der sich abzeichnenden Aggression gegen den Irak deutlich wurde. Die einsetzende Panik vor eingebildeten Giftgaswolken über Deutschland und dem möglichen Umkommen deutscher Soldaten ließ eine neue, mir unheimliche Szenerie aufsteigen, vor der ich nach Bremen flüchtete. Hatte ich zwar die Möglichkeit, mich mit arabischen Studenten und Studentinnen in Leipzig auszutauschen – in den mir vertrauten politischen Zusammenhängen der Palästinasolidarität, wollte ich mich in der Unterstützung der irakischen Völker gegen die barbarische Aggression des Westens engagieren.

---

[23] vgl. Autorenkollektiv unter der Leitung von Lothar Rathmann, Geschichte der Araber, Bd. I, Berlin 1971, 38. Zur ausführlichen Diskussion des gespaltenen Diskurses in der realsozialistischen Geschichtsbetrachtung der arabischen Völker: Karam Khella, Geschichte der arabischen Völker, 2. Aufl., Hamburg 1988, 19 ff.

1.3.6 Auf dem Wege zu neuen Erkenntnisperspektiven (1991-94)

In Bremen begann ich vom Sommer 1991 an im Übersee-Museum zu arbeiten, wo ich half, eine Tunesienausstellung vorzubereiten. In diesem Arbeitsfeld konnte ich meine bisherigen Erkenntnisse über die Geschichte der arabischen Welt einbringen.[24] Zugleich immatrikulierte ich mich an der Universität Bremen in Politikwissenschaften. War mir angeraten worden, dies zu tun, so fiel mir nichts leichter als das, da zu dieser Zeit ein Seminar zu den Problemfeldern des Nahen-Ostens von Karam Khella abgehalten wurde. In diesem Seminar wurden die historischen Hintergründe, vor denen die Aggression gegen den Irak im Januar 1991 begonnen hatte, erarbeitet; hier konnte ich nachholen, was während des Krieges versäumt war und eine Unwissenheit zur Folge hatte, die die Manipulierbarkeit der Antikriegsbewegung möglich machte: Die Herleitung der Gegenwart dieses Krieges in den historischen Kontext der zweihundert Jahre anhaltenden euro-amerikanischen Aggression gegen die arabischen Völker.[25] Dieser Kurs und die ihm folgenden Seminare zu den europäisch-arabischen sowie den europäisch-afrikanischen Beziehungen setzten sich zum Ziel, die Komplexität internationaler Zusammenhänge vor dem Hintergrund langzeitgeschichtlicher Dimensionen zu analysieren. Die Erkenntnis, daß die Gegenwart aktueller Fragestellungen nur mittels einer historisierenden Herangehensweise verstehbar wird, bahnte sich den Weg. Erscheint die bürgerliche Geschichtsbetrachtung als eine Aneinanderreihung von Brüchen entlang isolierter Daten, die an

---

24 Der von mir verfaßte Artikel „Zur medizinischen Schule in Kairouan“ versucht die wissenschaftsgeschichtliche Bedeutung der arabischen Medizin zu beleuchten; die Übersetzungen arabischer Werke der Medizin in das Lateinische bildeten die frühe Grundlage systematischer Rezeption medizinischen Wissens in Europa. Es bewegte sich vom Süden in den Norden. Übersee-Museum Bremen, Tunesien – Wüste, Wasser, Weiter Süden, Bremen 1992

25 Karam Khella, Sie kommen wieder, Hamburg 1991

scheinbar herausragenden Ereignissen festgemacht werden, so gelangt die Universalistische Geschichtstheorie zur Rekonstruktion der historischen Dimension. Kontinuität und Brüche in der Geschichte lassen sich nur mittels einer langzeitgeschichtlichen Herangehensweise an die Gegenwart ableiten. Dieser Zusammenhang wurde mir auch in dem Projekt „Kolonialismus und Kolonialgeschichte“ bewußt, das die Geschichte der frühen Expansion Europas im 15. Jahrhundert behandelte. Eine Geschichte der Eroberung, die mit dem Eindringen Portugals[26] in Afrika auf die Versklavung des afrikanischen Kontinents zusteuerte.

Inhalt und Orientierung, Theorie und Methode dieser Seminare ermöglichten ein kritisches Bewußtsein gegenüber aktuellen Entwicklungen der Nord-Süd Beziehungen und stellten eine Alternative zum Lehrangebot der etablierten Gesellschaftswissenschaften dar, in denen der Sieg des Positivismus zu unerwarteter Nachblüte gelangte. Mit der Zermürbung des Realsozialismus hat der historische Materialismus seine Lobby verloren; ein Umstand, der nicht gesehen wird. Der Positivismus erobert eine Monopolstellung, die ihn auf den Thron der Alleinherrschaft gehoben hat. Von hier aus ist er bestrebt, die Spielräume kritischer Wissenschaft zu verschließen, was nicht zuletzt in den Institutionen der Lehre durchschlägt. Die letzten Jahre meines Politikstudiums führten mir zu Bewußtsein: Kritische Lehre kann sich, auch wenn sie im curricularen Lehrangebot noch so marginal besetzt ist, nur gegen den Widerstand des Monopolanspruches der etablierten Lehre durch-

---

26 Portugal war von Anbeginn der Eroberung Afrikas seitens des Vatikans, hinter dem die europäischen Mächte und großen Handelshäuser standen, unterstützt. Das Vordringen Portugals in den Maghreb und in das westliche Afrika stand im Zeichen der Conquista. Die Expansionsorientierung Portugals und Spaniens in Richtung des amerikanischen Kontinents ist darin begründet gewesen, daß der arabische Schutzwall, der Afrika und Asien vor dem europäischen Zugriff bewahrte, bis Ende des 19. Jahrhunderts bestehen konnte. Diese Hypothese wird weiter unten, in den folgenden Kapiteln, wieder aufgegriffen und diskutiert werden.

setzen. Der monolithische Theoriesieg des Positivismus macht dies von Tag zu Tag schwerer, jedoch bringt dessen hartnäkkiger Widerstand gegen nichtkonformistische Lehre und Wissenschaft zum Ausdruck, auf welch tönernen Füßen der selbstsichere Thron des positivistischen Triumphes errichtet ist. Der Argwohn des Positivismus richtet sich vor allem auf neue erkenntnistheoretische Perspektiven, wie dies die kompromißlosen Versuche zeigen, die Keime der Universalistischen Geschichtstheorie erst gar nicht aufkommen zu lassen.[27] Die Auseinandersetzung um und mit der Universalistischen Geschichtstheorie prägte die letzten beiden Jahre meiner erkenntnistheoretischen Sozialisation. Deren Leistungsfähigkeit und Perspektiven darzustellen, ist Inhalt vorliegender Diplomarbeit. Der zurückgelegte Weg erkenntnistheoretischer Sozialisationsaufarbeitung hat mich an die unmittelbare Gegenwart herangeführt. Ich verstehe diese Diplomarbeit als die Exteriorisation[28] ihrer Aneignungsgeschichte.

---

[27] Zu der Auseinandersetzung um den Lehrauftrag von Karam Khella – ein Wissenschaftsstreit von Eurozentrismus versus Universalismus – in Politikwissenschaften an der Universität Bremen sind einige von Arbeitskreisen des AStA-AK Kritik der Wissenschaft und AK-Süd-Nord herausgegebene Publikationen erschienen, die die Entwicklung der Auseinandersetzung dokumentieren: Auch wenn sie die (Vor-) Verurteilung beschlossen haben …, Der Lehrauftrag für Karam Khella muß erhalten bleiben!, Arbeitskreis „Kritik der Wissenschaft", AStA, Universität Bremen, Bremen 1993. In einer Stellungnahme vom September 1994 zur Erklärung von Politikhochschullehrern des Arbeitskreises Süd-Nord heißt es: „Ein Hauptverdienst Khellas sind die Korrekturen, die er an der europäischen Historiographie herbeigeführt hat. Möglicherweise ist es das, was die Politikprofessoren stört. Die Politikprofessoren wollen der Geschichtsrevision keine Chance geben." (siehe den Antrag des AK-Süd-Nord an den akademischen Senat im Anhang)

[28] „Exteriorisation: Exteriorisierung (Äußerung) heißt Umsetzung innerer, gedanklicher abstrakter Inhalte in die Praxis. Interiorisation und Exteriorisation sind die beiden Komplementärseiten des Lernprozesses. (…) Der Jugendliche teilt seine Gedanken in

1.4 Mein Erkenntnisweg – Rückblick und Perspektive

Ein Erkenntnisweg ist niemals linear. Stellt sich die Erkenntnissuche als ein kontinuierlicher Prozeß dar, so ist dieser von Rückschlägen, Desorientierung und Brüchen gekennzeichnet. Ein Widerstreit von alten und neuen Einsichten motiviert eine vertiefende Ergründung theoretischer Zusammenhänge. Kritik und Selbstkritik eines einmal erreichten Erkenntnisstandes, öffnet der Suche nach neuen Erkenntnissen die Türen, um sie schließlich mit gemachten Erfahrungen in Einklang zu bringen.

Mein Leben konfrontierte mich mit entscheidenden erkenntnistheoretischen und weltanschaulichen Ansichten und forderte heraus, mich mit diesen auseinanderzusetzen. Die einmal getroffene Einsicht in die Unzulänglichkeit einer Weltsicht, veranlaßte mich, zu erneuter Suche mich in Bewegung zu setzen. Ich kann von einer historischen Fügung sprechen, wenn sich der Kreis dieser erkenntnistheoretischen Suche schließt. Die Universalistische Geschichtstheorie, die ich im folgenden Teil der Arbeit behandeln werde, bietet die Möglichkeiten, die Theoriedefizite von Positivismus und historischem Materialismus zu überwinden und den Weg in Richtung eines universalistischen Erkenntnishorizontes zu bahnen. Die bisherige Gliederung meiner Biographie entspricht dem Spektrum der Auseinandersetzung in der heutigen Theoriewelt. In den zurückliegenden 20 Jahren durchwanderte ich die letzten 200 Jahre erkenntnistheoretischer Theoriebildung. Mittels der autobiographischen Methode rekonstruierte ich die zweihundertjährige Phylogenese der Theoriebildung in der Sozialisationsaufarbeitung meiner erkenntnistheoretischen Ontogenese. Der Kreis schließt sich – von der individualgeschichtlichen Rekapitulation der Theoriebildung gelange ich zur phylogenetischen Dimension der großen Schulen der vergangenen beiden Jahrhunderte: Positivismus, historischer Materialismus und Universalismus.

Diskussionen und Debatten satzförmig mit.“ Karam Khella, Einführung in die Psychologie, Hamburg 1981, 178.

2. Kapitel
Zur Kritik historischer Theorien

2.1 Kritik am Geschichtspositivismus

Das Aufkommen von positivistischem Geschichts- und Gesellschaftsdenken im Europa des 19. Jahrhundert stellte gegenüber dem bisherigen Erkenntnisstand einen Fortschritt dar. Es drängte das metaphysische und spekulative Denken zurück. „Der Positivismus entwickelte sich zu einer „wissenschaftlichen Weltauffassung“ (Auguste Comte 1798-1857), die für sich reklamierte, das letzte von drei Stadien der Theoriebildung erreicht zu haben. Nach Comte durchlaufe alle menschliche Spekulation, „ontogenetisch wie phylogenetisch betrachtet, drei Stadien der Theoriebildung: das theologische, das metaphysische und das positive.“[29]

---

[29] Rudolf Haller, Neopositivismus: eine historische Einführung in die Philosophie des Wiener Kreises, Darmstadt 1993, 21. Das positive Stadium, in das Gesellschaften in ihrer historischen Entwicklung münden würden, war nach positivistischem Denkschemata als gesellschaftlich stabiler Körper in Harmonie verstanden. Zur Beweisführung dieser Behauptung versuchte der Positivismus, Gesetzmäßigkeiten aus den Naturwissenschaften in die historischen und gesellschaftlichen Denkweisen einzuführen. Dieser „Theorieschlüssel“, der dem Verständnis von Naturgesetzen im Kontext der Zeit entlehnt war, kann als ein Charakteristikum sowohl des Positivismus als auch des in den 20er Jahren darauf aufbauenden Neopositivismus (Wiener Kreis) verstanden werden; letztlich diente diese Weltsicht als Instrument einer Systemstabilisierungs- und Ordnungstheorie, die im Sinne der Herrschenden versuchte, klassenkämpferischem Bewußtsein entgegenzuwirken. „Bereits 1825 hat Comte im saint-simonistischen *Le producteur* die Geltungsansprüche der Sozialwissenschaft nach dem Modell von Mathematik und Physik zu sichern gesucht und erklärt ‘daß wir unter gesellschaftlicher Physik die Wissenschaft verstehen, welche das Studium der gesellschaftlichen Phänomene zum eigentümlichen Gegenstande hat, diese Phänomene in dem selben Geiste, wie die astronomischen, phy-

Der Positivismus integrierte einen Theoriebestandteil des arabischen Rationalismus in sein Denkschemata – ohne daß ihm diese Vorgeschichte bewußt war – und etablierte die Methode des empirischen Beweises im europäischen Geschichtsdenken.[30]
Diese Methode verkürzte und verabsolutierte der Positivismus dahingehend, „daß jede Behauptung, die nicht genau auf den bloßen Ausdruck einer Tatsache, einer besonderen oder allgemeinen, zurückzuführen ist, keinen tatsächlichen und verständlichen Sinn bieten kann.“[31] Mit der Fixierung „auf den bloßen Ausdruck einer Tatsache“ stößt der Positivismus bereits an die Grenzen seiner Erkenntnisentwicklung.

Tatsachen (positiva) im Geschichtsverlauf zu ermitteln, kann nicht – weil selbstverständlich – Gegenstand der Kritik am Geschichtspositivismus sein. Allerdings kommt der Theorie

---

sischen, chemischen und physiologischen, d.h. als unterworfen solchen unabänderlichen Naturgesetzen, deren Entdeckung das spezielle Ziel ihrer Untersuchung ist.'“ Hans Jörg Sandkühler, Die Wirklichkeit des Wissens, Frankfurt a.M. 1991, 161. Interessant ist, das der historische Materialismus diesen Theoriebestandteil – die theoretische Ableitung einer historischen Kausalität aus naturgesetzmäßiger Entwicklung – einerseits zu überwinden versuchte, zugleich jedoch mit sich fortschleppte. Dieser Aspekt vergleichender Theoriegeschichte kann an dieser Stelle nur angedeutet werden (siehe weiter unten im Text zur Kritik des historischen Determinismus).

30 Der arabische Rationalismus hatte drei Prinzipien der erkenntnistheoretischen Beweisführung zugrunde gelegt – den empirischen, den logischen und den intersubjektiven Beweis – und damit die Erkenntnistheorie revolutioniert. Karam Khella, Geschichte der arabischen Völker, Hamburg 1994, 517. Dem logischen Empirismus (Positivismus) waren die Quellen seiner Rezeption aus der Tradition des arabischen Rationalismus entweder nicht mehr bewußt oder sie wurden geleugnet. In diesem Zusammenhang wird deutlich, daß Geistesgeschichte nur in langzeitgeschichtlicher Dimension rekonstruierbar ist.

31 Rudolf Haller, s.o., 22.

eine herausragende Bedeutung zu, wenn es gilt, Fakten und Tatbestände, „die gehäuften Erkenntnisse zu ordnen, miteinander zu verbinden, in einen Zusammenhang zu bringen, zu interpretieren und zu deuten und nicht zuletzt daraus Konsequenzen für die Praxis zu ziehen.“[32] Ohne übergeordnete theoretische Kategorien, einem abstraktem System, verlieren sich historische Tatbestände in der Zusammenhangslosigkeit, die auch für die „Informationsempfänger“ – anders lassen sich die Adressaten des Geschichtspositivismus nicht umschreiben – nicht erkennen läßt, „welche Folgen diese Erkenntnisse für ihr Welt-, Geschichts- und Menschenbild haben. Der Positivismus schafft die Voraussetzung für die Manipulierbarkeit der Menschen.“[33]

Die Menschen werden unter Nichtberücksichtigung der theoretischen Dimension in ein Labyrinth der Unüberschaubarkeit – bestehend aus einer Aneinanderreihung isoliert und zusammenhangslos stehender Ereignisse, Daten und Personen – geführt, in dem sich der Erkenntnisweg verliert. Auch ist dem Positivismus eine Beziehung von Geschichte, erkennendem Individuum und ihrer wechselseitigen Entwicklung fremd.[34]

---

32 Karam Khella, Geschichte der arabischen Völker, Hamburg 1994, 309.

33 ebenda

34 Karl Popper (1902-1994) ein Vertreter des „kritischen Rationalismus“, einer extrem ahistorischen und asozialen Variante des Neopositivismus kehrt das Prinzip der Kausalität im gesellschaftlichen Erkenntniszusammenhang auf den Kopf. Nicht die historisch-gesellschaftliche Entwicklung in den imperialistischen Metropolen des Nordens führt zu Vereinzelung, Vereinsamung, Atomisierung und Egoismus sondern umgekehrt: Die asozialen – im Sinne von egoistisch -, d.h. nichtgesellschaftlichen Verhaltensweisen, werden in einer biologistischen Denkweise als naturgebebenes Streben nach Freiheit und Anderssein gedeutet. Marxistisch-Leninistisches Wörterbuch der Philosophie, G. Klaus, M. Buhr (Hrsg.), Hamburg 1977, 960. M. Zürn, der dem Popperschen kritischen Rationalismus nahe steht, deutet dessen Verständnis von Geschichtswissenschaft folgenderma-

Die Theorielosigkeit lähmt jegliche Kritik- und Urteilskraft und zielt auf die Geschichtslosigkeit des Status quo. Hierin kommt eine Haltung des Positivisten, sei es diesem bewußt oder nicht, zum Ausdruck, die zum Kriterium der Auswahl von Fakten und Tatsachen gelangt. Sie verrät mehr über den Geschichtspositivisten als über den Geschichtsverlauf. Mohammed Bedjaoui stellt zwei Herangehensweisen an die Geschichte gegenüber: „Es gibt jedoch zwei Möglichkeiten, Geschichte zu schreiben: entweder man will die Vergangenheit wieder auferstehen lassen und sie ganz aufklären, dann ist dies ein Werk eines authentischen Historikers; oder aber man greift nur gewisse Fakten heraus, ohne sie in die lange Kette der Ursachen und Wirkungen einzugliedern, sondern isoliert sie bewußt, um nur jene festzuhalten, die eine Behauptung untermauern sollen."[35]

Im bewußten Herausgreifen gewisser Fakten vergegenwärtigt sich die Geschichte, d.h. die Fakten dienen der Funktionalisierung im Sinne einer Gegenwartsideologie. Nicht nur das „Kontrafaktum" – ein gesellschaftliches Verhalten wie „Schweigen" oder „Weigerung" – welches nicht als Quelle dokumentiert ist und von daher dem Geschichtspositivisten kein Gegenstand der Forschung ist, verschwindet, sondern es werden zudem die festgehaltenen Tatbestände, welche die Behauptungen des bürgerlichen Wissenschaftlers in Frage stellen, ausgeblendet. Die bürgerliche Geschichtswissenschaft geht in die Geschichtskriminalistik über, wenn sie sich auf die Spurensuche nach Beweisen macht und zugleich die Indizien einer anderen Geschichte verschwinden läßt. Und sie täuscht

---

ßen: „Die Geschichtswissenschaft soll sich dieser Auffassung zufolge auf die Ermittlung von Tatsachen sowie deren chronologische Ordnung beschränken." M. Zürn, Interessen und Institutionen in der internationalen Politik, Oppladen 1992, 26. Ahistorizität und Akausalität erfahren in den Theorien des „kritischen Rationalismus", der „Theorie des rationalen Handelns" und des „rationalen Egoismus" ihren unübersehbaren Aufstieg in den herrschenden Wissenschaften.

[35] Mohamed Bedjaoui, Die Palästinafrage, Beuel 1969, 11.

sich selbst ob ihrer Wertneutralität und Objektivität. Offenkundig wird das sich ergänzen von geschichtspositivistischer Theorielosigkeit und eurozentristischer Ideologie – und es sei hier nur der Anschaulichkeit halber erwähnt – u.a. in der westlichen Geschichtsschreibung außereuropäischer Völker. Dem europäischen Geschichtsbild Afrikas, Asiens, Süd- und Mittelamerikas liegen seit dem 18. und 19. Jahrhundert Reiseschilderungen, Berichte und Forschungsergebnisse von Missionaren, „Naturforschern“, „Völkerkundlern“, Kolonialsoldaten und -beamten als Quellen zu Grunde.[36] Quellen also, die überwiegend von einer rassistischen Voreingenommenheit geprägt sind und die das Interesse an der Geschichte und Lebensweise außereuropäischer Völker nur soweit zum Ausdruck bringen, wie das Erforschen dieser eine Voraussetzung

[36] Eine Konstante im europäischen Geschichtsdiskurs, die sich nicht minder wie ein roter Faden durch den Historischen Materialismus zieht. Marx, der nicht selten dem Quellenfetisch verfiel (v.a. in der Rezeption außereuropäischer Geschichte) konnte sich z.B. der historischen Persönlichkeit eines Bolivars nur über den Vergleich mit Napoleon nähern, wenn er dessen Größe herausstellte, um dann, den Vergleich verlassend, das Bild eines feigen, brutalen Despoten und Diktators auf Simon Bolivar zu projizieren. Karl Marx, Bolivar y Ponte, MEW, Bd. 14, Berlin 1969, 217. In der Herangehensweise an die außereuropäische Geschichte unterscheiden sich Marx und Engels nicht von der des Geschichtspositivismus. Interessant ist nur wie der Realsozialismus dies begründete: „Marx und Engels standen natürlich damals keine anderen Quellen zur Verfügung als die Bücher der erwähnten Autoren, deren Voreingenommenheit damals nur wenigen bekannt war. Es war daher unvermeidlich, daß Marx eine einseitige Vorstellung von der Persönlichkeit Bolivars bekam, was sich in seinem Aufsatz wiederspiegelt.“ Anmerkung der Herausgeber, ebenda, 173. Diese „Unvermeidlichkeit“ läßt die Frage offen, warum Marx kolonialistischer Abenteurer- und Söldnerliteratur Glaubwürdigkeit zukommen läßt. Dies jedoch ist weniger eine Frage der Quellenlage als der Theorie, die auch Antworten darauf geben, ob Marx sich nicht mit den kolonialen Abenteurern identifizierte.

der Kolonialherrschaft bildete.[37] Daran hat sich bis heute kaum etwas geändert; außer daß z.B. Begriffe wie „Völkerkunde" durch Ethnologie ersetzt wurden. Die Enthistorisierung der Geschichte außereuropäischer Völker hat ihre Kontinuität in der europäischen Geschichtsschreibung.[38] Sie multi-

---

37 Ein Beispiel für den Zusammenhang von „Verstehen", um zu beherrschen, stellen die anfänglichen Versuche von Missionaren – hier in Indien (15. und 16. Jh.) – dar, sich zunächst der autochthonen Sprachen zu bemächtigen und im zweiten Schritt, war der Boden der „Verständigung" bereitet, die kolonialistische Unterwerfung zu predigen. Den Missionaren war jedes Mittel recht, „auch wenn das hieß, daß sie die 'Laute' der 'Wilden' erforschen und klassifizieren mußten, um sie zu bekehren und beeinflussen zu können." A. Gupta, Kolonisierung durch Sprache, Am Beispiel Englisch in Indien, Vortragsmanuskript, September 1992, 3. Die Fortbildung dieses kolonialistischen Verständnisdranges kam mit den Disziplinen Archäologie, Anthropologie und Ethnologie im 19. und 20. Jahrhundert auf. „Wir haben die Völker der Tiefebenen untersucht, wie kein Eroberer vorher je eine unterworfene Rasse erforscht oder begriffen hat." (Hunter, ein britischer Anthropologe über seine „Feldforschung" in Afrika in den 20er Jahren). zitiert nach: G. Leclerc, Anthropologie und Kolonialismus, München 1973, 25. Die heutige Ethnologie in ihrer Ausdifferenzierung (z.B. Ethnomedizin und Ethnopsychologie) steht in der Kontinuität der europäischen kolonialistischen „Erschließung" des Südens. Die Ethnopsychologie hat ihren festen Platz in der Militärpsychologie des Westens.

38 „Der andere muß entdeckt werden", schreibt Todorov. T. Todorov, Die Eroberung Amerikas. Das Problem des Anderen. Frankfurt a.M. 1985, 291. Ein Buch das anläßlich der 500 Jahrfeiern der „Entdeckung" Amerikas zu ungeahnter Auflagenhöhe gelangte. Die autochthonen Völker des Südens werden zum Problem erklärt. Die „Anderen" neu geschaffen. „Entdecken" meint auch dann, damals wie heute, Eroberung, welche stets der eingebildeten „Entdeckung" – allein der Begriff beansprucht die fälschliche Originalität des weißen Herrenmenschen in allem und überall der Erste gewesen zu sein – folgte. Unbekannt heißt so verstanden: unbeherrscht vom weißen Mann. Die „Entdekkung" von „indigenen Völkern" wird in diesem Zusammenhang

pliziert sich stets von neuem. Der Geschichtspositivismus – und dies trifft auf jegliche Geschichtsdarstellung zu – greift in seiner Quellenfixierung subjektive Berichte auf, die als Forschungsergebnis in die Geschichtsbetrachtung der Gegenwart gelangen. Der hermeneutische Zirkel des Geschichtspositivismus kommt zum tragen. „Positivismus ist die Reproduktion eines manipulierten, zumindest subjektiven Berichts.“[39]
Die Herangehensweise des Geschichtspositivisten an historische Phänomene und Ereignisse läßt sich mit der eines Fotographen vergleichen, der ein altes Foto abfotografiert und als Zeitdokument verwendet. Zwei subjektive und voreingenommene Faktoren treffen in der Auswahl aufeinander. Zum einen die Suche des Fotographen nach einem bestimmten Motiv und zum anderen die bereits vorher getroffene Entscheidung, eine bestimmte Szenerie festzuhalten. Die Reproduktion eines subjektivierten Ausschnitts aus der Wirklichkeit reproduziert sich aufs neue. Kaum anders als wie mit der außereuropäischen Geschichte wird mit der Geschichte von unten in der bürgerlichen, positivistischen Geschichtsschreibung verfahren. Titel wie „Spuren der Besiegten“[40] sind eine seltene Ausnahme in

---

forciert: Die Segmentierung (Ethnisierung und Konfessionalisierung) historisch und kontinental integrierter gesellschaftsübergreifender Zusammengehörigkeit schafft die Voraussetzungen neuer Abhängigkeiten von „bedrohten Völkern“. Zum Objekt von „Minderheitenschutz“ werden die Völker ihrer Widerstandsgeschichte beraubt und für die Großmachtinteressen des Westens funktionalisiert. Ein auffällig zynisches Beispiel hierfür ist das kürzlich in der Presse bekanntgegebene Einrichten von sogenannten Genbanken mit den Genen autochthoner amerikanischer Völker.

39 Karam Khella, Geschichte der arabischen Völker, 310.

40 Hellmut G. Haasis, Spuren der Besiegten, Hamburg 1984. Mit dem Verschwinden des Realsozialismus und der DDR werden auch die „Spuren der Besiegten“, die Spuren der Widerstandsgeschichte von unten, noch schwerer aufzufinden sein. Die DDR-Historiker hatten einen wichtigen Beitrag dazu geleistet, sie in Erinnerung zu halten. Allein schon die Änderung der Namensgebung der Straßen in der vormaligen DDR, den heutigen „neu-

der Aufarbeitung der Widerstandgeschichte von unten in Europa, wenn auch, wie in besagtem Beispiel, ohne theoretische Dimension. Die Quellen in den „Spuren der Besiegten“ weisen auf die historische Realität dieser widerständischen Langzeitgeschichte hin. Es gibt eben auch diese Tatsachen und die Möglichkeit ihrer „Aufspürung“. Nur diese allein herauszustellen reicht nicht hin. Erst die Ordnung, Verbindung, Kontextualisierung in Zusammenhänge, Interpretation und Deutung von historischen Begebenheiten macht die Wiederentdeckung der historischen Dimension möglich. So können Konsequenzen für die Praxis in Gegenwart und Zukunft gezogen werden. Ist der Geschichtspositivismus atheoretisch, ahistorisch, akausal und apolitisch – er tritt konformistisch und

---

en Bundesländern“, läßt erahnen, wie minutiös die Spurenvernichtung der Widerstandsgeschichte von unten am Werk ist. An ihrer Stelle schreibt sich die herrschende Geschichte in das Straßenbild. Der Vergleich zweier Stadtpläne ist ein Vergleich zweier Welten; zur Orientierung kann ein Stadtplan von z.B. Leipzig aus dem Jahre 1991 heute nicht mehr dienen. Weder als Wegweiser, noch im historischen Sinne. Das Ausradieren der Geschichte von unten ist brutal und lückenlos. In der Einleitung zu den „Spuren der Besiegten“ schreibt Haasis: „Wer die untergründige Freiheitsgeschichte mühselig aufdeckt, Stück für Stück, kann alles andere als neutral bleiben. Objektiv ist nur die Weisheit, die sich sinnleer wiederholt: Der Herrscher herrscht und der Besiegte ist besiegt, weil der eine mächtiger war als der andere. Schärfste staatliche Kontrolle mag zeitweise unterbinden, daß der Funke der Rebellion überspringt. Aber von den bewundernswerten Kämpfen früherer Generationen zu hören, vermag auch den aktuellen emanzipatorischen Widerstand ein Stück zu festigen. … So gewinnt die Geschichte einen Nutzen.“ ebenda, 17. Die Frage nach dem „Nutzen“ der Geschichte stellt sich dem Geschichtspositivismus erst gar nicht – es sei denn in der Reduktion auf die Geschichte der Herrschenden. Geschichte wird für die Bestätigung und Legitimation des Bestehenden funktionalisiert. Und hier finden sich ausreichende Belege, schließlich ist die festgehaltene Geschichte zu allererst die der Herrschenden. Die Spuren der Besiegten werden vernichtet. Das Geschichtsbewußtsein wird zerstört.

staatstragend in Erscheinung, sei dies dem Geschichtspositivisten bewußt oder nicht. Ein Beispiel für Konformismus und Anpassung an den herrschenden Zeitgeist zeigt die Bismarckdebatte, die aus einem Geschichtsprojekt heraus an der Universität Bremen im Herbst 1994 angestoßen wurde. Der Projektleiter Lothar Machtan weist in seiner Eröffnungsrede zur Ausstellung „Bismarck und der deutsche Nationalmythos“[41]

---

[41] Die Ausstellung stellte sich in ihrem Selbstverständnis nach außen dar, als habe sie den sich vom 1890 bis 1940 erstreckenden Bismarckmythos dokumentiert. Tatsächlich tat sie dies und ein Besucher der Ausstellung sah sich wie mittels einer Zeitmaschine in diese Zeit zurückkatapultiert. Die politische Wertung Bismarcks folgte dann in einem im Anschluß an die Ausstellung folgenden sogenannten akademischen Streitgespräch unter dem Titel „Wie kann, soll oder darf man heute Bismarck ausstellen“, welches ausgerechnet am 9. November 1994 – dem Gedenktag an die Reichspogromnacht – in der Staats- und Universitätsbibliothek stattfand. Machthan reproduzierte hier das Bismarcksche Selbstbildnis eines „Friedensdiplomaten“ von neuem. Ein Diskussionsbeitrag stellte diesem Bild folgend heraus, daß sich heute die Frage gestellt werden müsse, ob nicht gerade ein Politiker wie Bismarck heute fehlen würde. Das Ziel der Debatte, genau diese Frage aufzuwerfen und in die Diskussion zu bringen, war damit erreicht. In einer vom AStA-Arbeitskreis Süd-Nord herausgegebenen Broschüre, die die Kritik des wiederbelebten Bismarckkultes zum Gegenstand ihres Inhaltes hat und die Vita Bismarcks in den historischen Kontext des Aufstiegs Deutschlands zur imperialistischen und kolonialistischen Großmacht einordnet, heißt es zur Zerschlagung der Pariser Kommune von 1871: „... Du kannst den Augenblick der Geschichtsrevision in Deutschland erkennen, wenn Bismarck nachträglich vor ein Kriegsverbrechertribunal u.a. wegen der Massenverbrechen an der französischen Bevölkerung gestellt wird.“ Karam Khella, Die Bedeutung Bismarcks für den Sieg des deutschen Imperialismus oder Aufgaben zur Revision der Geschichte des 19. Jahrhunderts, Hamburg 1994, 14. Die Geschichte des 19. Jahrhunderts ist noch nicht geschrieben worden. Der Geschichtspositivismus verklärt und mystifiziert nicht nur diesen nicht weit zurückliegenden historischen Abschnitt und funktionalisiert die

auf Tatsachen hin, die unbestreitbar im Raume zu stehen scheinen: „Die Allgegenwärtigkeit Bismarcks in der deutschen Öffentlichkeit zu Beginn dieses Jahrhunderts war eine Tatsache von politischer, kultureller und psychologischer Dimension."[42] Soweit die Tatsache. Der politische und historische Kontext folgt der positivistischen Tatsachenschau: „Und der Tag der deutschen Einheit ist gewiß ein hervorragender Anlaß, derartiges Wissen zu vermitteln. So soll mit dieser Ausstellung nicht nationaler Selbstverachtung das Wort geredet, sondern nur vor etwas gewarnt werden – nämlich davor, Selbst-Bilder der Nation auszublenden, die im kollektiven Gedächtnis der Deutschen noch vor wenigen Jahrzehnten tief verankert waren."[43] Der Bismarckmythos wird zu neuem Leben erweckt und Bismarck selbst als identitätsstiftende Figur in der ihm zugeschriebenen Eigenschaft des „großen Staatsmannes" (L. Machthan) für die deutsche Politik wiederentdeckt. Im Zusammenhang mit der Konstruktion von Brüchen, die sich durch die deutsche Geschichte ziehen (z.B. die

---

Geschichte der Herrschenden von gestern für politische Propagandaziele von heute. Es führe zu weit diese Variante positivistischer Trickkiste im Detail zu diskutieren. Vielmehr sollte dieses Beispiel darauf hinweisen, daß die Kritik des Geschichtspositivismus die zielgerichtete und damit politische Auswahl von Fakten, entgegen der behaupteten Wertneutralität und Objektivität, einbeziehen muß. Mag auch dieses erwähnte Beispiel geschichtspositivistischer Wiederbelebung deutscher Großmachtpolitik ein allzu offenkundiges sein (siehe hierzu auch unter dem 4. Kapitel) – in der Theorie der Theorielosigkeit, die durch Quellenfetischisierung kompensiert wird, ist dem apolitischen Geschichtspositivismus ein durchaus politischer Zug eigen. Eine gezielte Manipulationsabsicht – wie in diesem Beispiel – kann jedoch dem Geschichtspositivismus nicht allgemein unterstellt werden.

42 Lothar Machthan, Redemanuskript zur Eröffnung der Ausstellung „Bismarck und der deutsche Nationalmythos 1890 bis 1940" am 30. September 1994 in der Staats- und Universitätsbibliothek Bremen.

43 ebenda.

„Stunde Null“ nach dem sogenannten 2. Weltkrieg und der „Neubeginn“ nach 1945), hat Karam Khella auf die Systematik einer irrationalen Geschichtsaufarbeitung hingewiesen: „Jede Politik legitimiert sich durch die ihr eigene Art, die Geschichte aufzuarbeiten. Zu dieser Aufarbeitung zählen die Mittel der Auswahl von Fakten, ihre Interpretation, Rechtfertigung oder verzerrte Darstellung. Gegebenenfalls wird Geschichte reduziert oder gar gefälscht. Auch die Ausblendung von Geschichte, die Tabuisierung von Vergangenheit ist ein gegenwartsbezogenes Verhalten. Jede Geschichtsdarstellung ist eine Aussage über die Gegenwart. Jede Ideologie bereitet die Geschichte nach ihren Interessen auf. Geschichte ist niemals voraussetzungslos. (…) Die irrationale Geschichtsauffassung ist in allen Details rational durchdacht und lückenlos aufbereitet. Sie ist solchermaßen didaktisch vermittelt worden, daß die historische Irrationalität schon längst den Rang eines Dogmas genießt.“[44] Stellt die erwähnte „Bismarckdebatte“ ein Beispiel für eine solchermaßen rational betriebene Irrationalisierung der Geschichte dar, so bringt diese sicherlich eine Sonderform des Geschichtspositivismus zum Ausdruck. Historische Figuren wie Bismarck werden mystifiziert, während die treibenden Kräfte die für die Kontinuität deutscher Politik verantwortlich zeichnen, die großen Banken, Eisen-, Stahl-, Rüstungskonzerne und die Multinationalen Konzerne z.B. aus dem Elektro- und Chemiebereich, ausgeblendet werden. Eine Kritik am Geschichtspositivismus ist jedoch nicht soweit generalisierbar, als daß dieser bewußt und gezielt der politischen Manipulation in die Hände arbeite. Vielmehr birgt die Methode der Tatsachenermittlung im reduzierten Ausschnitt von Kurzzeitgeschichte und der damit einhergehenden Fragmentierung und Segmentierung von in sich integrierten langzeitgeschichtlichen Prozessen, die Möglichkeit, die herausgestellten Fakten politisch im Sinne einer Gegenwartsideologie zu funktionalisieren. Der Geschichtspositivismus vermag, wenn

---

[44] Karam Khella, Brief an die Deutschen, Betr.: Irrationale Geschichtsaufarbeitung oder Kein Abschied vom tausendjährigen Reich, Hamburg 1988, 6.

überhaupt, Kurzzeitprozesse zu erfassen – die Rekonstruktion von Langzeitgeschichte liegt außerhalb seines Erkenntniszuganges, was nicht zuletzt darin begründet ist, daß ein Zeitzeuge nur den bedingten, also begrenzten Abschnitt (Zeit) und Ausschnitt (Raum) einer von ihm durchlebten Wirklichkeit festhalten kann. Ein somit reduktiv und subjektiv bedingtes Geschichtsdokument kann nicht über den Schatten seines Autors in Raum und Zeit hinausgelangen. In der geschichtspositivistischen Tatsachenfetischisierung, das heißt der ausschließlichen Heranziehung solcher Quellen, werden historische Prozesse aus ihrem Kontext von Zeit und Raum herausgelöst, so daß sie als solche nicht mehr erkennbar sind. Daher erscheint der historische Prozeß in der geschichtspositivistischen Darstellung fragmentarisch und akausal, also zusammenhangslos. In dieser dem Geschichtspositivismus eigenen Herangehensweise an historische Prozesse ist, auch wenn dies dem einzelnen Geschichtsforscher nicht immer bewußt sein muß, die Möglichkeit der Konstruktion von Geschichtslegenden angelegt, die dann politisch funktionalisierbar sind. Die Ereignis-, Tatsachen- und Personenfokussierung im Geschichtspositivismus überlagert und verdeckt die Bewegung der Geschichte. Da der Geschichtspositivismus nicht in der Lage ist, quantitative Entwicklungen im historischen Prozeß zu erfassen, da sie nicht sichtbar sind, versperrt sich diesem auch der Zugang zur Erkenntnis qualitativen Umschlagens im Geschichtsverlauf. Brüche und Diskontinuität sind nicht von Kontinuität und Langzeitprozessen, altes nicht mehr von neuem zu unterscheiden. Die Bewegung der Geschichte bleibt im Dunkeln, Geschichtsbewußtsein wird zerstört.

2.2 Kritik am Historischen Materialismus

Der Historische Materialismus sprang in das erkenntnistheoretische Vakuum ein, das sich mit dem Aufkommen des Positivismus auftat. Weder der Positivismus – seiner theoriegeschichtlichen Genese nach in Frankreich entstanden –, noch der Idealismus eines Hegelschen Weltgeistes, vermochten eine theoretische Erklärung für den Geschichtsverlauf und die Zusammenhänge in der Gesellschaft zu liefern. Der Historische Materialismus kam diesem Kausalitätsbedürfnis entgegen und beanspruchte für sich, ein Prinzip der Bewegung der Geschichte entdeckt zu haben, welches der Menschheitsgeschichte innewohnt. Im Unterschied zu den bestehenden materialistischen und utopisch-revolutionären Schulen sehe „der moderne Materialismus in der Geschichte den Entwicklungsprozeß der Menschheit, dessen Bewegungsgesetze zu entdekken seine Aufgabe ist.“[45] Hieran ist die Erneuerung festzumachen, die die Begründer des „wissenschaftlichen Sozialismus“, zuerst Marx, dann gemeinsam mit Engels, in das Geschichtsdenken einführten. „Der moderne Sozialismus“ schrieb Engels 1880 rückblickend, mußte wie jede neue Theorie „zunächst anknüpfen an das vorgefundene Gedankenmaterial“.[46] Karl Korsch ordnete 1936 das historisch-materialistische Denksystem von Marx und Engels in den theoriegeschichtlichen Kontext: „Sie nahmen von allen Seiten. Sie nahmen von den bürgerlichen Historikern der Restaurationsperiode den Begriff der sozialen Klasse und des Klassenkampfes, von Ricardo die ökonomische Begründung der Klassengegensätze, von Proudhon die Proklamierung des modernen Proletariats als einzig wirklich revolutionäre Klasse, von den feudalen und christlichen Anklägern der neuen, aus der Revolution des 18. Jahrhunderts hervorgegangenen Wirtschaftsordnung die schonungslose Entlarvung der bürgerlich liberalen Ideale, die haßerfüllte ins Herz treffende Invektive, vom kleinbürgerlichen Sozialismus Sismondis die scharfsinnige Zergliederung der unlösbaren Widersprüche der modernen Produktionsweise, von den anfänglichen Weggenossen aus der Hegelschen Linken, besonders von Feuerbach, den Humanismus und die Philosophie der Tat, von den zeitgenössischen politischen Arbeiterparteien – den französischen Re-

[45] Friedrich Engels, Die Entwicklung des Sozialismus von der Utopie zur Wissenschaft, in: MEW, Bd. 19, Berlin 1969, 207. Die utopisch-revolutionären Denkweisen werden bei Engels als „naiv-revolutionäre“ disqualifiziert. ebenda.

[46] Friedrich Engels, Die Entwicklung des Sozialismus von der Utopie zur Wissenschaft, Berlin 1955, 63.

formisten und den englischen Chartisten – die Bedeutung des politischen Kampfes für die Arbeiterklasse, vom französischen Konvent, von Blanqui und den Blanquisten die Lehre von der revolutionären Diktatur, von St. Simon, Fourier und Owen den ganzen Inhalt ihrer sozialistischen und kommunistischen Zielsetzung…"[47] Und Marx und Engels fanden auch die Organisationen und Foren vor, die die Propagierung des „modernen Sozialismus" ermöglichte. Es waren dies die revolutionären Bünde der Zeit, wie der Bund der Gerechten, der aus dem Bund der Geächteten hervorgegangen war. Zunächst auf Einladung des Bundes der Gerechten in London, waren Marx und Engels hier Mitglieder geworden, aus dem heraus sie – nachdem der Bund in den internationalen Bund der Kommunisten umgebildet wurde[48] – als Autoren des 1848 erscheinenden „Manifest der Kommunistischen Partei" hervorgehen sollten. „Die Geschichte aller bisherigen Gesellschaft ist die Geschichte von Klassenkämpfen", leitet das „Manifest" ein. Aber nicht diese Aussage war das Neue im Geschichtsdenken – sie findet sich bereits in ähnlicher Formulierung bei St. Simon und anderen Theoretikern der Zeit – und auch nicht die Entdeckung des Proletariats, als dem Subjekt der Geschichte. Denn niemand konnte es übersehen. Wenn Marx und Engels im „Manifest" herausstellten, daß in der Bewegung der Kommunisten das Proletariat zum „gewaltsa-

---

[47] Karl Korsch, Karl Marx, Frankfurt a.M. 1967, 205 f.

[48] Karl Marx, Vorbemerkung zur französischen Ausgabe (1880), in: Friedrich Engels, Die Entwicklung des Sozialismus von der Utopie zur Wissenschaft, MEW, Bd. 19, Berlin 1969, 182. In diesem Zusammenhang ist jedoch zu berücksichtigen, daß das „Manifest" einem kontroversen und langfristigen Diskussionsprozeß entsprungen war. Das „Manifest" erschien 1847 unter der Autorenschaft von Marx und Engels. Mit der Umbildung in den „Bund der Kommunisten" war das Zurückdrängen seitens Marx und Engels der bis dato bestehenden Tradition illegaler Organisationsformen in den revolutionären Bünden einhergegangen. Eine Vorsichtsmaßnahme die mehr als ihre Berechtigung hatte.

men Umsturz aller bisherigen Gesellschaftsordnung“[49] in die klassenlose Gesellschaft – den Kommunismus – voranschreite, so war dies ein Zugeständnis an die Wirklichkeit der Zeit, in der sie wirkten. Diese Schrift war zweifelsohne auf der Welle revolutionärer Aufstände von Arbeiterinnen und Arbeitern entstanden, die seit den 30er Jahren vor allem von den entstehenden Industriezentren ausgehend, die alten, monarchistischen Ordnungen, erschütterten. Die Revolution von unten stand also auf der Tagesordnung. Insofern propagierten Marx und Engels nur das, was ohnehin die Losung der Besitzlosen war: Gewaltsamer Umsturz aller bisherigen Gesellschaftsordnung. Nach der Niederlage der 48er Revolution – in deren Zerschlagung Preußen eine führende Rolle eingenommen hatte – kam im Denken von Marx und Engels der Theoriezug zum Tragen, der bereits in den Schriften aus den Jahren zuvor angelegt war. Nach Marx und Engels bedarf die soziale Revolution des Proletariats der Voraussetzung der Entwicklung der Produktivkräfte, wie sie sich erst mit der „bürgerlichen Gesellschaft“ voll entfaltet habe.[50] Diese „bürgerliche Gesell-

[49] Karl Marx/Friedrich Engels, Manifest der Kommunistischen Partei, London 1848, in: MEW, Bd. 4, Berlin 1969, 493.

[50] Die Relativierung dieses Dogmas in den Briefentwürfen an Vera Sassulitsch aus dem Jahre 1881 heben dieses nicht auf. Die Aussage Marxens ist vielmehr vor dem Hintergrund der Kontroverse in der russischen Marxrezeption im historischen Kontext zu sehen. Die Zwangsläufigkeit der bürgerlichen Gesellschaft war in der revolutionären Bewegung Rußlands – das „Kapital“ war als erste Fremdsprache in das Russische übersetzt worden – heftig umstritten. Eher ist die Aussage Marxens als Entgegenkommen an die Welle revolutionärer Bewegung, die in Rußland zu Beginn der 80er Jahre hervortrat, zu verstehen. Bezüglich der Ursprünge der westlichen Gesellschaften schreibt Marx in seinem dritten Entwurf: „Ich möchte diesem Argument nur insofern Rechnung tragen, als es sich auf europäische Erfahrungen stützt. Was zum Beispiel Ostindien anbelangt, so ist es aller Welt, (...), nicht unbekannt, daß dort die gewaltsame Aufhebung des Gemeineigentums an Grund und Boden nur ein Akt des englischen Vandalismus war, der die Eingeborenen nicht nach vorn, son-

schaft“ sei nach Marx und Engels „der wahre Herd und Schauplatz aller Geschichte“.[51] Alle Geschichte, also weltgeschichtlich betrachtet, bewege sich auf die „bürgerliche Gesellschaft“ zu. Für die Begründer des „wissenschaftlichen Sozialismus“ war die bürgerliche Gesellschaft im Europa des 19. Jahrhunderts das Weltmodell – Orientierungs- und Ausgangspunkt für die Geschichte. Nicht Europa als der Mittelpunkt des Weltgeschehens war jedoch das neue, was der Historische Materialismus in das Geschichtsdenken einführte, sondern es waren die „Bewegungsgesetze“ in der Geschichte, die entdeckt zu haben, Marx und Engels für sich reklamierten.

Zur Kritik des historischen Determinismus

Die „bürgerliche Gesellschaft“ stellt die Determinante in der Bewegung der Geschichte nach historisch-materialistischer Auffassung dar, an der kein Weg vorbeiführe – auch nicht der der sozialen Revolution. Im Gegenteil Marx und Engels sahen in der Bourgeoisie die „Lokomotive“ der Geschichte. Ihr fiel demnach die historische Aufgabe zu, die Produktivkräfte – Maschinerie, große Industrie, kurz das „moderne Fabriksystem“ zu entwikkeln. Alle „vorbürgerlichen“ oder „vorkapitalistischen“ Produktionsweisen waren in den Augen von Marx und Engels Ausdruck der Rückständigkeit, des „Mittelalters“. 1878 schrieb Engels: „Wir sind aber in Deutschland erst eben aus dem Mittelalter herausgekrochen und stehen erst in diesem Augenblick im Begriff, vermittelst der großen Industrie und des Krachs in die moderne bürgerliche Gesellschaft einzutreten. Was bei uns der höchstmöglichen Entwicklung bedarf, ist grade das bürgerliche wirtschaftliche Regime, das die Kapitale konzentriert und die Gegensätze auf die Spitze treibt, …[52] Welcher Bourgeois hätte

---

dern nach rückwärts stieß.“ Karl Marx, Brief an Vera Sassulitsch, in: MEW, Bd. 19, Berlin 1969, 402.

[51] Karl Marx und Friedrich Engels, Die deutsche Ideologie, in: MEW, Bd. 3, Berlin 1969, 36.

[52] Engels an Wilhelm Bracke, London 30. April 1878, in: MEW, Bd. 34, Berlin 1966, 328. So begründet sah Engels im Tabak-

Engels widersprochen? Solche sich durch das Marx-Engelsche Werk ziehenden Aussagen sind Ausdruck des Geschichtsdenkens und Menschenbildes der „Begründer des wissenschaftlichen Sozialismus“. Aus einer deterministischen und mechanistischen Geschichtsauffassung, bestimmt durch den Widerspruch von Produktivkräften und Produktionsverhältnissen, wurde der Bourgeoisie eine revolutionäre Rolle im Geschichtsprozeß zugeschrieben, die – hatte sie ihre historische Mission erfüllt – durch das Proletariat abgelöst werde. Der Mensch war, unabhängig von seiner Klassenzugehörigkeit, in dieser Geschichtsdynamik als einer objektiven Größe gefangen. Zudem war diese angeblich revolutionäre Funktion der Bourgeoisie in der Geschichte von Marx und Engels global verstanden – eine Weltsicht, die für die Völker der Welt und erst recht das moderne Proletariat, machten sie sich diese zu eigen, zu einem Verhängnis wurde, worauf weiter unten noch einzugehen sein wird.
Der anfängliche und von einer Welle der Aufstände von unten angestoßene Erkenntnisfortschritt, den der Historische Materialismus für das Geschichtsverständnis darstellte („Die Menschen machen ihre Geschichte selbst“, Marx), schlug in eine Fessel um. Die Fähigkeit des Menschen zu revolutionärer Praxis, zur Selbstschöpfung und Korrektur des Geschichtsverlaufes – wie es die Geschichte der Menschen von ihren Anfängen als historische Subjekte bis in die Gegenwart von Marx und Engels und darüber hinaus beweisen – wurde mit

---

monopol des deutschen Staates eine gute Seite und dies zu einem Zeitpunkt, in dem dieses seitens der Arbeiterbewegung heftigst angegriffen wurde und z.B. Wilhelm Liebknecht vor dem „Staatssozialismus“ Bismarcks warnte. W. Liebknecht, Der Militarismus gehört organisch zum Bismarck-System, in: W. Liebknecht, Gegen Militarismus und Eroberungskrieg, Berlin 1986, 92. Hingegen Engels eine Doppelfunktion des Staates propagierte: „... abgesehen von dem allem ist nicht zu vergessen, daß alle Übertragung industrieller und kommerzieller Funktionen an den Staat heutzutage einen doppelten Sinn und doppelte Wirkung haben kann, je nach den Umständen: einen reaktionären, einen Rückschritt zum Mittelalter, und einen progressiven, einen Fortschritt zum Kommunismus.“ Engels an W. Bracke, s.o., ebenda.

dem Auftreten des „wissenschaftlichen Sozialismus" einem die Autokreativität des Menschen lähmenden Determinismus unterworfen. Galt dies nicht absolut und schon gar nicht universell, so war die moderne Arbeiterbewegung in Europa nicht nur theoretisch entwaffnet, sondern wurde darüber hinaus von den Völkern der Welt isoliert. Der Geschichtsdeterminismus des Historischen Materialismus reduzierte die Menschen auf eine Stellung im Produktionsprozeß und kettete sie an eine abstrakte Größe der Produktivkräfte. Utopiefähigkeit und die Bereitschaft zu revolutionärem Handeln wurden zurückgeworfen.

Die „moderne Industrie", welche aus der „modernen Wissenschaft" im Europa des 15. Jahrhunderts hervorgegangen sei – in deren Entfaltung die revolutionäre Rolle der Bourgeoisie nach materialistischer Geschichtsauffassung begründet war – schaffe die Voraussetzungen für die Emanzipation der Menschen. Der historische Materialismus idealisierte Dampfkraft, Maschinerie, Eisenbahnen, Telegraphen und andere Errungenschaften der „modernen Industrie" und verkannte oder leugnete die destruktive Gewalt, die bereits in ihrer Entwicklung in Europa zum Herrschaftsinstrument über Mensch und Natur angelegt war. Eine Produktivkraft – eine Erfindung z.B. – ist nicht von der Dimension der Werte, die ihr vorausgeht und sie begleitet, zu trennen, d.h. fehlt diese Dimension, so transformiert sich ein Werkzeug oder eine Maschine in eine Destruktivkraft. So ist, um ein Beispiel anzufügen, ein Webstuhl im Indien des 18. und 19. Jahrhunderts ein anderer, als der von den Briten nach England verschleppte, um an diesem Kinder schuften zu lassen. Und auch ein Schiff kann ein Schlachtschiff sein, wie auch eine Eisenbahn eine andere Funktion als die der Fortbewegung der Menschen erfüllen kann – eine militärische, eine zerstörerische Aufgabe. Leider ist für diese Diskussion hier nicht der Raum. Es soll jedoch hier bereits angedeutet werden, daß Marx und Engels in der Aufbruchphase des Kolonialismus wirkten, von dem eine als Entwicklung der „Produktivkräfte" verstandene Zeit nicht abgehoben werden kann. Im Gegenteil steht die bislang nicht beantwortete Frage offen, ob nicht „alle" Entwicklung in Eu-

ropa dem Ziel der Durchsetzung kolonialistischer Weltherrschaft untergeordnet war.
Von unbedingten Verteidigern des Marxschen Werkes wird in Auseinandersetzungen um dessen notwendige Kritik oftmals der Vorwurf laut, Marx habe die Realität nicht moralisch aufgefaßt oder gewertet, sondern den Verlauf der Geschichte dargestellt oder habe einfach nur konstatiert. Zum Beispiel Marx konstatiere nur, wenn er über „die gute Seite der Sklaverei“ (Marx) spricht: „Mithin ist die Sklaverei eine ökonomische Kategorie von höchster Bedeutung. Ohne die Sklaverei würde Nordamerika, das fortgeschrittenste Land, sich in ein patriarchales Land verwandeln. Man streiche Nordamerika von der Weltkarte, und man hat die Anarchie, den völligen Verfall des Handels und der modernen Zivilisation. Doch die Sklaverei verschwinden lassen, hieße Amerika von der Weltkarte streichen.“[53] Die Sklaven sind also eine ökonomische Kategorie, ein Zubehör der Zivilisation, keine Menschen. Auch Marx – wie in Europa im allgemeinen – war die Dimension der Werte verloren gegangen. Kommen wir zu Marx und seiner „naturwissenschaftlich treu zu konstatierenden Umwälzung in den ökonomischen Produktionsbedingungen“ (Marx) zurück, wie er diese theoretisch und methodisch in der Einleitung zur Kritik der Politischen Ökonomie vorstellt. Hier findet sich der nüchterne Marx und damit auch der Determinismus und Mechanismus im Historischen Materialismus in konzentrierter Weise wieder. „Auf einer gewissen Stufe geraten die materiellen Produktivkräfte der Gesellschaft in Widerspruch mit den vorhandenen Produktionsverhältnissen oder, was nur ein juristischer Ausdruck dafür ist, mit den Eigentumsverhältnissen, innerhalb deren sie sich bisher bewegt hatten. Aus Entwicklungsformen der Produktivkräfte schlagen die Verhältnisse in Fesseln derselben um. Es tritt dann eine Epoche sozialer Revolution ein.“[54] Materielle Produktivkräfte sind im

---

[53] Karl Marx an Pawel Wassiljewitsch Annekow, Brüssel 28.12.1846 in: MEW, Bd. 27, Berlin 1965, 458

[54] Karl Marx, Zur Kritik der Politischen Ökonomie, (Einleitung) in: MEW, Bd. 13, Berlin 1969, 9.

Marxschen Verständnis „Maschinerie“, die Organisation der Arbeit (z.B. fortgeschrittene Teilung der Arbeit), Arbeitssysteme („Fabriksystem“) oder auch Erfindungen, wissenschaftliche Neuerungen, Arbeitskräfte, zuweilen auch Rohstoffe u.a. Karam Khella schreibt in diesem Zusammenhang: „Der ‘technische Fortschritt’ begründet an dieser Stelle den Forschungsbegriff allgemein. Er ist es auch, der letztlich politisches Verhalten und revolutionäres Handeln in Gang setzt. Diese Grundthese führt zu schwerwiegenden Konsequenzen:

a) Die Produktivkraftentwicklung sei der eigentliche Motor der Geschichtsdynamik.
b) Der historische Prozeß wird objektiv bestimmt. Der subjektive Faktor ist dem objektiven untergeordnet. Offen bleibt die Frage nach dem historischen Subjekt der Geschichte.“[55]

In der Marx-Engelschen Kategorie der Produktivkraft ist der Ökonomismus angelegt, der sich in der materialistischen Philosophie als adialektische Beziehung von Sein und Bewußtsein[56] widerspiegelt und unter Stalin vom Denk- zum Gesellschaftssystem aufstieg. Karam Khella unterzog die Einseitigkeit der Marxschen Seinsbestimmung bereits in seinem Buch „Dialektischer und historischer Materialismus“ einer Kritik und schrieb: „Das gesellschaftliche Sein bestimmt das gesellschaftliche Bewußtsein und das gesellschaftliche Bewußtsein bestimmt rückwirkend das gesellschaftliche Sein. Wenn aber das gesellschaftliche Bewußtsein darauf verzichtet, das Sein zu verändern, so bestimmt das Sein das Bewußtsein, nicht umgekehrt.“[57] In der Erwiderung der Marx-Kritik wird zuwei-

---

[55] Karam Khella, Geschichte der arabischen Völker, Hamburg 1994, 313.

[56] „Es ist nicht das Bewußtsein der Menschen, das ihr Sein, sondern umgekehrt ihr gesellschaftliches Sein, das ihr Bewußtsein bestimmt.“ Karl Marx, Zur Kritik der Politischen Ökonomie, (Einleitung) in MEW, Bd. 13, Berlin 1969, 9.

[57] Karam Khella, Dialektischer und historischer Materialismus, Hamburg 1979, 103 Von theoriegeschichtlicher Bedeutung ist,

len auf Theoriewidersprüche zwischen Marx und Stalin verwiesen. Einer Kritik an Stalin wird zugestimmt, hingegen Marx gegen Stalin verteidigt wird. Stalin jedoch muß als ein Staatsmann verstanden werden, der versuchte, die Marxsche Theorie konsequent und praktisch anzuwenden. Stalin schrieb in seinem 1938 verfassten Aufsatz „Geschichte der kommunistischen Partei der Sowjetunion“: „Die dritte Besonderheit der Produktion besteht darin, daß neue Produktivkräfte und die ihnen entsprechenden Produktionsverhältnisse nicht losgelöst von der alten Gesellschaftsordnung entstehen, nicht nach dem Verschwinden der alten Ordnung, sondern im Schoße der alten Gesellschaft, nicht als Ergebnis vorsätzlicher, bewußter Tätigkeit der Menschen, sondern elementar, unbewußt, unabhängig vom Willen der Menschen.“[58] In der Kritik des Stalinschen Geschichtsdeterminismus schreibt Khella: „Dieser Satz tilgt das Subjekt der Geschichte und den Klassenkampfgedanken. Richtig ist, daß jede Entwicklung der objektiven Basis erst durch den Kopf gehen muß. Der Veränderung des Seins geht die Veränderung des Bewußtseins voraus.“[59] Der Mensch antizipiert die Zukunft, die er durch die Praxis zur Realität werden läßt. Die Theorie des Historischen Materialismus hat die Antizipationsfähigkeit des Menschen zurück- und einem fiktiven Determinismus von Bewegungsgesetzen in der Geschichte unterworfen. Der Utopiefähigkeit des Menschen ent-

---

daß Khella bereits in dieser Abhandlung die Kritik an der Periodisierung des Historischen Materialismus formuliert: „Die Einteilung der fünf Epochen, die Stalin übernommen und vertreten hat, ist allerdings nicht erschöpfend und charakterisiert im wesentlichen die europäische Entwicklung. In ihnen ist z.B. die sog. asiatische Produktionsweise nicht enthalten. Die Teilung der Geschichte in fünf Epochen hat demnach keinen universellen Charakter.“ ebenda, 107. Siehe zur Kritik der Periodisierung im Historischen Materialismus weiter unten im Text.

58 Josef W. Stalin, Geschichte der kommunistischen Partei der Sowjetunion, (Bolschewiki), Kurzer Lehrgang, geschrieben in Moskau 1938, in: Karam Khella, Dialektischer und historischer Materialismus, s.o., 161.

59 ebenda, 109.

gegenstehend predigte der „wissenschaftliche Sozialismus" einen Gehorsam gegenüber einer der Geschichte innewohnenden, sich vom Bewußtsein der Menschen unabhängig vollziehenden gesetzmäßigen Bewegung. Marx schrieb – und insofern rezipierte Stalin diesen durchaus buchstabengetreu – im Vorwort „Zur Kritik der Politischen Ökonomie" 1859: „In der gesellschaftlichen Produktion ihres Lebens gehen die Menschen bestimmte, notwendige, von ihrem Willen unabhängige Verhältnisse ein, die einer bestimmten Entwicklungsstufe ihrer materiellen Produktivkräfte entsprechen."[60] Nach Engels ist es nicht die Aufgabe des Sozialismus, in seiner materialistischen Auffassung, „ein möglichst vollkommenes System der Gesellschaft zu verfertigen, sondern den geschichtlich ökonomischen Verlauf zu untersuchen, dem diese Klassen (Proletariat und Bourgeoisie, D.Q.) und ihr Widerstreit mit Notwendigkeit entsprungen, und in der dadurch geschaffenen ökonomischen Lage die Mittel zur Lösung dieses Konflikts zu entdecken."[61] Der Historische Materialismus ist autopisch und ordnet die Politik der Ökonomie, in der er Bewegungsgesetze des Werts – wie es Marx im „Kapital" dargelegt hat (Wert, Mehrwert, Profit und dessen tendenzieller, Krisen herbeiführender, Fall) – entdeckt, unter. Die Geschichte verlief jedoch zu keinem Zeitpunkt blinden ökonomischen Gesetzen gehorchend. „Die Menschen handeln politisch; sie gehorchen nicht blind den Zwängen der Ökonomie. Eine 'Krisensituation' als Beispiel führt nicht automatisch zu zwangsläufigen Konsequenzen. Den Menschen stellen sich eine Reihe von Handlungsalternativen. Wahlmöglichkeiten bestehen zumindest in begrenztem Umfang. Eine Entscheidung über Krieg und Frieden wird zwar von wirtschaftlichen Motiven beeinflußt, bleibt aber letztlich eine politische."[62] Hier ver-

---

[60] Karl Marx, Zur Kritik der Politischen Ökonomie, (Vorwort), s.o., 8.

[61] Friedrich Engels, Die Entwicklung des Sozialismus von der Utopie zur Wissenschaft, Berlin 1955, 103.

[62] Karam Khella, Geschichte der arabischen Völker, Hamburg 1994, 314.

weist Khella auf einen wichtigen Kritikpunkt am Historischen Materialismus. Die Frage der Rolle des Krieges für die „Entwicklung“ westlicher Gesellschaftssysteme in Geschichte und Gegenwart ist noch nicht beantwortet. Historisch betrachtet war der Krieg gegen Afrika, Asien und Amerika der Motor für den Aufstieg Westeuropas zur kolonialistischen Weltmacht. Und er war nicht anders als die kolonialistischen und imperialistischen Kriege des 19. und 20. Jahrhunderts eine politische Entscheidung, auch wenn diese jedesmalig ökonomische Wirkungen zeitigten, sowohl Wissen, Reichtümer und Ressourcen betreffend, die mittels des Krieges nach Westeuropa gelangten als auch die Abfolge von Zerstörung und Wiederaufbau.
Die Marxrenaissance in der Bundesrepublik der 90er bewegt sich von neuem auf einen Krisenfetisch zu, nachdem der kapitalistische Vergesellschaftungsprozeß erst heute zu seiner Ausreifung in den Metropolen des Kapitals gelangt sei. Folgekonsequent ist das revolutionäre Subjekt einem deterministischen Ökonomismus entsprungen und wird von neuem der Beginn der Geschichte verkündet: „Der theoretisch-programmatische Selbstfindungsprozeß der neuen flexibilisierten Lohnarbeiterklasse als entscheidendes, transformierendes Moment des Krisenprozesses der Gesellschaft geht einher mit ihrer Herausbildung selber; die wahren Totengräber des Kapitalismus werden erst heute geboren.“[63] Dem Marxschen Weltbild folgend wird in der Marxrenaissance die Geschichte der Dreikontinente, die durch alle Zeiten eine Geschichte des Widerstandes gegen Kolonialismus und Imperialismus war, marginalisiert und ausgeblendet. Der Fokus richtet sich auf die weiße Arbeiterklasse in den Zentren des Imperialismus, die erst heute als Subjekt der Geschichte in Erscheinung und Aktion treten würde. Ein solches Weltbild zeugt nicht nur von europäischer Arroganz, sondern zerstört Geschichtsbewußtsein und vernichtet die Spuren der Besieg-

[63] Robert Kurz, Auf der Suche nach dem verlorenen sozialistischen Ziel, Manifest für die Erneuerung revolutionärer Theorie, Erlangen 1988, 61.

ten im Süden wie im Norden. 1994 modifiziert Kurz seine Ansichten dem Zeitgeist entsprechend – selbst vom „Totengräber des Kapitalismus“ bleibt keine Spur und er sieht die Aufgabe eines „Modernisierungsprozeß“ am Werk: „Diese Aufgabe war die gesellschaftliche Verallgemeinerung und globale Durchsetzung der modernen ‘Arbeit’, deren Schrittmacher der Marxismus gerade gegen die bornierten Repräsentationsmächte der noch unausgereiften kapitalistischen Entwicklungsstadien war.“[64] Die Deutung des Marx-Engelschen Weltbildes als ein Schrittmacher der „Moderne“ ist ein Diskussionsstrang der gegenwärtigen Marxismusdebatte. Auf sie kann hier nicht weiter eingegangen werden, nur bieten die „Begründer des wissenschaftlichen Sozialismus“ nicht wenige Anknüpfungsmöglichkeiten an eine solche Interpretation, vorausgesetzt das kolonialistische Weltzerstörungswerk wird als Fortschritt einer sich ausbreitenden „bürgerlichen Gesellschaft“, der „Moderne“ verstanden. In dieser Sicht des welthistorischen Prozesses gelangt der historische Determinismus zu seiner entwickeltesten Anschauungsweise: Der Legitimation der kolonialistischen und imperialistischen Herrschaft einer

---

64 Robert Kurz, Fetisch Arbeit. Der Marxismus und die Logik der Modernisierung, in: Der Marxismus in seinem Zeitalter, Helmut Fleischer (Hrsg.), Leipzig 1994, 171. In dieser Marxdebatte kommt in interessanter wie unverständlicher Weise auch Ernst Nolte – bekannt aus der „Historikerdebatte“ – in einer Neuauflage der subtileren Rehabilitierung des deutschen Faschismus zu Wort: „Wieweit Hitler die ganze deutsche Nation hinter sich gehabt hatte, ist bis heute eine vielumstrittene Frage.“ E. Nolte, Das Zeitalter des Marxismus, in: ebenda, 49. Eine Revitalisierung toter Deutscher ist in den sich häufenden historischen Debatten unübersehbar. Marx jedenfalls kommt nach dem Ende des Realsozialismus weit besser weg als zu Zeiten seines Bestehens. So sucht z.B. Wolfgang Leonhard in den von ihm aufgeworfenen Fragen „Der Philosoph des Kommunismus – ein Wegbereiter des pluralistischen Rechtsstaates? Der Pressefreiheit? Des kritischen Denkens?“ in dem Artikel „Der radikale Kritiker“ (Tagesspiegel, 24.9.1994, 25) nach Antworten.

Minderheit im Norden über die Mehrheit der Weltbevölkerung im Süden.[65]
Khella hat u.a. in der „Geschichte der arabischen Völker" einen unschätzbar wertvollen Beitrag zur Wiederherstellung der historischen Dimension geleistet und die universelle Geschichte des Widerstandes von unten rehabilitiert: „Zu allen Zeiten hat es soziale Kräfte und Bewegungen gegeben, die den wirtschaftlichen „Zwängen" und Machtinteressen einen Riegel vor die Tür schieben wollten und konnten. Dazu zählen die „Gerechtigkeitsbewegungen im arabischen Reich", die „Qarmaten", die „Chiliasten", die „utopischen Sozialisten" und viele andere mehr. Ihr Einfluß auf die Geschichte konnte nicht ausbleiben."[66] Geschichte ist nicht Vergangenheit, wie es europäische Weltbilder – das marxistische Weltbild inbegriffen – glauben machen wollen.[67] Ahistorische Weltbilder im Westen dienen dazu, die Gegenwart von Langzeitprozessen, das Geschichtsdenken zu zerstören. Der Determinismus, Mechanismus und Objektivismus im „wissenschaftlichen Sozialismus" hat von seinen Anfängen bis in das heute nicht

---

65 Eine der in den reichen Ländern Europas seltenen Ausnahmen der Marxschen Interpretation in konsequenter Orientierung auf die Solidarität mit dem antiimperialistischen Kampf der Völker im Süden stellt das Buch: „Unequal Exchange and the Prospects of Socialism" dar: „From revolutionary point of view, crises are necessary. When the crisis is really felt, the communists must oppose chauvinism, racism and hatred towards immigrant workers, and support anti-imperialist movements and progressive states in the Third World." Unequal Exchange and the Prospects of Socialism, Communist Working Group (Hrsg.), Kopenhagen 1986, 199.

66 Karam Khella, Geschichte der arabischen Völker, Hamburg 1994, 315.

67 Glaubte Hegel 1806 das „Ende der Geschichte" ausgemacht zu haben, so hieß es bei Marx auf das Aufkommen der bürgerlichen Gesellschaft 1859 bezug nehmend: „Mit dieser Gesellschaftsformation schließt daher die Vorgeschichte der menschlichen Gesellschaft ab." Karl Marx, Kritik der Politischen Ökonomie, (Vorwort), Berlin 1969, 9.

unwesentlich dazu beigetragen. Ganz anders artikuliert sich das Geschichtsbewußtsein im Süden, das an der Zukunft orientiert ist: „Das Studium der Geschichte der afrikanischen Völker zeigt uns, daß diese unablässig mit all ihren Kräften gegen Fremdherrschaft gekämpft haben. Der Kampf um Freiheit und gegen die Fremdherrschaft ist eine in der geschichtlichen Tradition der Völker Afrikas ständig gegenwärtige Tatsache."[68] Wie hat sich diese Tradition des Freiheitskampfes der Völker in Asien, Afrika, Süd- und Mittelamerika, im Geschichtsbild von Marx und Engels niedergeschlagen?

„Alle Geschichte die Geschichte von Klassenkämpfen"

Dieser erste Satz des Kommunistischen Manifests gilt dem Historischen Materialismus als Grundstein und Angelpunkt bei der Interpretation von Geschichte. Waren die Klassenkämpfe eine die Realität Europas im 19. Jahrhundert prägende Alltäglichkeit, so stellten sie weder die einzige noch die entschiedenste Gegenkraft der Besitzlosen dar, die sich einem Herrschaftssystem entgegenstellte, in dem Marx den „Kapitalismus" zu erkennen glaubte. Marx und Engels lebten und wirkten im Zeitalter des Kolonialismus, der sich zwar noch nicht absolut im Weltmaßstab durchgesetzt hatte, sich jedoch rüstete und in den Aggressionen gegen die Völker des Südens versuchte, der bedingungslosen Vorherrschaft des Nordens über die Welt zum Durchbruch zu verhelfen. Das Konstrukt des Kapitalismus, welches Marx und Engels entwarfen und in dessen Rahmen der Widerspruch zwischen Kapital und Arbeit zum Motor der Geschichte hochstilisiert wurde, blendete die Realität des Widerstandes der Völker im Süden gegen die europäische Fremdherrschaft aus. „Der Widerspruch zwischen Fremdherrschaft und nationalem Befreiungskampf spielte eine viel bedeutsamere Rolle als der jeweils innere Klassengegen-

---

[68] Amilcar Cabral, Die Theorie als Waffe, Schriften zur Befreiung in Afrika, Bremen 1983, 237.

satz.“[69] Der „wissenschaftliche Sozialismus“ wurde dieser, die Welt spaltenden Realität nicht nur nicht gerecht, sondern verdrängte sie aus dem politischen Denken des Proletariats. In dieser politischen Abgeschiedenheit, abgeschnitten vom wirklichen Weltgeschehen, den Befreiungskämpfen im „Rest der Welt“, war der Abstieg des Proletariats in den Reformismus, das mit der Bourgeoisie vereinbarte Aushandeln der Teilhabe an den geplünderten Reichtümern der Welt, bereits angelegt. Und damit auch die Identifikation der Arbeiterklasse mit ihrer Nation, die fortan in die Kriege Nation gegen Nation ziehen sollte und erst recht nicht mit Zustimmung zögerte, wenn es galt die „barbarischen und halbzivilisierten Länder“ zu unterwerfen. Die Losung „Proletarier aller Länder vereinigt euch“ endete spätestens an den Grenzen der „fortgeschrittensten Nationen“ in Europa. Der Proletarier erkannte in den Menschen des Südens nur selten „Klassenbrüder“, sondern identifizierte sich meist mit der „historischen Mission“ des Kapitals, also der kolonialistischen Expansion – galten ihm die Lebensweisen außerhalb Europas als „vorkapitalistisch“ und damit „vorgeschichtlich“ und mußten erst in die geschichtliche Bewegung hineingezogen werden. Ohnehin verschwindet der Mensch hinter angeblich in der Geschichte verborgen wirkenden Kräften und ist als solcher in seiner Subjektivität und Autokreativität auch nicht mehr zu erkennen. Es ging Marx jedoch auch nicht um die Geschichte des Menschen, sondern darum: „Eine Nation soll und kann von der anderen lernen. Auch wenn die Gesellschaft dem Naturgesetz ihrer Bewegung auf die Spur gekommen ist, – und es ist der letzte Endzweck dieses Werks, das ökonomische Bewegungsgesetz der modernen Gesellschaft zu enthüllen – kann sie naturgemäße Entwicklungsphasen weder überspringen noch wegdekretieren.“[70] Der Enthüllung dieses „ökonomischen Bewegungsgesetzes“ diente Marx das in seinen Augen fortgeschrittenste Land Eng-

[69] Karam Khella, Geschichte der arabischen Völker, Hamburg 1994, 316.

[70] Karl Marx, Das Kapital, Buch 1, Der Produktionsprozeß des Kapitals, Berlin 1955, 7 f.

land als Modell.[71] Die Plünderung und Versklavung der Dreikontinente verlagerte Marx in die Vorgeschichte und erwähnte sie beiläufig unter dem Punkt „Genesis des industriellen Kapitalisten" im Kapitel „Die sogenannte ursprüngliche Akkumulation" als „die Morgenröte der kapitalistischen Produktionsära."[72] Für die Entschlüsselung der Wertgesetze schnitt Marx den „Kapitalismus" von den offenen Adern des Südens ab – denn anders wäre das Rechenkonstrukt nicht aufrechtzuerhalten gewesen. Marx blieb in der herrschenden Nationalökonomie gefangen und entwickelte sie dahingehend, daß diese als Modell für die ganze Welt zu gelten habe. Das Modell Europa kann sich nicht, ohne sich radikal in Frage zu stellen, den Anteil der Plünderung des Südens an seinem Zustandekommen und Fortbestehen zugestehen. Zu Zeiten Marxens waren die Produktivkräfte – die Lebensadern nicht nur für den englischen, sondern den europäischen „Kapitalismus" im allgemeinen als Ressourcen und Produkte aber auch als Wissen und Werte in den Sklavenplantagen und Kolonien hervorgebracht und nach Europa transferiert. Sie gingen in das Marxsche Rechenschemata nicht ein. Das Konstrukt gleicht einer Pyramide ohne Basis. Und auch Marx wußte, daß Schwarze in

---

[71] Hierzu schrieb Karl Korsch 1956 – er hatte sich sein Leben lang mit dem Werke Marxens auseinandergesetzt: „VI. Besonders kritische Punkte im Marxismus sind: (…) 3. bedingungslose Akzeptierung der fortgeschrittenen ökonomischen Zustände in England als Modell für die künftige Entwicklung aller Länder und als objektive Vorbedingung für den Übergang zum Sozialismus." Karl Korsch, Zehn Thesen über Marxismus heute, in: Politische Schriften, Frankfurt a.M. 1974. Eine bedeutende und konsequente Kritik aus dem Marxismus am Marxismus: „Der erste Schritt zum Wiederaufbau einer revolutionären Theorie und Praxis besteht darin, mit dem monopolistischen Anspruch des Marxismus auf die revolutionäre Initiative und auf die theoretische und praktische Führung zu brechen." Korsch schrieb wichtige Arbeiten, allerdings kleinere, z.B. über den antiimperialistischen Befreiungskampf auf den Philippinen (Independence comes to the Philippines, 1947).

[72] ebenda, 790.

Afrika geraubt wurden, um das von den „Indianern“ gestohlene Land in Amerika zu bearbeiten.[73] Waren die englischen Städte wie Manchester und Lancashire zunächst als Sklavenumschlagplätze groß geworden, so gelangten sie jetzt – in den 60er Jahren des 19. Jahrhunderts[74] – u.a. über die Baumwolle aus den Sklavenplantagen im Süden der USA zu Bedeutung. Für Marx existierten die Sklaven nicht – höchstens wenn es darum ging, herauszustellen, daß sie die Werkzeuge ruinieren würden[75], also in einer rassistischen Projektion und er somit auch keinen Zugang zu Widerstandsformen der Sklaven haben konnte. Nach Marx und Engels stellte der Widerstand der Völker in Asien, Afrika, Süd-, Mittel- und Nordamerika ein letztes hilfloses Aufbäumen gegen den „Fortschritt der Zivilisation“ dar. Es läßt sich keine Stelle im Marx-Engelschen Werk finden, die für die Solidarität mit den Völkern des Südens spricht oder auch nur die kolonialistische Eroberung ver-

---

73 Übersetzt nach Eric Williams, Capitalism and Slavery, New York 1941, 9. Hier heißt es: „Negroes were stolen in Africa to work the lands stolen from Indians in America.“

74 Von 12 Millionen Einwohnern der USA im Jahre 1860 waren 4 Millionen Sklaven.

75 Marx läßt einen gewissen Olmsted ausführlich zu Wort kommen, wo es u.a. heißt: „Gleichfalls wurde mir auf meine Frage, warum so allgemein Pferde durch Maultiere ersetzt würden, als erster und zugestandenermaßen ausschlaggebender Grund angegeben, daß Pferde die Behandlung nicht ertragen, die sie von den Negern ständig erfahren.“ Olmsted, zitiert nach Karl Marx, Das Kapital, s.o., Berlin 1955, 205 Marx folgerte aus diesen Berichten über die Sklavenplantagen: „Es gilt daher als ökonomisches Prinzip in dieser Produktionsweise, nur die rohesten, schwerfälligsten, aber die gerade wegen ihrer unbehilflichen Plumpheit schwer zu ruinierenden Arbeitsinstrumente anzuwenden.“ ebenda. Siehe auch Peter Martin, Das rebellische Eigentum, Vom Kampf der Afroamerikaner gegen ihre Versklavung, Frankfurt a.M. 1988, 158 ff. Dieses Buch stellt einen wichtigen Beitrag zur Rehabilitierung des afrikanischen Widerstandes in Amerika dar und ist in deutscher Sprache eines der wenigen, die sich dies zum Ziel gesetzt haben.

urteilt. Im Gegenteil die Begründer des Sozialismus hießen diese gut und freuten sich über sie, wenn sie nicht gar direkt zur Entsolidarisierung beitrugen. So schrieb Engels z.B. zur Eroberung Mexikos: „In Amerika haben wir der Eroberung Mexikos zugesehen und uns darüber gefreut. Es ist auch ein Fortschritt, ... – daß ein solches Land mit Gewalt in die geschichtliche Bewegung hineingerissen wird.“[76] „Oder ist es etwa ein Unglück, daß das herrliche Kalifornien den faulen Mexikanern entrissen ist, die nichts damit zu machen wußten?“[77] fragte Engels in einem Artikel in der Neuen Rheinischen Zeitung, dem Organ der Bourgeoisie für Industrie, Handel und Gewerbe. In Geschichte und Lebensweisen der Völker des Südens konnten Marx und Engels nichts als in ihren Augen Rückständiges erblicken – die Menschen galten ihnen als „Wilde“, „Barbaren“ oder „Halbzivilisierte“ und sie unterschieden sich in ihrem Menschenbild vom europäischen Rassismus[78], wenn überhaupt dann nur soweit, als daß sie sich

---

[76] Friedrich Engels, Die Bewegungen von 1847, in: MEW, Bd. 4, Berlin 1969, 501.

[77] Friedrich Engels, Der demokratische Panslawismus, in: MEW, Bd. 6, Berlin 1968, 273.

[78] In einer Randnotiz hebt Marx hervor: „Zu bemerken: Bei den Wilden, wie bei den Affen, kein Erfindungs-, dafür Nachahmungstalent. Die Jesuiten bildeten die Indier nicht, sondern zähmten sie. happy family. Die Bevölkerung reichte nie aus sich zu erhalten.“ Karl Marx / Friedrich Engels, Gesamtausgabe (MEGA), IV/ 9, Berlin 1991, 468. Wäre dies ein Diskurs im Menschenbild von gestern, es bräuchte seiner keine Erwähnung. Jedoch er und das dazugehörige rassistische Menschenbild verschaffen sich gegenwärtig ihre Aktualität. So titelt die Wochenpost vom 10. November 1994: „Intelligenzforschung – Sind Weiße klüger als Schwarze?“ Zum Vergleich des Geschichtsbildes von damaliger etablierter Sicht und der von Marx läßt sich das Indienbild von Marx und List anführen. List schreibt über die Wirkungen des Kolonialismus (die grammatischen Fehler stehen im Original) in Asien: „Im Gefolge des Handels ziehen nun europäische Künste und Wissenschaften, europäische Sitten und Gewohnheiten, europäischen Schulen und Akademien, eu-

hinter dem Kolonialismus als der Bewegung der Geschichte versteckten. Mag ein Grund für diese Weltsicht in der Unwissenheit der „Gründerväter" des Historischen Materialismus über die außereuropäische Geschichte liegen, so ist ein Unterschied zum herrschenden Weltbild nicht zu erkennen. „Völker, die nie eine eigene Geschichte gehabt haben, die von dem Augenblick an, wo sie die erste, roheste Zivilisationsstufe ersteigen schon unter fremde Botmäßigkeit kommen oder die erst durch ein fremdes Joch in die erste Stufe der Zivilisation hineingezwungen werden, haben keine Lebensfähigkeit, werden nie zu irgendeiner Lebensfähigkeit kommen können."[79] Ironischerweise waren die später zum Mythos verklärten Begründer eines Historismus von einem ahistorischen Weltbild geleitet.

Marx hatte sich mit Kolonialismus, Siedlerkolonialismus und dem Sklavensystem in den Vorarbeiten zum Kapital ausführlichst beschäftigt, was seine Exzerpte, v.a. die „Londoner Hefte" (1850-1853), ausführlich bezeugen. Um nur eine von Marx hervorgehobene Stelle aus dem Buch „Lectures on colonization and colonies" von Herman Merivale als Beispiel

---

ropäische Militärdisziplin, europäische Begriffe von Ordnung und Recht und europäische Institute und Institutionen jeglicher Art. (…) Nach und Nach entsteht aus den Abkömmlingen der Engländer und der Eingeborenen, aus den Mischlingen, eine zwischen beiden Völkern stehende Klasse gebildeter Eingeborenen … „ Friedrich List, Asien, (Artikel für das Staatslexikon, C.v. Rotteck und C. Welcker (Hrsg.), Altona 1834-1843 (1. Aufl.) in. F. List, Werke, Bd. 5, Berlin 1928, 56. Diese Aufzählung findet sich sinngemäß bei Marx über Indien: „Aus den in Kalkutta wiederwillig und in geringer Zahl unter englischer Aufsicht erzogenen indischen Eingeborenen wächst eine neue Klasse heran, welche die zum Regieren erforderlichen Eigenschaften besitzt und europäisches Wissen in sich aufgenommen hat." Karl Marx, Die künftigen Ergebnisse der britischen Herrschaft in Indien, in: MEW Bd. 9, Berlin 1960, 221.

[79] Friedrich Engels, Der demokratische Panslawismus, s.o., Berlin 1969, 275.

anzuführen: „ … nur 3 Wege: Extermination der *native races*; ihre *civilization, complete or partial, by retraining them as insulated bodies carefully* von den Europäern entfernt; *their amalgation with the Colonists*.“[80] In einem Brief an Engels schrieb Marx am 14. Juni 1853 über den Vergleich der früheren „Negersklaverei“ auf Jamaika und selbiger in den USA als dem einzig positiv Interessantem – daß die Schwarzen, „die jetzige Negergeneration in Amerika einheimisches Produkt, mehr oder minder yankisiert, Englisch sprechend etc. und darum emanzipationsfähig wird.“[81] Kolonialismus und Akkulturation waren im Marx-Engelsschen Weltbild Voraussetzung von und gleichbedeutend mit „Emanzipation“. So heißt es in eben diesem Brief weiter unten in Bezug auf Indien: „Ich glaube, daß man sich keine solidere Grundlage für asiatischen Despotismus und Stagnation denken kann. Und so sehr die Engländer das Land irlandisiert haben, das Aufbrechen dieser stereotypen Urformen war die *conditio sine qua non* für Europäisierung.“[82] Den antikolonialen Kampf der außereuropäischen Völker disqualifizierten oder diskriminierten sie, sei es in Ecuador, Indien, Ägypten, Sudan oder Marokko, worauf an dieser Stelle nicht weiter im einzelnen eingegangen werden kann. Eine offene Frage bleibt, ob nicht die Betonung der Klassenkämpfe dazu mißbraucht wurde, vom antikolonialen Kampf der außereuropäischen Völker abzulenken und eine Mauer zwischen diesen und dem Proletariat zu errichten und der Solidarität der Völker der Welt entgegenzuwirken. Schließlich gab es zu Zeiten von Marx und Engels auch andere Stimmen, wie z.B. das Centralblatt der Propaganda für die Verbrüderung der Arbeiter – Republik Arbeiter – in dem es bereits 1854 selbstverständlich hieß: „Die Sklaven, die schwarzen Arbeiter des Südens bilden einen integrirenden

---

80 Karl Marx / Friedrich Engels, Gesamtausgabe, MEGA, IV / 9, Berlin 1991, 478.

81 Marx an Engels, 14. Juni 1853, in: MEW, Bd. 28, Berlin 1963, 266.

82 ebenda, 268.

Teil der socialen Umwälzung Amerika's."[83] Jede Ausgabe dieser in den 50er Jahren des 19. Jahrhunderts in New-York erscheinenden Zeitung begann mit der Rubrik „Wie es in der Welt zugeht" auf der Titelseite, wo über revolutionäre und antikoloniale Bewegungen in aller Welt solidarisch berichtet wurde. Die Zeitung sparte nicht mit Kritik am deterministischen Geschichtsdenken von Marx und stellte die Frage, ob dieser selbst an seine Revolutionstheorie glaube. Es würde zu weit führen, hierauf im einzelnen einzugehen, nur hat sicher der Marx-Engelsfetisch Widerstandstraditionen und revolutionäre Utopien und Wirklichkeiten in und vor allem außerhalb Europas überlagert und verschüttet, was an dieser Stelle herausgestellt werden soll. Sie müssen heute wiederentdeckt werden.

In ihrer letzten Konsequenz ist die materialistische Geschichtsauffassung nichts anderes als die Europäisierung der Weltgeschichte und eine versteckte Legitimation für die europäische Eroberung der Welt. So verstanden unterscheidet diese sich nicht vom herrschenden Geschichtsdenken in Europa.

2.3 Kritik am Eurozentrismus

Der Eurozentrismus rückt Europa in den Mittelpunkt. Von diesem aus wird eine Weltsicht konstruiert, die den europäischen Überlegenheitsmythos konserviert. Ein ahistorisches Weltbild, in welchem die europäische Geschichte hochstilisiert, während die außereuropäische marginalisiert und herabgesetzt, wenn nicht gar verächtlich gemacht wird. In den historischen und politischen Wissenschaften des Nordens gelangt der Eurozentrismus, nachdem er sich im Schatten des Theoriestreits von Positivismus und historischem Materialismus in Zurückhaltung übte, zu wiederbelebter Arroganz im wissenschaftlichen Diskurs. Der Eurozentrismus ist eine spezifische Ideologie in der Theorie, die sich die Realität unter-

---

[83] E. Wiß, Die elementaren Richtungen der Zeit, in: Republik Arbeiter, W. Weitling (Gründer und Redakteur), New York 27. Mai 1854, 2.

wirft, indem sie diese fälscht: „Der Eurozentrismus ist ein Sonderfall von Geschichtsfälschung. Er kommt nicht nur bei der Darstellung Europas, sondern ebenso in der Behandlung der außereuropäischen Geschichte zum Tragen. Eine Sonderstellung Europas relativ zum Rest der Welt wird konstruiert.“[84] Die Geschichtsdarstellung verkommt zu einem Mittel der Legitimation der Vorherrschaft des Nordens über den Süden in der wissenschaftlichen Auseinandersetzung. Durchdringt der Eurozentrismus alle Wissenschaftsbereiche, so ist sein bevorzugtes Feld der Analysebereich internationaler Zusammenhänge. Nicht selten eskaliert der Eurozentrismus in den Wissenschaften zum Antitierremondismus.
Der Eurozentrismus in den historischen und politischen Wissenschaften kann nur vor dem Hintergrund eines langzeitlichen Prozesses analysiert werden. In den europäischen Wissenschaften weist der Eurozentrismus eine Kontinuität auf, durch welche er hindurch zu einem charakteristischen Theoriebestandteil sowohl des Positivismus als auch des historischen Materialismus aufgestiegen ist. Zu keiner Zeit jedoch kann vom Eurozentrismus als einer die Wissenschaften absolut beherrschenden Weltanschauung gesprochen werden; stets wirkten Gegenkräfte einer universalistischen Orientierung. Vor- und Frühformen des Eurozentrismus eilten den Wissenschaften in Europa voraus. Lange bevor sich eine Geschichtsschreibung, geschweige denn eine Geschichtswissenschaft in Europa durchsetzte, wurde eine primitive Feindbildpropagierung seitens klerikaler Kreise betrieben, die allein und vereinzelt des Schreibens und Lesens im Europa der „dunklen Zeiten“ des Mittelalters kundig waren.

2.3.1 Entstehung und Entwicklung des Eurozentrismus

Als Vor- und Frühform systematischer Fälschung von Geschichte können die vom europäisch-katholischen Klerus konstruierten Geschichtslegenden in der Zeit der „Kreuzzüge“ des 11., 12., 13. und 14. Jahrhunderts bezeichnet werden. Die Stoß-

[84] ebenda.

richtung der sogenannten „Kreuzzüge“ richtete sich zunächst gegen das arabische Al-Andalus (711-1492). In die europäische Geschichtsliteratur sind sie als „Reconquista“ eingegangen. Der die reale Eroberung verschleiernde Begriff der „Reconquista“ („Rückeroberung“) soll einen legitimen Anspruch der Allianz der „heiligen Könige“ suggerieren und den Anschein einer europäisch-katholischen Vorgeschichte des arabischen Al-Andalus erwecken.[85] Das arabische Al-Andalus bildete einen Schutzwall für Afrika und Asien vor dem kolonialistischen Zugriff der europäisch-katholischen Mächte, der mit dem Sieg der „Reconquista“ (2.1.1492 – dem Fall des belagerten Grenadas) gefallen war. Damit war der längste multikulturelle Staat auf europäischem Boden, in dem vom heutigen Spanien aus bis in das innere Afrikas Schwarze und Weiße gleichberechtigt lebten, zerschlagen. Die rassistische „Blutgesetzgebung“ hielt mit der Durchsetzung des europäisierten und katholisierten Spaniens Einzug in die Geschichte. „Die europäische Barbarei siegte über die arabische Zivilisation. Hierin liegt eine weitere Aufgabe der Geschichtsrevision eurozentristischer Historiographie.“[86] Die „Reconquista“ kam mit dem „Roll-back“, um sich einem Begriff des „kalten Krieges“ zu bedienen, nicht zum Stillstand, im Gegenteil – sie nahm ihren Anfang. Noch 1884 gab der deutsche Kolonialaggressor Peters seinen Eroberungsfeldzügen im östlichen Afrika den Namen „Konquistadorenzug“. Während – und dies gilt zumindest für die deutschsprachige Geschichtsforschung – bis in die Gegenwart der Mantel des Schweigens über die Ge-

---

85 In ähnlicher Weise wird verfahren, wenn die arabische Architektur in die europäische Gotik umbenannt wird. Auch hierbei wird an eine imaginäre europäische Vorgeschichte des arabischen Al-Andalus angeknüpft. Wurde Al-Andalus in grausamster Weise von den Conquistadoren und Inquisitoren zerstört – noch nicht einmal die Spuren der blühenden multikulturellen Lebensgemeinschaft, die sich unter der arabischen Herrschaft herausbildete, sollen Zugang in das heutige Geschichtsbewußtsein haben.

86 Karam Khella, Geschichte der arabischen Völker, Hamburg 1994, 533.

schichte der Eroberung des arabischen Al-Andalus verhängt wurde, so erfahren die „Kreuzzüge“ gegen das zum „Heiligen Land“ verklärte Palästina mehr Aufmerksamkeit. Die zu diesem Zwecke und mit Ende des 11. Jahrhunderts einsetzende und vom Klerus betriebene Geschichtslegendenbildung und -propagierung, läßt sich von daher als die Genese eurozentristischer Weltsicht rekonstruieren, wenn diese auch erst im 19. und 20. Jahrhundert begann, sich in den etablierten Geschichtsvorstellungen in Europa durchzusetzen. Bei genauerer Betrachtung schlägt sie erst heute durch. Damals diente sie den europäischen Mächten[87] der Propagierung des „Heiligen Krieges“, das heißt der Psychologie des Krieges, die die Befreiung des „Heiligen Landes“ von den Ungläubigen forderte. Die Agitation für die „Kreuzzüge“ – eine sich bis in die heutige Geschichtsliteratur haltende und die Realität der Raubzüge gegen die arabische Welt verschleiernde Begriffsschöpfung – setzte mit dem Konzil von Clermont im Jahre 1095 ein. Dem vorausgegangen war die Exkommunikation der byzantinischen durch die lateinische Kirche im Jahre 1054, das Jahr von dem an die Ostkirche zu einem Beuteobjekt für die Allianz, bestehend aus katholischem Klerus und aufstrebendem Handel im westlichen Europa, geworden war. War die Zerschlagung des byzantinischen oder oströmischen Reiches das eigentliche Kriegsziel, so diente Palästina zum „heiligen Land“ mystifiziert als Medium für die religiös angestimmte Mobilmachung. Hinter der „Theologie der Mobilmachung“ (Karam Khella), traten die machtpolitischen Ziele, die militärisch durchgesetzt werden sollten, deutlich hervor. Papst Urban II. (von 1088 bis 1099 römischer Papst) – er stand dem Konzil vor – predigte ein orientalisches Feindbild, welches die „Verwüstung des Reich Gottes“ inszenierte und die sadistischen Phantasien der fanatisierten Katholiken beflügelte. Zugleich versprach der Papst die Vergebung der Sünden und

[87] Im 11. Jahrhundert erhoben sich die venezianischen Kaufleute zu einer Handels- und Seemacht und war die römische Kirche zur bedeutendsten Finanzmacht Europas aufgestiegen. Karam Khella, Geschichte der arabischen Völker, Hamburg 1994, 178 f.

lockte die Gläubigen mit auf sie wartenden „Lustbarkeiten" auf den beschwerlichen Weg nach Palästina: „Jerusalem ist der Nabel der Welt, das Land ist fruchtbarer als andere, ein zweites Paradies der Lustbarkeiten."[88] Über die „Kreuzzugsbullen" – sie bildeten den Ausgangspunkt der Kriegsideologie – wurden deren Gedanken über Predigten (z.B. durch Wanderprediger) und volksnahe Dichtung multipliziert. Eine herausragende Stellung in der Verankerung der Kreuzzugsideologie mittels plebejischer Dichtung nahm Walther von der Vogelweide (gest. 1270) ein. Die für den Eurozentrismus typische Form der Hochstilisierung in der Selbstdarstellung europäischer Literaturgeschichte kommt zum Ausdruck, wenn W. Zöllner Walther von der Vogelweide folgende Absicht zuschreibt: „In ähnlicher Weise wie Hartmann erblickte er in den überseeischen Expeditionen Möglichkeiten, die Ritter zu vervollkommnen und an die höfischen Ideale heranzuführen."[89] In dem Lehrwerk, „Epochen und Strukturen – Grundzüge einer Universalgeschichte für die Oberstufe", wird die erste Kreuzzugsaggression, die mit der Besetzung Jerusalems einherging, als Erfolg gedeutet: „Die Erfolge des ersten Kreuzzuges konnten nicht wiederholt werden."[90] Das Massaker an der autochthonen Bevölkerung Jerusalems im Jahre 1097 – ihm fielen 60.000 Bewohner der palästinensischen Hauptstadt zum Opfer – wird, wenn überhaupt, beiläufig und als Ausartung erwähnt, hingegen die geschlossene Front von Muslimen, Christen und Juden, die sich im Widerstand den Eindringlingen entgegenstellte, keine Erwähnung findet.
Das multikulturelle und multikonfessionelle Gemeinwesen in Palästina wird von den europäischen Raubrittern für kurze

---

88 Aus der Rede von Papst Urban II. auf dem Konzil von Clermont (18.-27. November 1095) von Robert dem Mönch als Chronisten festgehalten. Peter Milger, Die Kreuzzüge, Krieg im Namen Gottes, München 1988, 9.

89 Walter Zöllner, Geschichte der Kreuzzüge, Halle 1989, 206.

90 Epochen und Strukturen, Grundzüge einer Universalgeschichte für die Oberstufe, (Hrsg. I. Geiss, R. Ballof, R. Fricke-Finkelburg), Frankfurt a.M. 1994, 225.

Dauer zerschlagen. Die „Kreuzzüge“ können auch als Versuch der europäischen Mächte verstanden werden, die kulturelle Zusammengehörigkeit von Christentum und arabischer Welt auseinanderzudividieren. Im Vordergrund standen jedoch die machtpolitischen und strategischen Ziele der europäischen Mächte, d.h. zum einen die Eroberung eines Stützpunktes, der das Vordringen an den Küsten des arabischen Raumes sichern sollte und zum anderen die Zerschlagung von Byzanz, dem eigentlichen Kriegsziel.[91]

---

[91] Vor diesem Hintergrund ist der angebliche Hilferuf des byzantinischen Kaisers Alexios I. an das „christliche Abendland“ eher als ein kriegspsychologischer Schachzug zu verstehen. Eine Unterstützung mag dem byzantinischen Reich suggeriert worden sein. Pläne für eine Aggression gegen Palästina bestanden jedoch schon zuvor und war Byzanz als Konkurrenten für das europäische Handelskapital zu zerschlagen, das strategische Kriegsziel. In „Epochen und Strukturen“ heißt es: „Nachdem Kaiser Alexios I. Komnenos das christliche Abendland um Hilfe gerufen hatte, forderte Papst Urban II. im November des Jahres 1095 auf dem Konzil von Clermont-Ferrand die Gläubigen dazu auf, die Heiligen Stätten des Christentums zu befreien.“ Epochen und Strukturen, s.o., 224. Ein somit konstruierter Anlaß läßt die Ursachen und Hintergründe der „Kreuzzüge“ verschwinden. Diese sind sowohl in der strategischen Schlüsselstellung Palästinas für die Expansion der europäischen Mächte, dem strategischen Ziel der Zerschlagung des byzantinischen Reiches als auch im Export der feudalen Krise, der Kanalisierung des aufständischen Potentials mittels des Aggressionskrieges in den Orient zu suchen. Auf den Aspekt von Kolonien weist Ulrich Knefelkamp hin. Ein Zitat des Fluchers von Chartres aus der Historia Hierosolymitana deutet auf das Anwerben neuer Siedler hin, wenn nach den Wirkungen solcher Beschreibungen des „Heiligen Landes“ in Europa gefragt wird: „Denn wer dort mittellos war, den hat Gott hier reich gemacht, wer wenig Geld besaß, dem gehört hier durch Gottes Gabe eine ganze Stadt.“ Flucher von Chartres, in: U. Knefelkamps Aufsatz „Kreuzzüge- eine neue Ära der Beziehungen zwischen Islam und Christentum“ aus dem von Schapour Ravasani herausgegebenen Sammelband „Beginnt eine neue Ära der Weltgeschichte?“, Oldenburg 1993,

Insgesamt jedoch stellen die Kreuzzüge (1097-1291) einen Eingriff ohne grössere Bedeutung für den weiteren Verlauf der arabischen Geschichte dar, was nicht zuletzt dem entschiedenen Widerstandskampf von Organisationen wie der der Nizariten zu verdanken war. Auch deren Darstellung (hier als Assassinen bezeichnet und in das Englische sowie Französische übernommen als Synonym für „Überzeugungsmörder; Gesinnungsmörder; Attentäter; Meuchelmörder“[92]) in der bürgerlichen Geschichtsschreibung spiegelt den Schrecken der Kreuzzugsaggressoren angesichts des gemeinsamen Widerstandes aller Völker der Region in der Gegenwart der Geschichtsliteratur wider. Noch heute charakterisiert z.B der Historiker Geiss die Nizariten so: „waren Ordensmäßig organisiert, mit blindem Gehorsam, Mord als Mittel der Politik; erhielten zur Fanatisierung u.a. Haschisch; (…)[93] Demgegenüber werden die die Raubzüge tragenden „Ritterorden“ als solche dargestellt, „die ihre ursprünglichen karitativen Aufgaben der Krankenpflege beibehielten.“[94] Die mordend und

---

26. Es finden sich eine Reihe von Hinweisen, u.a. in den „Kreuzzugsbullen“, daß mit den Kreuzzügen zweierlei angestrebt war: Export der feudalen Krise mittels der Ansiedlung von potentiell Aufständischen nach Palästina und deren Funktionalisierung als „Soldaten des Christentums“ in den Festungen der Kreuzritter an den Küsten des „fruchtbaren Halbmondes.“

92 Karam Khella, Geschichte der arabischen Völker, Hamburg 1994, 178.

93 Imanuel Geiss, Geschichte griffbereit, 5 – Begriffe; Die sachsystematische Dimension der Weltgeschichte, Dortmund 1993, 194.

94 Epochen und Strukturen, s.o., 225. Daß die Lehrwerke der 90er Jahre hinter die früheren zurückfallen, zeigt ein Vergleich. In der „Geschichtlichen Weltkunde Bd. 1“ wird auf einen Zusammenhang wenigstens hingewiesen, der in den „Epochen und Strukturen“ keine Erwähnung im Zusammenhang mit den Kreuzzügen mehr findet. Im Anschluß an das Kapitel über die Kreuzzüge heißt es im Abschnitt „Kulturaustausch mit dem Islam“: „Arabische Geographen zeichneten Landkarten von der ganzen damals bekannten Welt und schufen so die Voraussetzung für die Entdeckungen der folgenden Zeit. Schöpfungen der arabischen

plündernd nach und durch Palästina ziehenden Aggressoren werden zu Krankenpflegern umgedeutet. Wie in der Gleichschaltung der Feindbilder – z.B. in der die Flüchtlinge als „Drogenhändler“ und „Terroristen“ in der Gegenwart – werden in diesem Zusammenhang zugleich die Parallelen zum propagierten Identifikationsobjekt, den „humanitären Helfern“, deutlich. Auch an dieser Stelle, wird Geschichte für Gegenwartsideologie funktionalisiert.

Ein Wesensmerkmal eurozentristischer Geschichtsfälschung ist die Projektion europäischer Politik auf die außereuropäischer Völker. Der Eurozentrismus schreibt die Opfer zu Tätern um. Die Theologie der Mobilmachung, die das arabische Feindbild nachhaltig prägte, wirkt in der eurozentristischen Geschichtsschreibung der Gegenwart fort. Das arabische Feindbild, dessen Genese sich in die Zeit der „Kreuzzüge“ zurückverfolgen läßt, wurde vom historischen Materialismus übernommen, wie weiter unten noch ausführlicher aufgezeigt werden wird. Friedrich Engels, der sich mit den „Kreuzzügen„ nahezu ausschließlich unter militärischen Gesichtspunkten beschäftigte[95], stellt sein Deutschlandbild so dar: „Die Deutschen hatten in der Tat Europa neu belebt, und darum endete die Staatenauflösung der germanischen Periode nicht mit normännisch-sarazenischer Unterjochung, sondern mit der Fortbildung der Benefizien und der Schutzergebung (Komendation) zum Feudalismus und mit einer so gewaltigen Volks-

---

Kunst und Technik gelangten in die christlichen Länder, nicht selten mit arabischen Bezeichnungen, wie zahlreiche Lehnwörter in unserer Sprache beweisen.“ Geschichtliche Weltkunde, Bd. 1, (Hrsg. W. Hug, H. Busley), Frankfurt a.M. 1978, 191.

95 Als Militärhistoriker – als solcher er sich mit den Kreuzzügen hauptsächlich befaßte – kommt das Engelssche Araberfeindbild an vielen Stellen zum Ausdruck, wenn dieser z.B. die erste Schlacht europäischer Kavallerie hervorhebt: „Die erste Schlacht, in der eine solche Kavallerie auftrat, war die bei Poitiers, wo Karl Martell 732 die Flut der arabischen Invasoren zurückschlug.“ Friedrich Engels, Kavallerie, MEW Bd. 14, Berlin 1969, 293.

vermehrung, daß kaum zweihundert Jahre nachher die starken Aderlässe der Kreuzzüge ohne Schaden ertragen wurden.“[96] Peter Martin stellt den Verlauf der Geschichte, der sich nach dem Untergang der Hohenstaufen mit dem Tode Friedrichs II. (1250) vollzog – dieser hatte die Tradition der Normannen der Assimilierung in die arabische Kultur fortgesetzt (Arabisch war ihm geläufiger als das Deutsche) – anders dar: „Aus ihrem straffgeführten, expandierenden Vielvölkerstaat wurde nun wieder das von schwachen Kaisern und selbstherrlichen Fürsten regierte Deutsche Reich.“[97] Ein Aspekt der Feudalismusdiskussion, der an dieser Stelle nicht behandelt werden kann. Die Orientierung der Herrschenden zur arabischen Welt versus ihrer chauvinistischen Deutschlandbezogenheit stehen sich hier gegenüber. Engels macht an anderer Stelle im Zusammenhang seiner Auswertung der „Kreuzzüge“ auf einen wichtigen Diskussionspunkt aufmerksam: „Erstens war seit den Kreuzzügen die Industrie enorm entwickelt und hatte eine Menge neuer mechanischer (Weberei, Uhrmacherei, Mühlen), chemischer (Färberei, Metallurgie, Alkohol) und physikalischer Tatsachen (Brillen) ans Licht gebracht, und diese gaben nicht nur ungeheures Material zur Beobachtung, sondern lieferten auch durch sich selbst schon ganz andere Mittel zum Experimentieren als bisher und erlaubten die Konstruktion neuer Instrumente; man kann sagen, daß eigentlich systematische Experimentalwissenschaft jetzt erst möglich geworden.“[98] Warum sich die Industrie seit den Kreuzzügen so enorm entwickelte läßt Engels offen.[99] Er vermeidet, daß die-

---

[96] Friedrich Engels, Der Ursprung der Familie, des Privateigentums und des Staates, MEW Bd. 21, Berlin 1969, 149.

[97] Peter Martin, Schwarze Teufel, edle Mohren, Afrikaner in Bewußtsein und Geschichte der Deutschen, Hamburg 1993, 41.

[98] Friedrich Engels, Aus der Geschichte der Wissenschaft, Notizen und Fragmente, MEW Bd. 20, Berlin 1968, 457.

[99] Auch bei Marx finden sich verstreute Hinweise auf den Zusammenhang von Kreuzzügen und industrieller Entwicklung zunächst in Südwesteuropa, von wo aus diese in das nördliche gelangte: „In den Niederlanden ihre Fortschritte zum Theil Folge des zunehmenden Verkehrs zwischen dem europäischen Nordwesten und Südwe-

se Entwicklung aus den arabischen Wissenschaften möglich wurde, mit denen das nord-westliche Europa – im Unterschied

---

sten. Diese ging meist hervor aus der erweiterten Handelsverbindung der Völker des Occident und Orients, bemerkt in Folge der Kreuzzüge. (...) Der Verkehr der Italiener noch zur Folge die Fortschritte ihrer Seidenmanufakturen, die die Rohstoffe meist daher erhielten." Karl Marx, Exzerpte und Notizen, September 1846 bis Dezember 1847, Berlin 1983, 925 f. Daß es sich in diesem Prozeß nicht nur um einen Rohstoffimport gehandelt haben kann, sondern daß die Verarbeitungstechniken und -verfahren aus dem entwickelteren Orient an die Küsten Italiens gelangten, bedarf keiner weiteren Erklärung. Einige Jahrhunderte später sollten die Briten in den entwickelten Baumwollzentren Indiens dort die Webstühle entreißen, um sie in England aufzustellen, nicht ohne den Webern in Benghalen die Finger vorher zu brechen, um deren Konkurrenz nicht mehr fürchten zu müssen. Das Ausmaß des wissenschaftlichen Gefälles zwischen Europa und der arabischen Welt, welches sich in die Jahrhunderte des sogenannten „Mittelalters" und darüberhinaus erstreckte, läßt sich nur erahnen: „Die Europäer übersetzten alles und jedes. Literarische Arbeiten, die nur arabische Philologen interessierten, wurden pflichtgemäß übersetzt, und zwar in der Art, wie sich Entwicklungsländer unserer Zeit gegenüber modernen europäischen Kulturen verhalten. – Diese intensiven Bemühungen hatten auch ihre Nachteile. Einige Übersetzungen waren mittelmäßig, andere vollkommen unbrauchbar. In Nordafrika führten sie zu zwei Arten des Plagiats. Einmal wurden Bücher fälschlich anerkannten Autoren zugeschrieben, um deren Marktwert zu steigern; das andere Mal behaupteten lateinische Übersetzer, sie wären die Autoren der Bücher, die sie übersetzten; damit wollten sie ihr Ansehen in der Fachwelt aufbessern." Mohamed Kamel Hussein, in: Kulturaustausch zwischen Orient und Okzident, Über die Beziehungen zwischen islamisch-arabischer Kultur und Europa (12.-16. Jahrhundert), Deutsche UNESCO-Kommission, Bonn, (Hrsg.), Bonn, 1985, 156. Leider hat sich auch bei diesem Autor der Begriff „moderne europäische Kulturen" – ein Phänomen der Verinnerlichung eurozentristischer Begrifflichkeiten – eingeprägt, was – ist es nicht aufgrund der Berücksichtigung des Selbstverständnisses der Herausgeber – Ausdruck einer weitverbreiteten Akkulturation von Intellektuellen im Süden ist, wenn sie Europa zum Maßstabe ihrer Urteilskraft nehmen.

zu Sizilien, dem süd-westlichen Europa, welches eine Zeitlang Bestandteil des arabischen Kalifats unter den Aghlabiden (vom Anfang des 9. bis Ende des 11. Jahrhunderts) war – in Folge der „Conquista“[100] und den Kreuzzügen erstmalig in unmittelbare Berührung gekommen war und der Transfer von Wissen aus der arabischen Welt nach Europa zu einer neuen Stufe der Rezeption gelangte.

Die Vereinnahmung der Wissenschaftsgeschichte durch den Eurozentrismus kann hier nicht weiter aufgegriffen werden.[101] Engels jedenfalls förderte eine sich bis heute haltende Legende der Geschichtsfälschung, die sich bemüht, Araber und Wissenschaft als Gegensätze darzustellen: „Die moderne Naturwissenschaft – die einzige, von der qua Wissenschaft die Rede sein kann gegenüber den genialen Institutionen der Griechen und den sporadischen zusammenhangslosen Untersuchungen der Araber – beginnt mit jener Epoche, die den Feudalismus durch das Bürgertum brach – (...).“[102] Europa gelangt zum Bewußtsein seiner selbst, indem es sich gegen das vom Eurozentrismus geschaffene Araberfeindbild behauptet und eine Linie der Kontinuität zum antiken Griechenland konstruiert. Wird für die europäische Geschichte diese Kontinuitätslinie erdacht, so wird mit der außereuropäischen Geschichte genau entgegengesetzt verfahren – sie wird zerlegt, zersplittert und hin und wieder der europäischen Entwicklung

100 Der Ausdruck Conquista bezeichnet, wie bereits oben im Text dargelegt, die Eroberung des arabischen Al-Andalus seitens der europäischen Herrscherhäuser (v.a. derer Deutschlands und Frankreichs) sowie des katholischen Klerus. Die falsche Bezeichnung „Reconquista“ für diese Eroberung soll lediglich einen historischen Anspruch suggerieren und die Zerschlagung des multikulturellen Al-Andalus rechtfertigen. Mit dem Fall von Al-Andalus setzen die „Kreuzzüge“ ihre Angriffe, zunächst seit 1441 nach Afrika – dem Beginn der Versklavung des Kontinents – und seit 1492 nach Amerika fort.

101 Siehe hierzu weiter unten am Beispiele des arabischen Rationalismus, wo die Diskussion erneut aufgegriffen wird.

102 Friedrich Engels, Aus der Geschichte der Wissenschaft, Historisches, MEW. Bd. 20, Berlin 1968, 464.

zugeordnet, wo es für das Konstrukt dieses Geschichtsbildes opportun zu sein scheint.
Beispielhaft für diese „Gedankenspiele" sei das Afrikabild Hegels angeführt: „Wir verlassen hiermit Afrika, um späterhin seiner keine Erwähnung mehr zu tun. Denn es ist kein geschichtlicher Weltteil, er hat keine Bewegung und Entwicklung aufzuweisen, und was etwa in ihm, das heißt in seinem Norden geschehen ist, gehört der asiatischen und europäischen Welt zu. Karthago war dort ein wichtiges und vorübergehendes Moment, aber als phönizische Kolonie fällt es Asien zu. Ägypten wird im Übergange des Menschengeistes von Osten nach Westen betrachtet werden, aber es ist nicht dem afrikanischen Geiste zugehörig. Was wir eigentlich unter Afrika verstehen, das ist das Geschichtslose und Unaufgeschlossene, das noch ganz im natürlichen Geiste befangen ist und das hier bloß an der Schwelle der Weltgeschichte vorgeführt werden mußte."[103] Das Hegelsche Geschichtsbild zerlegt die afro-asiatische Integrität in die Zusammenhangslosigkeit voneinander isolierter Fragmente, die er geographisch differenziert. Ägypten, am Schnittpunkt zweier Kontinente (Afrika und Asien) gelegen, wird aus seiner historisch-kulturellen Symbiose – diese ist aus den langzeitgeschichtlichen und weiträumigen Beziehungen zu eben diesen beiden Kontinenten hervorgegangen – herausgetrennt. Darüberhinaus wird die Geschichte Ägyptens vom Westen beschlagnahmt, wenn es heißt, der „Menschengeist" sei von Osten nach Westen übergegangen.

Hellenismus

Griechenland wird die Rolle als Träger und Ursprungsort „europäischer Zivilisation" zu spielen haben, wie noch zu zeigen sein wird. Die Herausstellung Griechenlands im Hegelschen Geschichtsbild beleuchtet den Aspekt der Entwurzelung der

[103] G.W.F. Hegel, Werke Bd. 18, Vorlesungen über die Geschichte I, (neu edierte Ausgabe unter der Redaktion von E. Moldenhauer und K. M. Michel), Frankfurt a.M. 1970, 129.

europäischen Wissenschaftsgeschichte von ihren Ursprüngen in und Beziehungen zu den arabischen Wissenschaften, welcher mit dem Streit zwischen Arabisten und Humanisten zugunsten letzterer im Europa des 15./16. Jahrhunderts entschieden wurde.[104] Den Humanisten galten die griechischen Quellen als einzige Autorität in den Wissenschaften. Hegel stand in der Tradition dieser wissenschaftsgeschichtlichen Betrachtung und schreibt folgekonsequent im Kapitel „Beginn der Philosophie in Griechenland“: „Die eigentliche Philosophie beginnt im Okzident.“[105] Griechenland wird nicht nur aus seinem historischen Kontext, den tief- und weitreichenden Beziehungen zur arabisch-afrikanischen Welt, emporgehoben, darüberhinaus konstruiert Hegel eine geistesgeschichtliche Kontinuität Europas. Edward Said bemerkt zu dieser imaginären Kontinuitätslinie ironisch: „Der Mensch – der ‘normale Mensch’, versteht sich – ist der europäische Mensch der historischen Periode, d.h. seit dem griechischen Altertum.“[106] Ist die Kontinuität einer solchen historischen Periode ein eurozentristisches Konstrukt, so läßt sich eine reale Kontinuität in den Versuchen nachweisen, für die Hegel in den Anfängen des 19. Jahrhunderts beispielhaft steht, jegliche Einflüsse arabischer Wissenschaften aus dem geschichtlichen Bewußtsein in Europa zu eliminieren. Hatte Herder (1744-1803) der arabischen Philosophie in der europäischen Ideengeschichte einen Anteil zugestanden und Mathematik, Chemie und Medizin betreffend, die Araber als „Lehrer Europas“[107] herausgestellt, so werden diese Spuren bei Hegel gelöscht. Herder schrieb

---

[104] Felix Klein Franke, Die klassische Antike in der Tradition des Islam, Darmstadt 1980.

[105] G.W.F. Hegel, Werke Bd. 18, s.o., 121.

[106] Edward Said, Orientalismus, Frankfurt/M., Berlin, Wien 1981, 114.

[107] „Die entschiedenen Verdienste der Araber endlich betreffen die Mathematik, Chemie und Arzneikunde, in welchen Wissenschaften sie mit eigenen Vermehrungen derselben die Lehrer Europas wurden.“ Herders Werke, (Hrsg. H. Kurz), Bd. 3, Ideen zur Philosophie der Geschichte der Menschheit, Leipzig, ohne Erscheinungsjahr, 673.

über die „neuerrichteten christlichen Universitäten“: „auf welchen sich Aristoteles, zuerst ganz nach Arabischer, nicht nach Griechischer Sehart zeigte und die Spekulation, Polemik und Sprache der Schule sehr gewetzt und verfeinert hat.“[108] Mit der arabischen „Sehart“ war die Rezeption des arabischen Rationalismus, dessen Entwicklung in die Zeit der Mu'taziliten des 7. und 8. Jahrhunderts reicht, gemeint und welchen Ibn-Ruschd (1126-1198, latinisiert Averroes) zu seiner Ausreifung entfaltete. Ist die Herdersche historische Aussage schon ein Ausdruck der Fälschung des arabischen Rationalismus und der Herabsetzung der Bedeutung der Ideen von Ibn-Ruschd – hatte dieser die Spekulation mittels einer Theorie wissenschaftlicher Beweise überwunden – und wird diese wissenschaftsgeschichtliche Revolution in Theorie und Methode, welche die Entwicklungen der europäischen Universitäten (z.B. seit 1200 in Paris) befruchtete, auf eine formale Lesart Aristoteles' verkürzt, so geht Hegel weiter: „Wir können von den Arabern sagen: Ihre Philosophie macht nicht eine eigentümliche Stufe in der Ausbildung der Philosophie; sie haben das Prinzip der Philosophie nicht weitergebracht.“[109] Die Hegelsche Bezugnahme auf Griechenland, um dort den Ausgangspunkt der Philosophie auszumachen, überlagert die arabischen Ursprünge rationalistischen Denkens und setzt die Metamorphose in eine konstruierte europäische Genese fort. Für dieses theoriegeschichtliche Konstrukt dient Griechenland als Medium. Theoriegeschichte wird somit in mehrfacher Hinsicht gefälscht:

1. Die antike griechische Wissenschaftsgeschichte wird von ihren Ursprüngen und Beziehungen zu den arabischen (ägyptischen) Wissenschaften isoliert.
2. Die arabische Genese des Rationalismus wird aus dem theoriegeschichtlichen Bewußtsein gelöscht.

---

[108] Herders Werke, Ideen zur Philosophie der Geschichte der Menschheit, (Hrsg. H. Dünker), 19. Buch, Berlin, ohne Erscheinungsjahr, 147.

[109] G.W.F. Hegel, Werke Bd. 19, s.o., 517 f.

3. Der Krieg des europäisch-katholischen Klerus gegen den arabischen Rationalismus wird verschwiegen (Inquisition).
4. Eine theoriegeschichtliche Entwicklungslinie wird vom alten Griechenland in das Europa des 19. Jahrhunderts gezogen.

zu 1.) Cheikh Anta Diop hatte dargestellt, was später von Martin Bernal als die „Fabrikation des antiken Griechenlands“[110] bezeichnet werden sollte, daß entgegen dem Selbstverständnis der griechischen Wissenschaften, die sich ihrer orientalischen Wurzeln bewußt waren, der „Hellenismusbegriff“ des 19. Jahrhunderts Griechenland zum Antiorient kreiert. Cheikh Anta Diop schreibt zu dem Zusammenhang der Leugnung der arabischen-afrikanischen Wurzeln griechischer Gelehrsamkeit: „Wenn Thales, Pythagoras, Demokrit, Platon, Eudoxos, Strabon, Diodor, Euklid, (…), ganz gleich welcher der griechischen Gelehrten, die Zeitgenossen der Ägypter waren, die Frechheit besessen hätte, eine solche Feststellung zu machen, hätte man dem eine gewisse Bedeutung beimessen müssen. Es fehlte ihnen auch nicht an Hochmut, aber eine solche Haltung war aus den oben genannten Gründen unvorstellbar: nur die modernen Wissenschaftler des Westens wagen es, eine solche Mißachtung der Fakten öffentlich kund zu tun, (…).“[111]

Zum „Hellenismusbegriff“ als System der Geschichtsfälschung führt Karam Khella aus: „Der „Hellenismusbegriff“ wurde geprägt. Die ihm inne wohnende Geschichtsfälschung

---

110 Martin Bernal, Black Athena, The Afroasiatic Roots of Classical Civilization,Vol 1, The Fabrication of Ancient Greece 1785-1985, New Brunswick 1987. Cheikh Anta Diop hatte bereits 1981 das theoretische Fundament zur „Schwarzen Athene“ gelegt, dessen Werk, welches u.a. Griechenland in seinen historischen Kontext reintegrierte, in Paris unter dem Titel „Civilisation ou Barbarie“ erschienen war (siehe hierzu weiter unten im Text).

111 Afrika – Mutter und Modell der europäischen Zivilisation? Die Rehabilitierung des schwarzen Kontinents durch Cheikh Anta Diop, (Hrsg. Leonard Hartwig, Brigitte Reinwald), Berlin 1990, 145.

hat System. Die Kulturleistung der Völker wird griechisch umgemünzt, die Völker selber als kulturunfähig bloßgestellt. Begriffe wie „Pythagorassatz“ und „archimedisches Prinzip“ und „archimedische Schraube“ (Tanbur) sind vom europäischen Schulbuch nicht mehr wegzudenken. Dabei handelte es sich um theoretische und praktische Leistungen, die in Ägypten entwickelt wurden und die vermittels griechischer Stipendiaten nach Europa gekommen sind. Heute werden sie für schlechthin griechisch gehalten. Dasselbe gilt für Medizin, Pharmakologie, Botanik, Zoologie, Mathematik, Naturwissenschaften, Astronomie, Himmelsmechanik, Informatik und Philosophie.“[112]

zu 2.) Das Medium Griechenland ermöglicht die Herleitung rationalistischen und materialistischen Denkens (Demokrit, Epikur z.B. bei Marx) in der Umgehung des arabischen Rationalismus. Sein entscheidender Beitrag und seine weitverbreitete Rezeption in Europa werden ausgeblendet, bestenfalls in den Schatten griechischer Quellen gestellt. Tatsächlich stellte wissenschaftsgeschichtlich das zehnte Jahrhundert eine radikale Wende dar: „Abschied von dem – in Europa und Griechenland bis ins 18. Jahrhundert dominierenden – spekulativen Denken. Der Rationalismus ist ein genuines Produkt der arabischen Philosophie.“[113] Spuren der Bedeutung Ibn-Ruschd’s finden sich in B. Russel’s, Philosophie des Abendlandes; demnach wurde Ibn-Ruschd bereits früh im dreizehnten Jahrhundert von Michel Scotus ins Lateinische übersetzt. Russel zu folge hatte Ibn-Ruschd einen sehr starken Einfluß in

[112] Karam Khella, Geschichte der arabischen Völker, Hamburg 1994, 305.

[113] Ibn-Ruschd (europäisiert Averroes) (1126-1198) emanzipierte die Wissenschaft vom Glauben („Wissenschaft ist nicht Religion“, Ibn-Ruschd), führte den „wissenschaftlichen Beweis“ als eigenständiges methodisches Prinzip zur Begründung fachlicher Aussagen und den empirischen Beweis ein. Er stellte die Entwicklung der Natur durch Evolution und das Bewußtsein als an die Materie gebunden und als gesellschaftlich, einheitlich und integriert heraus. Karam Khella, Geschichte der arabischen Völker, Hamburg 1994, 516 f.

Europa, nicht nur bei den Scholastikern, sondern auch „auf die große Schar nichtzünftiger Freidenker, welche die Unsterblichkeit leugneten und Averroisten genannt wurden.“ (B. Russel) Bereits Thomas von Aquin (1225/6-1274) – die Spitze der geistigen Reaktion (K. Khella) – versuchte Aristoteles gegen Ibn-Ruschd auszuspielen und die Verankerung des arabischen Rationalismus an der Pariser Universität zurückzudrängen, wo er von 1257-60 und wieder von 1268-70 als „Antiaverroist“ wirkte. In seinem bedeutendsten Werk in diesem Sinne, der „Summa contra Gentiles“ (Die Summe wider die Heiden, in den Jahren 1259-64 entstanden), versucht er die Wahrheit der christlichen Religion zu beweisen; „und zwar ist die Argumentierung für einen Leser bestimmt, der selbst noch kein Christ ist; wohl aber errät man, daß bei diesem imaginären Leser im allgemeinen eine gute Kenntnis der arabischen Philosophie vorausgesetzt wird.“[114] Die Bedeutung des arabischen Rationalismus, der im 12. Jahrhundert zu seiner wissenschaftlichen Blüte gelangte, kann nicht genügend herausgestellt werden; er bildete nicht nur den geeigneten Boden zur Entstehung des „Empirismus“, „Strukturalismus“, und „Historismus“, sondern die politischen Ideen Ibn-Ruschd's von Freiheit, Demokratie, Grundrechten, Rationalismus und Kritik, überlebten die „universalgeschichtlich finsterste Epoche des Geistigen Terrors“ (K. Khella) – die Inquisition – im Untergrund und fanden ihre praktische Umsetzung in der französischen Revolution 1789 und der europäischen Revolution 1848.[115]

zu 3.) Beispielhaft für den fortwirkenden und von Thomas von Aquin mitbegründeten Aristotelesmythos, mit dem Ziel der Forcierung des geistigen Krieges gegen den arabischen Rationalismus und dem Verschweigen der Inquisition mit ihrer Hauptstoßrichtung gegen den „Averroismus“, dessen

---

[114] Bertrand Russel, Philosophie des Abendlandes, nach der Originalausgabe unter dem Titel „A History of Western Philosophy“, Zürich 1950 (1. Aufl.), Wien 1978 (3. Aufl.), 463.

[115] Karam Khella, Geschichte der arabischen Völker, Hamburg 1994, 529.

Träger als Ketzer und Hexen verbrannt wurden, heißt es auf die Scholastik bezugnehmend in „Epochen und Strukturen“: „Die Werke vor allem von Thomas von Aquin (ca. 1225-1274) wurden für diesen zentralen Aspekt repräsentativ – „Summa“ als Zusammenfassung und Systematisierung des zeitgenössischen Wissens, was der große Aristoteles einst für die griechische Antike geleistet hatte.“[116] Ein hermeneutischer Zirkel in der Selbstdarstellung europäischer Geistesgeschichte: Aus der „Summa contra gentiles“ (Der Summe wider die Heiden) wird die Reduktion „Summa“ als „Zusammenfassung und Systematisierung zeitgenössischen Wissens“. Die „Summa contra gentiles“ hatten mit Zusammenfassung oder Systematisierung von Wissen nichts – dieses war ohnehin aufgrund erst einsetzender Rezeption begrenzt vorhanden – dafür aber mit dem Krieg gegen den arabischen Rationalismus sehr viel zu tun. Wollte sich die Theologie mittels dieser Schrift in ihrem Machtgefüge behaupten, so diente ihr die Behauptung, Ibn-Ruschd sei der Verderber (depravator)[117] des Aristoteles als ein Mittel der Zurückdrängung des sich verankernden rationalistischen Denkens. Der Theoriestreit zwischen arabischem Rationalismus und geistiger Reaktion wird aus dem Geschichtsbewußtsein gelöscht; die Inquisition gegen die Träger von Rationalismus und Kritik, die seitdem aufständisches Handeln begründen, hat schlicht nicht stattgefunden. Konsequenterweise findet sich dann auch in dem Kapitel „Aufbruch in die neue Zeit“[118] kein Hinweis auf die Begründung der europäischen Renaissance seitens arabischer Kultur

---

[116] Epochen und Strukturen, Grundzüge einer Universalgeschichte für die Oberstufe, Bd. 1, (Hrsg. I. Geiss, R. Ballof, R. Fricke-Finkelburg), Frankfurt a.M. 1994, 250.

[117] Marie-Dominique Chenu, Thomas von Aquin, Hamburg 1992, 88. Dieses Buch, welches sich das inquisitorische Denken der Zeit zu eigen macht, ist als Quelle nützlich, da es zumindest die Dimension der Auseinandersetzung katholischer Klerus/arabischer Rationalismus andeutet. Bedrohlich heißt es in der Chronologie: 1250-1270 „Fortschreitendes Eindringen des Averroes in die Universitäten.“

[118] ebenda, 296.

und Wissenschaften. Die Wissenschaftsrealität für die europäische Medizin dieser Zeit beleuchtet Sigrid Hunke: „Vor sechshundert Jahren besaß die Pariser Medizinische Fakultät die kleinste Bibliothek der Welt. Sie bestand aus einem Titel. Und diese Schrift war das Werk eines Arabers.“[119]
Der Orient als ein Gegenentwurf zu Europa, das seinen Ausgangspunkt im Anti-Orient Griechenlands schafft, konnte erst mit der Vernichtung der Träger des arabischen Rationalismus durch die Inquisition vollendet werden.

Orient- und Araberfeindbild

Mit Beginn des 19. Jahrhunderts hält ein Orientbegriff Einzug in die wissenschaftliche Auseinandersetzung, der sich bis in das ausgehende 20. Jahrhundert halten wird. Als ein konstruiertes Gegenmodell wird der Orient ebenso konstruierten Modellen der europäischen „Zivilisation“ und „Moderne“ gegenübergestellt. Das bürgerliche Weltbild und die historisch-materialistische Geschichtsauffassung unterscheiden sich hierin nicht: Es ist die „Mission der Zivilisation“, den Orient zu überwinden. Der zweihundertjährige euro-amerikanische Krieg (seit dem Angriff Napoleons auf Ägypten 1798) verschafft sich seine Legitimation.

Der Orientbegriff erfährt in den bürgerlichen Geschichts- und Politikwissenschaften im Europa des ausgehenden 20. Jahrhundert eine ungeahnte Renaissance. Heute, wie zu Beginn des 19. Jahrhunderts, steht der Orientbegriff als Synonym für „Rückständigkeit“ und „stationäre Gesellschaften“ – Scheinrealitäten, die in die Länder des arabischen Raumes hineinprojiziert werden, um eine Überlegenheit der „europäischen Moderne“ („Zivilisation“) zu suggerieren. In der Literatur taucht nicht selten der Orientbegriff in Verbindung mit dem Attribut „Despotie“ auf. Im Handbuch der Dritten Welt – 1993 erschienen – heißt es auf die arabische Welt bezogen:

---

[119] Sigrid Hunke, Allahs Sonne über dem Abendland, Unser arabisches Erbe, Frankfurt a.M. 1991, 126.

„Die Notwendigkeit zu despotischen Herrschaftsformen erwuchs aus dem Zwang zu organisierter Beherrschung und Verteilung des Bewässerungswassers, zur militärischen Verteidigung der Existenzgrundlagen und der Durchsetzung und Aufrechterhaltung eines für das Gemeinwesen notwendigen Steuersystems.“[120] Eine definitorische Zuschreibung für Gesellschaft und Staat in Asien, die seit dem 18. und 19. Jahrhundert, Reiseberichten von Abenteurern und Kolonialforschern entspringend und von den Wissenschaften übernommen, durch die Literatur geistert. Dem Orientbild liegt keine wissenschaftliche Kausalität und Herleitung zugrunde; es dient als Begründungskonstrukt europäischer Überlegenheit. Eine spezifische innere Dynamik wird in die europäische Entwicklung theoretisch implantiert. Die Realität des kolonialistischen Eingriffs in das Weltgeschehen wird in der Geschichtstheorie nicht zur Kenntnis genommen: „Dem mitteleuropäischen Bürgertum vergleichbare gesellschaftliche Kräfte hat es im Orient als treibende Größe nicht gegeben. Zum Zeitpunkt der direkten Kontaktaufnahme zwischen Okzident und Orient waren daher – trotz des kulturellen Hochstandes beider – schon wesentliche Unterschiede in den soziopolitischen und sozioökonomischen Strukturen vorhanden. Die in der Folgezeit sich herausbildende Überlegenheit Europas in technisch-militärischer Hinsicht liegen m.E. hierin begründet.“[121] Auch bei diesem Autor ist eine marxistische Anamnese – das europäische Bürgertum als „treibende Größe“ nicht zu übersehen. Was meint der Autor mit dem „Zeitpunkt der direkten Kontaktaufnahme“ – den Überfall Napoleons auf Ägypten 1798 oder die britische Aggression auf dieses Land 1882? Wie nahe solche Sichtweisen zu den europäisch-arabischen Beziehungen in den Geschichtsreflexionen über größere Zeiträume hinweg beieinanderliegen, verdeutlicht J.A. Balfour als er im englischen Unterhaus 1910 die britische

---

[120] Handbuch der Dritten Welt, (Hrsg. Dieter Nohlen, Franz Nuscheler), Bd. 6, Nordafrika und Naher Osten, Bonn 1993, 22.

[121] ebenda, 23.

Kolonialherrschaft über Ägypten rechtfertigte: „Westliche Nationen zeigen, sobald sie sich in die Geschichte begeben, jene Fähigkeiten sich selbst zu regieren … haben eigene Verdienste … Man kann die ganze Geschichte der Orientalen im, wie es im allgemeinen genannt wird, Osten nehmen und man wird niemals Spuren dieser Selbstverwaltung finden. Alle ihre großen Jahrhunderte – und sie waren sehr groß – stehen unter dem Zeichen des Despotismus, der absoluten Herrschaft. (…) Ein Eroberer hat den anderen abgelöst, eine Herrschaft ist der anderen gefolgt. Aber niemals, während all dieser Revolutionen des Glaubens und des Schicksals, hat man eine dieser Nationen erlebt, die aus sich selbst heraus das etabliert hätte, was wir, von einem westlichen Standpunkt aus, Selbstverwaltung nennen, und das ist eine Tatsache.“[122] Kapitalismus und Bürgertum als einer der europäischen Entwicklungsdynamik innewohnenden „treibenden Größe“ wurde bereits als ein Mythos seitens der Begründer des „wissenschaftlichen Sozialismus“, Marx und Engels, reproduziert – der Kolonialismus wird als Revolution gedeutet: „Das Eingreifen der Engländer … führte zur Auflösung dieser kleinen, halb barbarischen, halb zivilisierten Gemeinwesen, indem es ihre ökonomische Grundlage sprengte und so die größte und, die Wahrheit zu sagen, einzige soziale Revolution hervorrief, die Asien je gesehen.“[123] Was Marx zwar anführte, jedoch in den Hintergrund drängte, ist die Tatsache, daß es in Indien eine der europäischen überlegenere Textilindustrie gab. Nicht nur die Dorfgemeinschaften und damit auch die Landwirtschaft, sondern die Industrie, die sich nicht auf die Herstellung von Textilien hoher Qualität beschränkte, wurde rücksichtslos vernichtet. Das Entwicklungsgefälle zwischen Indien und England war genau umgekehrt, wie Marx es zwar sah, jedoch zugunsten der europäischen Vorherrschaft gewendet sehen wollte. Nach Marx sollten die orientalischen Dorfgemein-

[122] zit. n. Edward Said, Orientalismus, Frankfurt a.M., Berlin, Wien 1981, 41.

[123] Karl Marx, The British Rule in India, New-York Daily Tribune, Nr. 3804, 25. Juni 1853, zit. n. MEW, Bd. 9, Berlin 1960, 132.

schaften, bildeten sie „die feste Grundlage des orientalischen Despotismus“ (Marx), hinweggefegt werden, denn: „Die Frage ist, ob die Menschheit ihre Bestimmung erfüllen kann ohne radikale Revolutionierung der sozialen Verhältnisse in Asien.“[124] Nehru schreibt dazu: „Einige üble Folgen des Systems in Indien haben wir bereits betrachtet. Blicken wir nach China, Ägypten und vielen anderen Ländern, so sehen wir, dasselbe System; dieselbe Maschine des kapitalistischen Imperialismus ist dabei, andere Völker auszubeuten. (...) Ich habe dir vom hohen Stand der indischen Heimindustrien bei Ankunft der Briten berichtet. Mit dem natürlichen Fortschreiten der Produktionsweise und ohne Einmischung von außen wäre wahrscheinlich die Industrialisierung eines Tages auch nach Indien gekommen.“[125] Indien gelangte später trotz Marx und auch nicht aufgrund des britischen Kolonialismus („Kapitalismus“) zur Reindustrialisierung. Wie sehr die Klassiker des Sozialismus sich mit den britischen Kolonialisten identifizierten zeigt, daß sie die Befehlshaber der britischen Armee ob ihrer „lässigen Art und Weise“ in der Niederschlagung des antikolonialen Aufstandes in Indien (fälschlicherweise als Sepoy-Aufstand von 1857, als hätte sich nur diese gleichnamig Militäreinheit und nicht die Völker Indiens insgesamt erhoben, bezeichnet) kritisierten: „Wenn man sich die Ereignisse vor Augen hält, ist man bestürzt über das Verhalten des britischen Befehlshabers in Mirat: sein spätes Eintreffen auf dem Schlachtfeld ist noch nicht einmal so unglaublich wie die lässige Art und Weise, in der er die Meuterer verfolgte.“[126] Engels wäre, hätte er in den Kolonialarmeen Dienst getan, zu militärischen Ehren gelangt. Ein Aspekt seiner militärischen Schriften der bisher verkannt wurde. Für Marx und Engels jedenfalls waren Entwicklung und Europäisierung identische Prozesse. Bezeichnenderweise beherrschten sie, wie nicht

---

[124] ebenda, 133.

[125] Jawaharlal Nehru, Weltgeschichtliche Betrachtungen, Briefe an Indira, Düsseldorf 1957, 501 f.

[126] Friedrich Engels, Der Aufstand der indischen Armee, MEW Bd. 12, Berlin 1969, 232 f.

minder andere Kolonialapologeten ihrer Zeit, die Kunst, die Verbrechen des europäischen Kolonialismus auszublenden, indem sie eine Legende von angeblichen Greueltaten in den Orient projizierten und den außereuropäischen Völkern jegliche Widerstandskraft gegen die Eroberung fremder Mächte absprachen. Die Dorfgemeinschaften des Orients charakterisiert Marx wie folgt: „Wir dürfen nicht die barbarische Selbstsucht vergessen, die, an einem elenden Stückchen Land klebend, ruhig dem Untergang ganzer Reiche, der Verübung unsäglicher Grausamkeiten, der Niedermetzelung der Einwohnerschaft großer Städte zusah, ohne sich darüber mehr Gedanken zu machen als über Naturereignisse, dabei selbst jedem Angreifer, der sie auch nur eines Blickes zu würdigen, hilflos als Beute preisgeben.“[127] Somit wird die Begründung

[127] Karl Marx, Die britische Herrschaft in Indien, zit. n. Karl Marx, Friedrich Engels, Aufstand in Indien, Berlin 1978, 48. Rosa Luxemburg muß dieser Rassismus aufgefallen sein als sie schrieb: „Die Engländer waren die ersten Eroberer Indiens, die eine rohe Gleichgültigkeit für die öffentlichen Kulturwerke wirtschaftlichen Charakters mitbrachten. Araber, Afghanen wie Mongolen leiteten und unterstützten in Indien großartige Kanalanlagen, durchzogen das Land mit Straßen, überspannten Flüsse mit Brücken, ließen wasserspendende Brunnen graben.“ R. Luxemburg, Die Akkumulation des Kapitals, Berlin 1923, 295. Sie wies auf den qualitativen Unterschied von bisherigen Eroberungen und der europäischen Eroberung hin. Eroberung ist nicht gleich Eroberung: „Alle Eroberer gingen auf die Beherrschung und Ausbeutung des Volkes aus, keiner hatte Interesse daran, dem Volke seine Produktivkräfte zu rauben und seine soziale Organisation zu vernichten. … Dann kamen die Engländer, und der Pesthauch der kapitalistischen Zivilisation vollbrachte in kurzer Zeit, was Jahrtausende nicht vermocht und was das Schwert der Nogaier nicht fertig gebracht hatte: die ganze soziale Organisation des Volkes zu zertrümmern.“ ebenda, 292. Genau dies – die Zerschlagung der sozialen Organisation in Indien – war für Marx die Voraussetzung für die Entstehung „moderner Industrie“, die mit den Eisenbahnen und Telegraphen in Indien Einzug halten sollte. Bereits hier ist bei Marx ein Entwicklungskonzept angelegt, welches in den Entwicklungstheorien v.a. der

für die Grausamkeit des Kolonialismus, wie er nicht nur in Indien wütete, gleich mitgeliefert: Die Völker des Orients haben es nicht anders verdient. Im zweiten Schritt wird den Völkern ihre Geschichte geraubt. Lapidar behauptet Marx: „Die indische Gesellschaft hat überhaupt keine Geschichte. Was wir als ihre Geschichte bezeichnen, ist nichts anderes als die Geschichte der aufeinanderfolgenden Eindringlinge, die ihre Reiche auf der passiven Grundlage diese widerstandslosen, sich nicht verändernden Gesellschaft errichten."[128] Wir

---

70 Jahre unter der Bezeichnung „nachholender Entwicklung" diskutiert wurde. Damals wie heute wurde mittels der Verbreitung dieser Suggestion, eine Möglichkeit „nachholender Entwicklung" in Aussicht gestellt. Dieser Diskurs ist heute, nachdem er seine Funktion erfüllt zu haben scheint, aus den entwicklungspolitischen Diskussionen so gut wie verschwunden. I.G., sie – eine Orientierung des Südens am Norden – wird heute als ökologische Bedrohung für die Welt inszeniert. (siehe hierzu zu den Bedrohungszenarios im Text)

[128] Karl Marx, Die künftigen Ergebnisse der britischen Herrschaft in Indien, MEW Bd. 9, Berlin 1960, 220. Irfan Habib stellt diese Aussage, die Identität betonend, einer Hegelschen gegenüber: „The Hindoos have no history", Hegel has said, „no growth expanding into a veritable political condition". The admitted diffusion on Indian culture had been „a dumb, deedless expansion". Thus „the people of India have achieved no foreign conquest, but have on every occasion been vanquished themselves". It is essentially this judgment which is repeated by Marx in the well-known passage." I. Habib, Marx's perceptions of India, in: Marx on Indonesia and India, Trier 1983, 32. Jan Myrdal beleuchtet den historischen Kontext in dem das Marxsche Orientbild entsprang: „Allerdings gründete die Marxsche Auffassung von der asiatischen Geschichte nicht allein auf das Lesen von Bernier und den Briefwechsel mit Engels im Frühjahr 1853. Auch Marx sah mit Hilfe von Begriffen, und die Begriffe von der asiatischen Geschichte hatte er aus den beiden Inspirationsquellen bezogen, die zusammen mit der französischen Revolutionsgeschichte die Grundlage seines Denkens und Handelns bildeten: die deutsche Philosophie und die englische Ökonomie." J. Myrdal, Indien bricht auf, Bremen 1984, 146.

verlassen an dieser Stelle die Begründer des wissenschaftlichen Sozialismus, um uns den heutigen Vertretern der „Moderne“ zuzuwenden.

Das eurozentristische Weltbild der „Moderne“

Diese berufen sich in ihrer Konstruktion der Moderne zuweilen auf Marx, wenn sie – „wie Marx es tat – die Entstehung der „Weltgesellschaft“ sogar als eine der wichtigsten Signaturen der Moderne betrachten.“ (B. Peters)[129] Begriffe wie Imperialismus und Kolonialismus kennt der „Diskurs der Moderne“ nicht, was nicht wundert, da eine ahistorische Herangehensweise zur Theorieschöpfung der „Moderne“ (Weltgesellschaft) führt. Kolonialismus und Imperialismus werden aus der Geschichte ausgeblendet. Der Sozialwissenschaftler Senghaas schreibt, nachdem er auf den Unterschied von „modernen Gesellschaften“ zu „traditional-stationären Gesellschaften“ hinweist: „Es ist kaum der westlichen Moderne anzulasten, daß ihr in einem sich verallgemeinernden Emanzipationsprozeß die Rolle eines Schrittmachers zuwuchs und sie deshalb andernorts unausweichlich überfordernde und überfremdende Wirkungen zeitigt. Dieses Faktum ist vielmehr und vor allem die Folge einer mangelnden endogenen Entwicklungsdynamik in den außereuropäischen Kulturkreisen.“[130] Der Eurozentrismus schreibt die Schuld der kolonialistischen und imperialistischen Verbrechen den außereuropäischen Völkern zu. Der Mythos der „europäischen Moderne“ findet sich auch bei Luhman in seinen „Beobachtungen der Moderne“: „Wie immer man die Kulturlage der heutigen Weltgesellschaft beurteilen mag: was sich als spezifisch modern abzeichnet, ist durch europäische Traditionen geprägt worden. (…) Aber nur Europa hat Welt- und Gesellschaftsbezeichnungen hervorgebracht, die der Erfahrung eines radikalen struktu-

---

[129] Bernhard Peters, Die Integration moderner Gesellschaften, Frankfurt a.M. 1993, 164.

[130] Dieter Senghaas, Wohin driftet die Welt?, Frankfurt a.M. 1994, 109.

rellen Umbaus der Gesellschaft Rechnung tragen."[131] Ein angeblich radikaler Umbau der Gesellschaften in Europa hat sich aus sich selbst heraus vollzogen; der Raub an Menschen (Sklaverei) wie Reichtümern und die Politik der verbrannten Erde, die der Kolonialismus im Süden anwandte, stehen außerhalb jeglichen theoretischen Näherns an die Wirklichkeit. Vielmehr wird dieser eine Scheinrealität aufoktroyiert, die den Kolonialismus rechtfertigt: „Europäer sind gewohnt, fremde Kulturen vom Unverständlichen ins Verständliche zu transformieren. Die weltweite Kommunikation hat sie dazu gezwungen, besonders seit der Entdeckung Amerikas, die zusammenfiel mit der Erfindung des Buchdrucks. Dafür haben wir Fachleute: Ethnologen, Orientalisten, Religionswissenschaftler, Psychoanalytiker."[132] Die Akkulturation der außereuropäischen Völker wird zur Transformation ins Verständliche. Nicht anders war der „europäische Geist" von Hegel in die Welt gesetzt worden: „Der europäische Geist setzt sich die Welt gegenüber, macht sich frei von ihr, hebt aber diesen Gegensatz wieder auf, nimmt sein anderes, das Mannigfaltige, in sich, in seine Einfachheit, zurück; hier herrscht daher ein unendlicher Wissensdrang, der den anderen Rassen fremd ist."[133] Der Eurozentrismus als der Rassismus in der Wissenschaft weist eine Kontinuität auf, die sich spätestens – sehen

[131] Niklas Luhmann, Beobachtungen der Moderne, Opladen 1992, 51.

[132] ebenda, 90.

[133] G.W.F. Hegel, zit. n. F. Kramer, Verkehrte Welten, Zur imaginären Ethnographie des 19. Jahrhunderts, Frankfurt a.M. 1977, 56 f. Wie Hegel die rassistische Akkulturation interpretiert verdeutlicht folgendes Zitat: „Aus allen diesen verschiedentlich angeführten Zügen geht hervor, daß es die Unbändigkeit ist, welche den Charakter der Neger bezeichnet. Dieser Zustand ist keiner Entwicklung und Bildung fähig, und wie wir sie heute sehen, so sind sie immer gewesen. Der einzige wesentliche Zusammenhang, den die Neger mit den Europäern gehabt haben und noch haben ist die Sklaverei. ... und die Sklaverei hat insofern mehr Menschliches unter den Negern geweckt." G.W.F. Hegel, Werke, Bd. 12, s.o., 128.

wir von den frühen Phasen der Kreuzzüge und der Inquisition ab (der globale Sieg des Kolonialismus stand noch bevor), vom Beginn des 19. Jahrhunderts in die Gegenwart erstreckt – von Hegel, Marx über die rassistische „Rassenlehre“ (Chamberlain, Rosenberg) bis in die Gegenwart der Vertreter der „Moderne“. Der Eurozentrismus bereitet den rassistischen Feindbildern den Boden aus der Wissenschaft heraus. Das vieldiskutierte Buch[134] des Politikwissenschaftlers Jean-Christophe Rufin („Das Reich und die neuen Barbaren“) beschreibt den Süden: „Die neue Barbarei hat ihre Eigenart in jeder Beziehung offenbart: im Wachstum ihrer Bevölkerung, im Umfang und äußeren Bild ihres Elends, in den jahrhundertealten Wurzeln ihrer Konflikte, in der Gewaltsamkeit ihrer Ideologien.“[135] Das Bedrohungsszenario, welches den Süden mit „Bevölkerungsexplosion“, Gewalt, Drogen, u.a. gleichsetzt, schlägt durch: Der Eurozentrismus in den Wissenschaften mobilisiert den Rassismus gegen die Völker des Südens. Die alten Feindbilder, wie sie uns schon in der Verächtlichmachung der Nizariten als Mörder und fanatisierte Haschischraucher begegneten, schlagen hier durch und fordern den „Limes“, die Mauer um Nordwesteuropa und den Interventionismus in den Süden, um den Raub an Reichtümern aufrechterhalten zu können. Die arabischen Völker sind das Feindbild Nr. 1: „Geopolitisch steht dem Zentrum des Nordens auf der Weltinsel ein ausgedehnter Halbmond islamischer Bevölkerung von Marokko im Westen bis nach Indonesien im Osten gegenüber. Es wäre die größte Ironie, wenn

---

134 In einer Rezension werden die Gedanken Rufins zusammengefaßt: „Rufin beginnt mit einer Beschreibung des Südens. Kursorisch werden die Merkmale der neuen Barbarei aufgeführt. ... Es ist insgesamt ein recht schonungsloses Beschreiben des Südens, das in uns geradezu zwingend den Gedanken des Bruchs, der Teilung dieser einen Welt und damit eine neue „Ideologie des Limes“ nährt. R. Krämer, in: Welttrends, Geopolitik, Ein altes Konzept wird neu befragt, Potsdam 1994, 165/166.

135 Jean-Christophe Rufin, Das Reich und die neuen Barbaren, Berlin 1993,156.

Mackinders berühmtes geopolitisches Modell letztlich doch relevant werden würde, indem der Süden das „Kernland“, also den Norden, bedroht.“[136] Die Kreuzzugsideologie geht in der Renaissance des eurozentristischen Araberfeindbildes auf.

2.3.2 Kritik der Kritik am Eurozentrismus

Die Beiträge zur Rehabilitierung der Geschichte der außereuropäischen Völker lassen sich in deutscher Übersetzung an einer Hand abzählen. Neben der „Geschichte der arabischen Völker“ von Karam Khella (4. Aufl., Hamburg 1994) sind vor allem „Afrika – Die Geschichte einer Unterentwicklung“ von Walter Rodney[137] und die „Die offenen Adern Lateinamerikas“ von Eduardo Galeano[138] zu nennen. Diese Autoren seien in diesem Zusammenhang erwähnt, da es sich bei ihren Arbeiten um historische Rekonstruktionen von außereuropäischer Geschichte handelt. Auf ins Deutsche übersetzte Arbeiten, die zwar wichtige, aber einzelne, Aspekte der Eurozentrismuskritik aufgreifen, kann hier nicht eingegangen werden.[139] Unter

---

[136] Peter J. Taylor, Geopolitische Welt, in: Welttrends, Potsdam 1994, 36.

[137] Walter Rodney, Afrika, Geschichte einer Unterentwicklung, Berlin 1975.

[138] Eduardo Galeano, Die offenen Adern Lateinamerikas, Die Geschichte eines Kontinents von der Entdeckung bis zur Gegenwart, Wuppertal 1980. Der geographische Begriff Lateinamerika muß jedoch revidiert werden, ging die Eroberung Süd- und Mittelamerikas mit der Akkulturation der Latinisierung einher.

[139] Hier ist vor allem „Die Verdammten dieser Erde“ von Frantz Fanon zu erwähnen, indem dieser bereits 1968 schrieb: „Für die Dritte Welt ist es nicht damit getan, daß sie sich den Werten gegenüber definiert, die sie vorgefunden hat. Die unterentwickelten Länder müssen vielmehr alles daransetzen, Werte zu schaffen, die ihnen eigentümlich, Methoden und Lebensformen, die für sie spezifisch sind. Das konkrete Problem, vor das wir uns gestellt sehen, ist nicht unbedingt die Wahl zwischen Sozialismus und Kapitalismus, wie sie von Menschen anderer Kontinente und Epochen definiert worden sind.“ Damit war nicht die Ab-

dem Gesichtspunkt einer historischen Herangehensweise muß darüber hinaus auf die Arbeiten von Edward Said, Samir Amin und Cheikh Anta Diop hingewiesen werden.
Edward Said wirkte mit seiner vor allem literatur- und kulturhistorisch abgeleiteten Kritik des „Orientalismus“[140] dem Araberfeindbild insoweit entgegen, als daß dieser die Methoden entschlüsselte, denen sich in der „Schaffung des Orients“ der westliche Diskurs bediente und bedient. Darüber hinaus – über den Rahmen dieser immanenten Kritik – gelangte Said nicht. Ein vollständigeres literaturgeschichtliches Bild ergebe sich, wenn dem durchaus widersprüchlichen Prozeß der Literaturgeschichte des Orient- und Araberfeindbildes in Europa die „andere Seite“, die der positiven Bezugnahme auf die arabische Kultur gegenübergestellt würde, wie dies in Ansätzen Sigrid Hunke[141] getan hat.
Samir Amin weist in seinem bisher nicht ins Deutsche übersetzten Buch „Eurocentrism“ auf eine Reihe wichtiger Kritikpunkte am Eurozentrismus hin, wie z.B. auf eine seit der Renaissance bis heute fortwirkende Annektierung Griechenlands seitens der europäischen Großmächte: „The annexation of Greece by Europe – first declared by the artists and thinkers

---

sage an einen sozialistischen Weg des Befreiungskampfes im Süden gemeint, sondern Fanon betonte die Notwendigkeit eines spezifischen, nicht an Europa orientierten Weges der Befreiung von Kolonialismus und Imperialismus. Frantz Fanon, Die Verdammten dieser Erde, Frankfurt a.M. 1981, 81.

140 Edward W. Said, Orientalismus, Frankfurt a.M., Berlin, Wien 1981. Das gerade eben erschienene Buch von Said „Kultur und Imperialismus“ (Frankfurt a.M. 1994) konnte nicht unter dieser Fragestellung einbezogen werden. Ein angeblich „blutrünstiger Überfall“ des Iraks auf Kuwait, von dem dort die Rede ist, deutet eher auf die Übernahme Saids von Klischees, wie sie über die westlichen Medien verbreitet werden, hin. Wenn dies nicht – und das ist nicht selten – der Übersetzung verschuldet ist.

141 Sigrid Hunke, Allahs Sonne über dem Abendland, Unser arabisches Erbe, Frankfurt a.M. 1991 und Sigrid Hunke, Allah ist ganz anders, Enthüllungen von 1001 Vorurteilen über die Araber, Bad König 1990.

of the Renaissance, (…) – continues to this days with the decision of the contemporary European Community to make Athens the „cultural capital“ of Europe. It is amusing to note that this homage comes at the very moment when, due to the effects of the Common Market, the last vestiges of Hellenic identity are in the process of being effaced by the endless waves of tourists, bearers of homogenizing American mass culture.“[142] Hingegen bleibt Amin im Eurozentrismus selbst gefangen, wenn er Marx gegen eine eurozentristische Interpretation verteidigt: „For a Eurocentric interpretation of Marxism, destroying its universalist scope, is not only a possibility: It exists, and is perhaps even the dominant interpretation.“[143] Marxismus und Universalismus sind auf theoretischer Ebene nicht vereinbar.

Cheikh Anta Diop unterzog den Begriff der „asiatischen Produktionsweise“ einer Kritik und trug zur Befreiung des Geschichtsdenkens von den Fesseln des historischen Determinismus bei, indem dieser u.a. auf bisher wenig berücksichtigte soziale und von Diop als proletarische herausgestellte Revolutionen in der Geschichte hingewiesen hat (z.B. die „osirische“ ägyptische Revolution in der VI. Dynastie, 2100 v. Chr. und die chinesische Revolution im 9. Jahrhundert v. Chr.).[144] Bedeutend sind die Arbeiten Diops für die Rehabilitierung der Völker Afrikas und in diesem Zusammenhang allgemein anthropologiegeschichtlich („Die Menschheit wurde in Afrika geboren“); Diop geht ausführlich auf die afrikanischen Hintergründe griechischer Wissenschaft, Philosophie und Sprache ein und leistete einen wichtigen Beitrag zur Entmystifizierung des eurozentristischen Geschichts- und Weltbildes. Kritisch anzumerken ist die Überbetonung der geographischen Dimension im Geschichtsdenken Diops. Ägypten gehört zwar geographisch gesehen zu Afrika, ist jedoch in die afro-asiatische Geschichte integriert. Mit Beginn der 90er Jahre kamen ver-

[142] Samir Amin, Eurocentrism, London 1988, 93.

[143] ebenda, 120.

[144] Cheikh Anta Diop, Civilization or Barbarism, An Authentic Anthropology, New York 1991.

einzelte Versuche auf, bisher nicht übersetzte Arbeiten Diops, in allerdings zusammenhangslosen Fragmenten, auf den Büchermarkt zu bringen. Beispielhaft hierfür steht das von L. Harding und B. Reinwald herausgegebene Buch „Afrika – Mutter und Modell der europäischen Zivilisation? Die Rehabilitierung des Schwarzen Kontinents durch Cheikh Anta Diop“ (Berlin 1990).

Eine vorgeschobene Kritik des Eurozentrismus läßt sich an der neueren Geschichtsliteratur immer deutlicher festmachen. Ein Anspruch der Eurozentrismuskritik wird zwar formuliert, jedoch keineswegs eingelöst. Im Gegenteil oftmals versteckt sich hinter der Bezugnahme auf Eurozentrismus-kritik ein nur um so offener zum Vorschein kommendes eurozentristisches Geschichts- und Weltbild.

Das von Leonhard Harding geschriebene Buch „Einführung in das Studium der Afrikanischen Geschichte“ (Münster, Hamburg 1994) gibt zwar einen Überblick zum Quellenstand der afrikabezogenen Historiographie, ist jedoch – wenn gleich es für sich Eurozentrismuskritik beansprucht – nicht weniger eurozentristisch, wenn es dort auf Seite 93 heißt: „Erst die mit der Umsegelung des Erdteils und mit dem transatlantischen Sklavenhandel einsetzende langsame Integration Afrikas in die Weltwirtschaft hat diesen Erdteil als ganzen einer wachsenden und sich vereinheitlichenden Beeinflussung von außen ausgesetzt und die regionalen Eigenständigkeiten aufgebrochen.“[145] So verstanden beginnt die Geschichte Afrikas mit dem Kolonialismus; der Mythos des geschichtslosen Kontinents wird in die Gegenwart verlängert. Ein anderes Beispiel eurozentristischer Geschichtsschreibung ist „Die Geschichte Schwarz-Afrikas“ von Joseph Ki-Zerb[146] – eines afrikanischen Autors. Es zeigt, daß sich der Eurozentrismus keineswegs auf europäische Autoren beschränkt. In dem Kapitel „Die Expansion der Araber“ schlägt sich die Einarbeitung

---

145 Leonard Harding, Einführung in das Studium der afrikanischen Geschichte, Münster, Hamburg 1994, 93.

146 Joseph Ki-Zerbo, Die Geschichte Schwarzafrikas, Frankfurt a.M. 1992.

europäischer Quellen nieder, welche Widersprüche zwischen Arabern, Berbern und Afrikanern hochstilisieren und die arabische Eroberung als Expansions- und Raubzug darstellen.[147] Noch deutlicher wird die europäische Interpretation afrikanischer Geschichte bei Ki-Zerbo, wenn er schreibt: „Man muß den Italienern das Verdienst anrechnen, daß sie ihren Teil Somalias systematisch und nach einer Art Entkolonialisierungsplan auf die Unabhängigkeit vorbereitet haben."[148] Auch wenn Ki-Zerbo nicht ahnen konnte, daß die italienischen Besatzungstruppen neben denen der USA, Frankreich und der Bundesrepublik, in die Schlagzeilen der Medien für die Folterungen an somalischen Gefangenen während der Aggression gegen Somalia 1993 kommen sollten, ist ein „Verdienst" der Kolonialmacht Italien eine durch nichts begründete Zuschreibung.

Ein Beispiel von Pseudoeurozentrismuskritik liefert Dieter Borris in „Kolonialgeschichte und Weltwirtschaftssystem". Im Kapitel „Schwarzafrika: Zivilisierung oder Zerstörung?", wird in dieser „Kontroverse" Hegel als Beleg herangezogen: „„... es ist nichts an das Menschliche anklingende in diesem Charakter zu finden. Die Missionare bestätigen dies vollkommen. Die Neger besitzen daher diese vollkommene Verachtung der Menschen."[149] Von den Missionaren ausgehend,

---

[147] Schon der Titel einer dieser Quellen „Histoire de l'Afrique blanche des origines à 1945" von Charles-André Julien (Paris 1966) weist auf einen in die Geschichte projizierten Widerspruch zwischen einem „weißem" und einem „schwarzen" Afrika seitens der europäischen Geschichtsschreibung. ebenda, 127.

[148] ebenda, 646.

[149] G.W.F Hegel, zitiert nach Bodo von Borries, Kolonialgeschichte und Weltwirtschaftssystem, Europa und Übersee zwischen Entdeckungs- und Industriezeitalter 1492-1830, Münster, Hamburg 1992, 79. In der Inszenierung einer Debatte für und wider die kolonialistische Eroberung der Welt durch Europa verrät sich die Unfähigkeit zur Urteilskraft des Autors, die im Quellenfetisch zum Ausdruck kommt. Theorielosigkeit kompensiert durch das Gegenüberstellen von Zeitdokumenten gibt sich der Illusion der Objektivität hin. Ein bequemer Weg keinen Standpunkt zu be-

über Hegel bis zu dem Gegenwartsautoren Borris reproduziert sich das rassistische Afrikabild. Das kolonialistische Weltbild des Geschichtspositivismus wird übernommen. Alte Geschichtsbilder in neuen Werken. Die Funktion der Pseudokritik am Eurozentrismus ist es, der Kritik den Wind aus den Segeln zu nehmen und ihren Platz zu besetzen. Eurozentrismuskritik verliert sich in der Oberflächlichkeit, wenn sie nicht gar als Alibi für den Rassismus in den Wissenschaften herangezogen wird. Eurozentrismuskritik hebt sich letztlich selbst auf, wenn diese nicht mit der Geschichtsrevision einhergeht. Es gilt die Scheinrealitäten, die durch die Geschichtsschreibung geistern mit der Wirklichkeit der Geschichte der Menschen zu konfrontieren. Nur so hat die Kritik am Eurozentrismus ihr Fundament, von dem aus die Rekonstruktion der historischen Gesamtdimension ihren Anfang nimmt. Karam Khella hat in der „Geschichte der arabischen Völker“ die notwendige Geschichtsrevision geleistet und aufgezeigt, wie tiefverwurzelt und weitverbreitet das Eurozentrismus- und Araberfeindbild in den Wissenschaften, gerade in der Orientalistik, sind. Die „Universalistische Geschichtstheorie“ hat die Theorie und die Methoden entwickelt, die die radikale Kritik am Eurozentrismus, dem Rassismus in den Wissenschaften, erst möglich macht, da sie es leistet, den Weg zu weisen, die Geschichte der außereuropäischen Völker, die Geschichte nicht nur von drei Vierteln der Menschheit zu rehabilitieren. Der Universalismus birgt selbst das Prinzip des Universalismus in sich. Die Geschichte der Menschen ersteht von neuem, von Eurozentrismus und Rassismus befreit. Die eurozentristische Scheinrealität herrscht nicht mehr absolut. Die „Universalistische Geschichtstheorie“ ist Gegenstand des nun folgenden Kapitels.

---

ziehen und trotzdem das rassistische Feindbild Europas zu Wort kommen zu lassen.

3. Kapitel
Universalistische Geschichtstheorie

3.1 Eine neue Theorie stellt sich vor – Das Debüt der „Universalistischen Geschichtstheorie“

Der historische Kontext des Entstehungszusammenhangs der „Universalistischen Geschichtstheorie“ ist das ausgehende 20. Jahrhundert. Der Universalistischen Geschichtstheorie gehen zweihundert Jahre geschichtstheoretischer Entwicklung von Positivismus und Historischem Materialismus in Europa, aber auch 1.400 Jahre an Theoriebildungsprozessen arabisch-rationalistischer Erkenntnis- und Geschichtsschulen voraus. Sind Positivismus und Historischer Materialismus in die Sackgassen ihrer Erkenntnisentwicklung geraten, haben sich erschöpft und können nicht mehr mit den Erfordernissen der Theorieentwicklung standhalten, so machten auch die traditionalistischen Orientierungen arabischer Historiker eine Abgrenzung und Erneuerung in der Erkenntnis- und Geschichtstheorie für Karam Khella notwendig, die der Universalistischen Geschichtstheorie zu ihrer Geburt verhelfen sollten.
Karam Khella hat die „Universalistische Geschichtstheorie“ zugrunde gelegt und mittels ihrer die „Geschichte der arabischen Völker“ erschlossen. Es ist diese, die Langzeitgeschichte der arabischen Völker, welche das großdimensionale Reservoir der Erkenntniszusammenhänge bildet, aus dem die Universalistische Geschichtstheorie schöpft. Die Geschichte der arabischen Völker ist der universelle Inhalt, dem sich die „Universalistische Geschichtstheorie“ theoretisch und methodisch nähert und sie ist der komplexe Gegenstand, auf den die Prinzipien des Universalismus angewandt werden. In dem Buch „Geschichte der arabischen Völker“ wird die „Universalistische Geschichtstheorie“ angewandt, vermittelt, konkretisiert und zur Rezeption empfohlen. Auf die „Geschichte der arabischen Völker“ folgte die Erkenntnis- und geschichtstheoretische Monographie, die „Universalistische Geschichtstheorie“.

Wie ist „Universalismus“ als Geschichtsprinzip zu definieren?

Der Grundsatz des „Universalismus“ ergibt sich aus der Einheitlichkeit des historischen Geschehens der Menschheit. Geschichte kann nicht anders verstanden werden als in der Einheit von vertikalem, das heißt bezogen auf die Geschichte, und horizontalem, das heißt universellem Verlauf. Das Geschichtsprinzip „Universalismus“ leitet sich aus der inneren organischen Einheit des historischen Gesamtprozesses ab.[150]
Das universalistische Prinzip besagt weiterhin, daß ein Erkenntnisweg in die Geschichte der Gegenwart, nur durch Theorie und Methode der Historisierung der universellen Langzeitgeschichte der Menschen zu beschreiten ist. Kurzzeitgeschichte, Alltagsgeschichte oder die Historisierung unscheinbarer, kleinster Ereignisse und Entwicklungen (Mikrogeschichte) sind komplementär zur Makrodimension von universellen Langzeitprozessen. „Universell“ ist der Inhalt der „Universalistischen Geschichtstheorie“, universalistisch die Methode als Erkenntnis- und Geschichtsprinzip.
Das universalistische Prinzip des Universalismus setzt sich aus den theoretischen und methodischen Grundsätzen der „Historisierung“, der „Theorie der langen Wellen“ (Langzeitprozesse), der „Machbarkeit der Geschichte“ (Geschichte von unten und Historisierung der widerständischen Kultur und Intifaden), des Prinzips der integrierten Lebens-, Arbeits-, Kultur- und Sozialgeschichte zusammen – Prinzipien, die sich in das Prinzip „Universalismus“ integrieren.
Nur die vollständige Integration dieser geschichtstheoretischen und -methodischen Prinzipien in den Grundsatz „Universalismus“ ist „universalistisch“. Die Nichtberücksichtigung eines der Prinzipien bringt das Theorie- und Methodengebäude der „Universalistischen Geschichtstheorie“ zum Einsturz.

---

[150] Karam Khella, Universalistische Geschichtstheorie, Grundlegung der „Universalistischen Geschichtstheorie“, Hamburg 1995, 68.

So wird der -Ismus von Universalismus plausibel. Es besteht also ein großer Unterschied zwischen „universell" und „universalistisch", wenn auch letzteres als Geschichtsprinzip die universelle Geschichte der Menschen zu seinem Gegenstand historischer Herangehensweise macht und selbst ein Bestandteil dieser ist. Zum Vergleich möchte ich auf die Unterschiede von „existentiell" und dem Prinzip „existentialistisch" hinweisen. Ist ersteres das Attribut einer Seinsbeschreibung und ist nicht von der Existenz der Menschen zu trennen, so ist letzteres ein philosophisches Lebensprinzip der Selbstspiegelung, wie auch „Nihilismus" ein Lebensprinzip der individuellen Verweigerung etablierter Werte und Lebensorientierungen ist. Oder, um ein weiteres, letztes Beispiel anzuführen: es besteht ein Widerspruch zwischen „human" oder gar „humanitär", und dem humanistischen Seinsprinzip, wie es Karam Khella in der „Geschichte der arabischen Völker" entlang der menschlichen Orientierung der Kampftradition der arabischen Kultur dargestellt hat. Ein Prinzip geht immer mit Orientierung einher und weist in die Zukunft menschlichen Denkens und Handelns und hat nichts mit dem Fest- oder Umschreiben des Status quo gemein.

„Universalismus" ist also ein Geschichtsprinzip und hat keinerlei Berührungspunkte mit Zustandsbeschreibungen wie „universal" oder „universell"; letztere kommen in der etablierten Geschichtsschreibung gegenwärtig in Mode. Ein vorgeschaltetes Adjektiv wie „universal" vor Geschichte, z.B. „Universalgeschichte", hat nichts mit der Universalistischen Geschichtstheorie zu tun.[151] Glossen wie "universal" oder "universell"

---

[151] Recht bald geht einer aufmerksamen Leserin auf, daß es sich hierbei meist um pseudokritische, kosmohistorische- und politische Streifzüge durch die Weltgeschichte handelt. Eurozentrismus und Desintegration der inneren organischen Einheit des historischen Gesamtprozesses treten um so deutlicher hervor. In diesem Zusammenhang kann „Epochen und Strukturen – Grundzüge einer Universalgeschichte für die Oberstufe, Bd. 1" (Frankfurt a.M. 1994) als ein Beispiel angeführt werden. Zwar ist in diesem Buch auch im Vorwort die Rede von „eurozentri-

sind seit Zeiten in den historischen und politischen Wissenschaften im Gebrauch und stellen geschichtstheoretisch nichts Neues dar. “Universell” vor dem Aufkommen der “Universalistischen Geschichtstheorie” ist als mit dem Adjektiv weltgeschichtlich gleichbedeutend zu verstehen. Als solches findet es sich hin und wieder in den Varianten des Positivismus wie des

---

schem und nationalgeschichtlich verengtem Geschichtsbild, „grundsätzlicher Einheit der Menschheitsgeschichte, und „Einbindung in weltgeschichtliche Zusammenhänge“ die Rede – wobei sich die Frage stellt, worin Erkenntnis und Termini dieser Zusammenhänge ihre theoriegeschichtliche Genese haben (wenn sie nicht gar von Karam Khella entlehnt oder sogar abgeschrieben sind; die Ähnlichkeit der erwähnten Fragmente gibt genügend Stoff zum Nachdenken) – jedoch ein Blick in den dann folgenden Inhalt läßt alten Wein in neuen Schläuchen erkennen. Schon nach den ersten Seiten wird die Fragmentierung und Segmentierung historischer Gesamtprozesse deutlich: Die Gegenwartsideologie wir in die Geschichte projiziert (dies wurde bereits im vorhergehenden Text beschrieben). Wird das Geschichtsbewußtsein nicht nur allgemein zerstört, auch im Detail werden neue Legenden und Geschichtsfälschungen geschaffen. Z.B. wenn auf Seite 15 ein Zusammenhang eines angeblich „sumerischen Wortes“ ‘kan’ (Schilfrohr) zu Kanal und Kanon konstruiert wird. Dabei war selbst mir, als einem der alten araboiden Sprachen unkundigen bekannt, daß das lateinische ‘canalis’ aus ‘qana’ einem alten arabischen Wort für Wasserleitung hervorgegangen ist. Karam Khella hat diesen Zusammenhang sehr eindrucksvoll veranschaulicht und die Bedeutungsgeschichte von Kanon, einem anderen Begriff für Gesetz, von ‘qanun’ (arab. Gesetz), dem ‘qana’ zugrunde liegt abgeleitet. Dies ist daher logisch, da im arabischen Raum die früheste Rechtsprechung mit der Verteilung des Wassers einherging (siehe auch Kadi, Richter aus dem arabischen qad). Die sprachgeschichtliche Konstruktion von „semitischen“ (z.B. bei bait, hier „beit“, für Haus auf Seite 15) dient darüber hinaus dazu, das Arabische aus dem historischen Kontext zu drängen und die innere organische Einheit der historischen Sprachentwicklung der Menschen aufzulösen. Der Eurozentrismus schlägt in der etablierten Geschichtsschreibung durch.

Historischen Materialismus oder auch den verschiedenen Symbiosen beider Schulen.[152] Die "Universalistische Geschichtstheorie" stellt sich als eine neue Theorie vor und debütiert mit der Einführung neuer erkenntnis- und geschichtstheoretischer Prinzipien in die Geschichtstheorie und die Geschichte der Theorie. Eine Alternative zu Prinzipien- und Theorielosigkeit bestehender Geschichtsschulen. Es stellt sich zunächst die Frage nach dem Bedarf einer neuen Theorie, bevor deren Prinzipien dargestellt werden.

---

[152] Als eine der Varianten etablierter Geschichtstheorien ist auch die ursprünglich französische Historikerschule der „Annales" zu sehen; sie bildete sich bis 1929 aus der Zeitschrift „Annales d'histoire économique et sociale" heraus. Diese Geschichtsschule hatte zwar einiges in der Entwicklung neuerer Ansätze geleistet, v.a. in der Überwindung des positivistischen Wissenschaftssplitting und hatte aus dieser Einsicht heraus, verschiedene Wissenschaftsfelder integriert, Sozial-, Wirtschafts-, Kultur- und anthropologische Wissenschaften u.a. und geschichtliches Geschehen auch überregional und weltweit betrachtet. Jedoch kamen die Vertreter dieser Geschichtsschule niemals über diese rein anschauende, betrachtende Haltung zu der von ihnen zum Objekt erkorenen (Welt-) Geschichte hinaus. Somit mußten sie auf dem Boden des Positivismus bleiben; es fehlte ihnen nicht zuletzt der Erkenntniszusammenhang ihrer Subjektivität zum Objekt der Geschichte. Wird die Geschichte der Menschen als Objekt verstanden, dann verliert auch der Geschichtsforscher seine Subjektivität. Er wird zum Anhängsel seines fehlverstandenen und konstruierten Objekts, hier der Geschichte. Ein heute bekannter Vertreter dieser Schule ist u.a. Fernand Braudel. (siehe auch zu „Annales": Georg G. Igers, Geschichtswissenschaft im 20. Jahrhundert, Göttingen 1993, 41 ff.) Einen weltgeschichtlichen Verflechtungsansatz verfolgt auch Eric R. Wolf, unter dem zynischen Titel: „Die Völker ohne Geschichte, Europa und die andere Welt seit 1400. Fankfurt/NewYork 1991. Bei Wolf ist ein marxistischer Theoriehintergrund zu vermuten; auch er überfliegt die Weltgeschichte in Streifzügen über den Globus. Allein schon der Titel verrät seine Positionslosigkeit gegenüber einer Realität, die er vielleicht gar nicht wahrnimmt. Der andere Wolf und die Welt?

3.2 Besteht ein Theoriebedarf nach einer neuen historischen Erkenntnistheorie, Geschichtsauffassung und -methode?

Zwei Denkschulen, der Positivismus und der Historische Materialismus, wurden und werden im 19. und 20. Jahrhundert als alternative Theoriemodelle rezipiert und diskutiert. Die Auseinandersetzung um die Vorzüge der einen oder der anderen Denkweise polarisierte die erkenntnistheoretische Diskussion in Europa. Sie spiegelte zugleich die Auseinandersetzung zweier, dem westlich-kapitalistischen und dem östlich-realsozialistischen, sich gegenüberstehender Gesellschaftsmodelle wider.

Sowohl der Positivismus als auch der Historische Materialismus stellen im Kontext der Zeit ihres Aufkommens einen Fortschritt dar. Ließ der Positivismus das spekulative und metaphysische Denken hinter sich und näherte sich der Wirklichkeit, indem er versuchte diese empirisch zu erfassen, so hat der Historische Materialismus den empiristischen Reduktionismus einer rein anschauenden Geschichtsbetrachtung überwunden und in das Geschichtsdenken die Frage nach den Ursachen für die Bewegung in der Geschichte eingeführt. Im Laufe der theoriegeschichtlichen Entwicklung des Historischen Materialismus kam ein Theorieelement des positivistischen Denkens, welches dieser mit sich fortgeschleppt hatte, in veränderter Form zum Tragen und setzte sich schließlich als historischer Determinismus durch. Der anfängliche Erkenntnisfortschritt des Historischen Materialismus war an seine Grenzen gelangt. Beide Theorien weisen Verdienste im Erkenntnisprozeß auf, und sie schlugen nacheinander folgend vom Erkenntnisfortschritt in den Rückschritt um. Alle Theorien stellen zunächst einen Fortschritt dar, bevor sie in einen Rückschritt umschlagen. Auch in den Theorien kämpfen alte gegen neue Elemente des Erkenntnisfortschritts, schlägt Quantitatives in Qualitatives um, setzt sich der Erkenntnisfortschritt durch oder wird blockiert und zurückgeworfen. Zuerst der Positivismus, dann der Historische Materialismus haben den Zenit der Erkenntnisentwicklung überschritten. Der Positivismus flüchtet sich in die Theorie der Theorielosigkeit, während der Historische Materialismus zum Dogma erstarrt. Die Theorielücke, das Erkenntnisvakuum, das die bisherigen Denkschulen hinterlassen haben, macht eine neue Erkenntnistheorie notwendig.

Die Universalistische Geschichtstheorie greift in diese Theorielücke ein und bietet neue Vorschläge zur Lösung erkenntnistheoretischer Fragestellungen und Probleme. Zeitlich folgt der Universalismus auf den Positivismus und historischen Materialismus. Theorie- und Methodenbestandteile beider Denkschulen werden überprüft und verworfen, stehen sie dem Erkenntnisfortschritt entgegen, oder, fortentwickelt und integriert, sind sie mit der Notwendigkeit neuer Erkenntniswege in Einklang zu bringen. Keine Theorie fällt vom Himmel. Im Unterschied zu den bisherigen Schulen, geht die Universalistische Geschichtstheorie aus der universellen Geschichte der Menschen hervor und bewegt sich mit dieser fort. Dies bedeutet zudem, daß der Universalismus keineswegs seine Genese in den beiden europäischen Denkschulen des Positivismus und des Historischen Materialismus hat, sondern aus den universellen Erkenntniswegen der Menschen schöpft. Insofern ist die Universalistische Geschichtstheorie als der eurozentristischen und nationalstaatlichen Geschichtsschreibung entgegengesetzt zu verstehen.
In der universellen Geschichte der Menschen ist die Notwendigkeit einer neuen Theorie begründet, die dieser Realität gerecht wird. Weder hat es eine Nationalgeschichte gegeben, wie es die bürgerliche Geschichtswissenschaft unter Ausblendung langzeitgeschichtlicher und großdimensionaler Dimensionen behauptet, noch einen Determinismus im historischen Prozeß, dem die Menschen unterworfen waren, wie es der materialistischen Geschichtsauffassung entspricht. Zu jeder Zeit und an jedem Ort waren die Menschen zur Selbstschöpfung befähigt und griffen korrigierend in den Geschichtsverlauf[153] ein, drohte dieser dem menschlichen Fortkommen ent-

[153] Hier soll nicht der Eindruck entstehen als gäbe es einen von Willen und Entscheidungen der Menschen unabhängigen Ge-

gegenzuwirken. Auch hier besteht der Bedarf einer neuen Theorie, dieser Wirklichkeit gerecht zu werden. Die bisherigen Geschichtstheorien vermochten es nicht, sich der innerhalb der geschichtlichen Dimension von Raum und Zeit entwickelnden Realität zu nähern. Im Gegenteil, der historische Gesamtprozeß wurde fragmentiert und segmentiert, auf Ausschnitte reduziert oder entlang von Abschnitten, Entwicklungsstufen, die das Modell Europa (Kapitalismus) zur Orientierung hatten, einer zwangsläufigen, deterministischen Entwicklung untergeordnet. Die Bewegung der Geschichte verschwand im Dunkeln. Die Menschen waren nicht mehr als Subjekte der Geschichte zu erkennen. „Begreifen heißt das werden der Dinge verstehen“,[154] schreibt Karam Khella und macht auf die Notwendigkeit der Historisierung der Gegenwart aufmerksam. Die alten Geschichtsauffassungen klammerten sich an die Vergangenheit oder schrieben eine Zukunft fest. Der Notwendigkeit einer neuer Geschichtstheorie kommt auch eine geschichtsphilosophische Dimension hinzu, die Vergangenheitsbezogenheit wie Zukunftsdeterminismus überwindet. Nur das integrierte historische Erfassen der Wirklichkeit, macht auch deren Veränderbarkeit sichtbar. „Der Mensch vermag erst in das Sein aktiv, zielgerichtet und planmäßig einzugreifen, wenn er sich seiner Geschichte bewußt ist.“[155] So verstanden sind Gegenwart und Zukunft nicht von der „Vergangenheit“ abzukoppeln. Geschichte ist also Gegenwart historisch betrachtet. Und nicht zuletzt deshalb bedarf es einer neuen Geschichtstheorie, da die bisherigen Geschichts-schreibungen die langzeitgeschichtliche und universelle Dimension des Widerstandes von unten nicht zu erfassen

---

schichtsverlauf, i.G. die Menschen griffen ein, erhoben sich oder stürzten bestehende Herrschaftssysteme, wenn eigennützige, destruktive Kräfte die Oberhand gewannen und versuchten ihre rücksichtslose Herrschsucht der Zukunft aufzuoktroyieren.

154 Karam Khella, Universalistische Geschichtstheorie, Grundlegung der „Universalistischen Geschichtstheorie“, Hamburg 1995, 41.

155 ebenda.

vermochten. Entweder verschwand diese nicht selten ungeschriebene Dimension der Geschichte ganz, weil nicht als Positivum, also Quelle dokumentiert, wie es in den bürgerlichen Wissenschaften der Fall war oder sie wurde einem eurozentristischen Modellkonstrukt zwangsläufiger Entwicklung subsumiert.
Die historische Dimension muß neu entdeckt, die Geschichte neu geschrieben werden. Das Bewußtsein für diese Notwendigkeit ist wiederum der Universalistischen Geschichtstheorie als einer Alternative zum bisherigen Reduktionismus in der Geschichtsschreibung zu verdanken. Hat die Universalistische Geschichtstheorie die bestehenden Geschichtsauffassungen mit Fragestellungen konfrontiert, die unbekannt erscheinen mögen, so bietet sie zu ihrer Beantwortung zugleich neue erkenntnistheoretische Lösungsvorschläge. Notwendigerweise geht das Aufkommen der Universalistischen Geschichtstheorie als Alternative zu bisherigem Geschichtsdenken mit einer konsequenten Revision herkömmlicher Geschichtstheorien einher.

3.3 Zur Rezeption der Universalistischen Geschichtstheorie von Karam Khella

Eine jede Theorie hat ihre Vorgeschichte. Der Universalistischen Geschichtstheorie von Karam Khella gehen umfassende Arbeiten zu zwar verschiedenen aber um so mehr zusammenhängenden Wissenschaftsfeldern voraus. Aus der Auseinandersetzung mit und Kritik der Erkenntnis- und Geschichtstheorie von Positivismus und Historischem Materialismus ist aus einer theoriegeschichtlichen Evolution die „Universalistische Geschichtstheorie" hervorgegangen. Khella hat immer wieder den destruktiven Charakter des Positivismus betont, der den Erkenntniszusammenhang auflöst und atomisiert. Dem bürgerlichen Wissenschaftsverständnis ist das Festhalten an der Zusammenhangslosigkeit scheinbar voneinander unabhängiger Fachdisziplinen eigen. Eine übergeordnete Theorie, die die nebeneinander bestehenden Wissenschaften in einen Erkenntniszusammenhang integriert, ist für den bürgerlichen Wissenschaftsbetrieb kontraproduktiv, da dieser auf die Funktionalität unkritischer und vereinzelter Individuen baut. Das

Entstehen neuer Fachdisziplinen, wie z.B. „Gesundheitsmanagement", beleuchtet die Unfähigkeit der etablierten Wissenschaften schon von ihrer Begrifflichkeit heraus, sich den Ursachen von gesellschaftlichen Problemen zu nähern und Lösungsmöglichkeiten zu bieten.[156] Statt dessen gleicht die bürgerliche Wissenschaft mehr und mehr – und dies gilt für alle Disziplinen – einem Krisenmanagement. Gesellschaftliche Probleme und „Konflikte" werden zwar registriert, jedoch nicht mehr nach ihrer Kausalität im historisch-gesellschaftlichen Kontext hinterfragt, sondern bestenfalls berechnet, verwaltet und „eingedämmt". Das Beispiel „Gesundheitsmanagement" ist hier angeführt, um dem atomistischen und akausalen bürgerlichen Wissenschaftsverständnis eine von Karam Khella als Alternative entwickelte Herangehensweise in der Sozialpädagogik gegenüberzustellen. Zur Notwendigkeit einer integrativen Betrachtung schreibt Khella: „Die Notwendigkeit der Interdisziplinarität ergibt sich daraus, daß das atomisierte Fachwissen nicht in der Lage ist, bestimmte gesellschaftliche Phänomene theoretisch zu erfassen und praktisch zu lösen. Um Fragen wie die 'Arbeiterfamilie' oder 'Obdachlosigkeit' umfassend behandeln zu können, sind Betrachtungen der politischen Ökonomie, Soziologie, Sozialpsychologie, Diagnostik, Therapeutik, Pädagogik, Jura, u.a. notwen-

---

[156] 1934 charakterisierte Wilhelm Reich die bürgerliche Wissenschaft: „Zunächst bedarf es einer genauen fachlichen Einsicht in die Situation und Struktur der bürgerlichen Wissenschaft überhaupt. Sie ist zersplittert in hunderttausendfacher individualistischer Weise, dient entweder der Karrieremacherei der unteren oder dem Privatspleen der oberen Wissenschaftler; in ein und demselben Fachgebiet versteht der eine Forscher den anderen nicht; sie ist akademisch nicht nur in der Sprache, sondern auch der Wahl der Themen; man vergleiche etwa die Zahl der Abhandlungen über die Feinheiten des Hirngewebes bei chronischen Trinkern mit der Zahl der Abhandlungen über die Frage, welche sozialen Umstände einen Menschen zum Trinker machen." Wilhelm Reich, Was ist Klassenbewußtsein, Berlin 1934, 53.

dig."[157] Khella ist dieser integrativen Herangehensweise an die historisch-gesellschaftlichen Erscheinungen konsequent gefolgt. Breite und Erkenntnistiefe der von ihm veröffentlichten Werke und Abhandlungen sprechen für sich. Sie reichen von Arbeiten zur Anthropologie, Sozialpädagogik, Psychologie, Sprachwissenschaft, Religionswissenschaft, Philosophie, über historische wie erkenntnis- und geschichtstheoretische Monographien, die langzeitgeschichtliche und großdimensionale „Geschichte der arabischen Völker", bis zur „Universalistische Geschichtstheorie". In den früheren Arbeiten sind bereits die Keime der Universalistischen Geschichtstheorie angelegt, die mit der Herausausgabe der „Geschichte der arabischen Völker" zu ihrer theoretischen Ausreifung und schließlichen Grundlegung gelangt ist.

Ich werde im folgenden vier Rezeptionswege gehen. In der literaturgeschichtlichen Rezeption werde ich auf die Geschichte der Universalistischen Geschichtstheorie eingehen, wie sie sich im Werke Khellas entwickelt und dokumentiert. Hierbei sollen die theoriegeschichtlichen Beziehungen „vergangener" und gegenwärtiger Theoriebestandteile aus der langen Evolution der Universalistischen Geschichtstheorie aufgezeigt werden. Der Architektur des letztlich vollendeten Theoriegebäudes nähere ich mich entlang ihrer Historisierung und gelange so aus der Vorgeschichte der „Universalistischen Geschichtstheorie" in ihre Gegenwart.

Daran anschließend folgt die seminargeschichtliche Rezeption, zunächst die formalisierte, das heißt die institutionalisierte Vermittlungsgeschichte der „Universalistischen Geschichtstheorie." In der Nichtformalisierten werde ich die Rezeptionsweise darstellen, wie ich sie außerhalb der Institutionen vollzogen habe. Meine eigene Rezeption schließt den Kreis. Dort angelangt, werde ich zukünftige Arbeitsvorhaben andeuten, die sich aus der Synopse der Rezeptionswege ergeben. Die Zukunft liegt dann vor mir, wenn es gilt im dann folgenden Kapitel die „Universalistische Geschichtstheorie" in der

[157] Karam Khella, Wörterbuch der Sozialarbeit, Sozialpädagogik und Sonderpädagogik, Hamburg 1980, 77.

Kritik der etablierten deutschen Geschichtsschreibung des 19. Jahrhunderts, ihre alternative Anwendung auf ein empirisches Thema zu entwickeln.

3.3.1 Zur literaturgeschichtlichen Rezeption

Theorie und Methode der Historisierung sind ein Wesensmerkmal in der Herangehensweise Khellas an Erscheinungen der Gegenwart. Das Prinzip der Historisierung soll an dieser Stelle auf die theoriegeschichtliche Entwicklung der Universalistischen Geschichtstheorie angewandt werden. Wobei sie keineswegs den Anspruch auf Vollständigkeit erhebt, sondern versucht anhand einzelner Theoriebestandteile die Entwicklung in Erkenntnis- und Geschichtstheorie Khellas nachzuvollziehen.
Die Charakterisierung „universell" begegnet dem Leser bereits in dem 1978 vor dem Hintergrund der Rezeption des Historischen Materialismus erschienen Buch „Theorie und Praxis der Sozialarbeit und Sozialpädagogik" (Bd. 2). Khella leitet den Universalismus aus dem Kausalitätsgesetz von Ursache und Wirkung erkenntnistheoretisch ab: „Alle Erscheinungen in der Welt sind kausal bedingt. Das Kausalitätsgesetz besagt, daß jede Wirkung eine Ursache hat; es besagt aber nicht, daß die Kausalität die einzige Form des universellen Zusammenhangs ist. Die Erscheinungen treten miteinander verschiedene Beziehungen ein: zeitliche, räumliche usw., die mit der Kausalität zusammenhängen, ohne sich auf sie zu reduzieren. Der universelle Charakter der Kausalität wird – von wenigen Sophisten abgesehen (...) – allgemein anerkannt."[158]
Ein innerer Zusammenhang in der Theorieentwicklung Khellas läßt sich von der Erkenntnis des universellen Charakters der Kausalität zum Geschichtsprinzip des Universalismus, wie dieses in der „Universalistischen Geschichtstheorie" (1994) entwickelt wurde, herstellen. In der dort dargestellten „Theorie der langen Wellen" ist die Erkenntnis, daß die Erscheinun-

[158] Karam Khella, Theorie und Praxis der Sozialarbeit und Sozialpädagogik, Bd. 2, Hamburg, 1978 (1. Aufl.), 79.

gen miteinander in zeitliche und räumliche Beziehungen treten, fortentwickelt. Khella legt dar, daß historische Ereignisse Wellen schlagen, sowohl bis weit in die Tiefe der Dimension des Raumes (geographisch) als auch bis weit hinein in die Dimension der Zeit (historisch). Und er führt das Beispiel des Kolonialismus und dessen Wirkung für die unterjochten Völker einerseits und Europa andererseits an. Eine Geschichtswelle, die ein historisches Ereignis ausgelöst hat, mag sich über einen längeren Zeitraum nahezu unsichtbar (quantitativ) vollziehen, so daß nur schwerlich Rückschlüsse auf ihren Ursprungsort und -zeitpunkt zu ziehen sind. „Das Ereignis wirkt aber auch in der zeitlichen Dimension lange nach, auch dort, wo eine Verbindung bei erster Betrachtung nicht in Erscheinung tritt. Der räumliche Wellenverlauf führt uns zum Grundsatz 'Universalismus' als Geschichtsprinzip, während die zeitliche Welle uns dazu bringt, Geschichte als Langzeitprozesse zu verstehen.“[159] Kausalitätsbeziehungen von weitzurück- (zeitliche Dimension) und weitauseinanderliegenden (räumliche Dimension) Ereignissen sind, werden der Grundsatz „Universalismus“ und das Theorieprinzip „Langzeitprozesse“ angewandt, rekonstruierbar. Die Herangehensweise an historische Entwicklungen als Langzeitprozesse läßt die Dynamik von Kontinuität und Diskontinuität im Geschichtsverlauf erkennen. Der Reduktionismus einer Kurzzeitgeschichte, wie ihn der Geschichtspositivismus in seiner oberflächlichen, phänomenologischen Betrachtung vornahm, zerstörte das Bewußtsein von der Kontinuität langzeitlicher Prozesse in der Menschheitsgeschichte.

„Die Menschheitsgeschichte weist in den Grundlinien eine hochgradige Kontinuität auf, die aber in unserem Bewußtsein zerstört wurde. Nicht nur Brüche und Diskontinuitäten, sondern auch Kontinuitäten und Langzeitentwicklungen machen die Geschichte aus. Zwischen Kontinuität und Diskontinuität besteht eine Dialektik. Der Übergang zu neuen Qualitäten in

[159] Karam Khella, Universalistische Geschichtstheorie, Hamburg 1995, 48f.

der Geschichte kommt nicht schlagartig (sozusagen aus dem Nichts), sondern aus einer langen Latenzzeit hervor."[160]
Dieser Erkenntnisfortschritt im Geschichtsdenken war bereits in Khellas Darlegung des universellen Charakters der Kausalität angelegt. In diesem, dem oben erwähnten Buch „Theorie und Praxis der Sozialarbeit und Sozialpädagogik" (Bd. 2, 1978), klingt zudem eine erkenntnistheoretische Diskussion an, die sich über die Werke Khellas bis in die Gegenwart einer noch nicht schriftlich festgehaltenen „Anthropologischen Revolutionstheorie"[161] erstreckt. Bereits 1978 hat Khella im fünften Kapitel „Historisches Herangehen" auf die dialektische Beziehung von Sein und Bewußtsein hingewiesen. Wenn es hier heißt: „Der Veränderung des Seins geht die Veränderung des Bewußtseins voraus"[162] – so ist bereits eine bedeutende Kritik an der Überbetonung der Objektivität zu Lasten der Subjektivität, wie sie für die materialistische Geschichtsauffassung bezeichnend ist, formuliert. Khella stellt die Bedeutung des Bewußtseins und der Theoriebildung heraus, die er in „Dialektischer und Historischer Materialismus" (1979) weiter spezifiziert – in der Kritik der Stalinschen Geschichtsauffassung – und in der Darstellung der materialistischen Erkenntnistheorie konkretisiert: „Erfahrung führt nicht automatisch zu der Erkenntnis, das Sein zielgerichtet verändern zu müssen. Erst die Reflexion und die Theoriebildung führen zur Einsicht in die Notwendigkeit des bewußten Handelns."[163] In „Theorie und Praxis der Revolution" führt Khella dann ein neues Theorieelement, das der Antizipation, in die materiali-

---

[160] Karam Khella, Universalistische Geschichtstheorie, Hamburg 1995, 51.

[161] Die „Anthropologische Revolutionstheorie" wurde von Khella erstmalig auf einem von ihm durchgeführten Seminar zur Anthropologie in Thieringen vom 13.-17. Oktober 1994 vorgestellt (siehe auch Fußnote 165).

[162] Karam Khella Theorie und Praxis der Sozialarbeit und Sozialpädagogik, Bd. 2, Hamburg 1978 (1. Aufl.), 66.

[163] Karam Khella, Dialektischer und Historischer Materialismus, Hamburg 1979 (1. Aufl.), 37.

stische Erkenntnistheorie ein, die diese bei genauerer Betrachtung bereits in ihrer Einseitigkeit aufhebt: „Das Primat des Seins bezieht sich also nur auf den Status quo. Was die Zukunft betrifft, so gilt das Primat des Bewußtseins. D.h. das gegenwärtige Bewußtsein nimmt künftiges Sein vorweg. Diese Vorwegnahme heißt auch – gleichbedeutend – Antizipation. Das Antizipationsprinzip ist die Grundlage der zukunftsweisenden Perspektive des Kommunismus."[164] Hier ist bereits die Notwendigkeit der Wiedergewinnung der autokreativen (selbstschöpferischen) und utopischen Dimension mehr als angedeutet, die durch den Determinismus im Historischen Materialismus zurückgedrängt wurde. Die Wiederentdeckung der Fähigkeit der Menschen zur Selbstschöpfung, die ohne das menschliche Antizipationsvermögen gar nicht denkbar ist, kündigt sich im Theoriegebäude Khellas an. Die Notwendigkeit einer Theorie der Selbstschöpfung für die menschliche Emanzipation betonte Khella in „Es schuf der Mensch Gott nach seinem Ebenbild oder Der Ursprung des Menschen" (1985).[165] Vor dem Hintergrund der „Geschichte der arabischen Völker" (1994) kommt der Universalistischen Geschichtstheorie die Bedeutung hinzu, die Fähigkeit der Menschen zu Selbstschöpfung (Autokreativität), zu zielgerichtetem Eingreifen in den Geschichtsverlauf und zu widerständischem und revolutionären Handeln theoretisch und methodisch zu erfassen. Bildet die Langzeitgeschichte der arabi-

---

164 Karl Keller, Theorie und Praxis der Revolution, Hamburg 1981, 13.

165 Karam Khella, Es schuf der Mensch Gott nach seinem Ebenbild oder der Ursprung des Menschen, Hamburg 1985 (arab.) Das Buch liegt bisher leider nur in arabischer Sprache vor. Eine Bezugnahme auf seinen Inhalt ist mir möglich, da Khella ein Seminar unter dem Titel „Der Mensch seit den Anfängen. Woher kommt der Mensch? Wo geht er hin? vom 13.10.-17.10. auf der schwäbischen Alp abhielt, wo dieser u.a. an die im Buch dargelegte Theorie und Geschichte der Anthropologie anknüpfend und weiterentwickelnd, die athropologische Revolutionstheorie vorstellte. Seminarprotokoll, Karam Khella, Anthropologieseminar, Thieringen, 13.-17. Oktober 1994.

schen Völker gewissermaßen das empirische Material, welches keinen Zweifel aufkommen läßt, daß sie eine Geschichte widerständischen Handelns von den Anfängen bis in die Gegenwart ist, so liefert die Theorie und Methode der Historisierung als einem Prinzip der Universalistischen Geschichtstheorie den Schlüssel zu ihrer Wiederentdeckung, sprich Vergegenwärtigung. Khella spitzt die Kritik an der Einseitigkeit der Seinsbestimmung und am Determinismus im Historischen Materialismus mit der Grundlegung der Universalistischen Geschichtstheorie zu. „Der Ausgang von Klassenkämpfen ist nicht determiniert.“[166] Dies bedeutet auch, daß eine Entwicklung, die eingetreten ist, nicht hätte eintreten müssen. Auch wenn in der Geschichte Gesellschaftsformationen und -systeme einander ablösten und aufeinander folgten, so war diese Entwicklung nicht zwangsläufig. Wie auch die Klassenspaltung der Menschheit nicht einen Fortschritt im historischen Prozeß darstellte, obwohl sie eingetreten ist. Wer sagt, daß die Geschichte nicht auch anders hätte verlaufen können? Warum war dem sozialistischen Qarmatenstaat keine Perspektive beschieden, wie es die realsozialistische Weltsicht behauptet? Schließlich hätte auch der Realsozialismus nicht untergehen müssen, obwohl er zusammengebrochen ist. Den Menschen stellen sich stets Entscheidungs- und Handlungsalternativen. Und: einer objektiven Realität geht stets eine subjektive Entscheidung voraus.[167] Die Leitlinie und das Prinzip

---

[166] Karam Khella, Universalistische Geschichtstheorie, Hamburg 1995, 37.

[167] In Vorträgen und Seminaren führte Khella wiederholt ein Beispiel zur Veranschaulichung dieses Zusammenhanges an: „Eine Gruppe von Menschen befindet sich in einem luftdicht abgeschlossenen Raum. Es ließe sich mit großer Genauigkeit berechnen, wann der Stickoxidgehalt zu Sauerstoffmangel und somit zum Tod führe. So weit die objektive Seite. Dieser objektiven Situation muß jedoch die Entscheidung vorausgegangen sein, den Raum abzudichten.“ (sinngemäße Wiedergabe). Wider den eurozentrischen Marxismus, Vortrag in der MASH (marxistische Abendschule), Bremen, 15. November 1994, Veranstaltungsprotokoll (Tonbandaufnahme).

der „Machbarkeit der Geschichte – objektive und subjektive Triebkräfte“ grenzt sich als Alternative vom Geschichtsdeterminismus des Historischen Materialismus unmißverständlich ab. Sie zieht einen Trennungsstrich gegenüber der materialistischen Geschichtsauffassung. Karam Khella schreibt dazu: „Der Hauptunterschied zwischen dem Marxismus bzw. dem historischen Materialismus und der von mir vertretenen These besteht darin, daß erstere Schule vom ‘Primat der Ökonomie’, ich dagegen vom ‘Primat der Politik’ ausgehe.“[168] Hatte Karam Khella diese grundsätzliche Diskussion bereits in seinem Buch „Dialektischer und historischer Materialismus“ geführt, so schließt sich der Kreis und sind hierin u.a. die Erkenntnisfortschritte der Universalistischen Geschichtstheorie entlang einer literaturgeschichtlichen Rezeption der Arbeiten Khellas zu sehen.

An der Kritik des Periodisierungsschemata des Historischen Materialismus lassen sich diese verdeutlichen. In „Dialektischer und Historischer Materialismus“ war die Kritik noch zurückhaltender angesprochen: „Die Einteilung in fünf Epochen, die Stalin übernommen hat, ist allerdings nicht erschöpfend und charakterisiert im wesentlichen die europäische Entwicklung. In ihnen ist z.B. die sog. asiatische Produktionsweise nicht enthalten. Eine Teilung der Geschichte in fünf Epochen hat demnach keinen universellen Charakter.“[169] In der Kritik des „Fünf-Epochen-Theorems“ heißt es in der „Universalistischen Geschichtstheorie“: „Gerade die These von dem Fünf-Epochen-Theorem demonstriert den Eurozentrismus des historischen Materialismus. Wenn überhaupt lassen sich die Fünf-Epochen nur aus der europäischen Geschichte belegen; und hier wiederum aus der Geschichte dreier Städte – Rom, Athen und Sparta. Der Marxismus behandelt die Geschichte außereuropäischer Völker mit bezeichnender

[168] Karam Khella, Universalistische Geschichtstheorie, Grundlegung der „Universalistischen Geschichtstheorie“, Hamburg 1995, 45.

[169] Karam Khella, Dialektischer und Historischer Materialismus, Hamburg 1979, 107.

europäischer Arroganz. Er marginalisierte Afrika und Asien. Marx sprach von der 'asiatischen Produktionsweise' als rückschrittlichem Gegenentwurf zur europäischen Entwicklung."[170] Khella stellt in der „Geschichte der arabischen Völker" eine „Periodisierungstafel zur arabischen und Universalgeschichte" vor, die theoriegeschichtlich die Fragmentierung und Eurozentrierung des historischen Gesamtprozesses überwindet und die langzeitgeschichtliche Dimension in der Periodisierung der Geschichte wieder herstellt. Sie reicht von der Anthropogenese und Antroposoziogenese bis in die Gegenwart von europäischem Kolonialismus und westlichem Imperialismus und dem Freiheitskampf der Völker und der Unabhängigkeit der Staaten (seit 1441).[171] Entlang einer literaturgeschichtlichen Rezeption der Werke Khellas läßt sich eine Entwicklung nachzeichnen, die sich zunächst unmerklich, keimhaft und quantitativ ankündigte: der Universalismus in Wirken und Werken Khellas ist in die neue Qualität der Universalistischen Geschichtstheorie umgeschlagen. Aus der langen Auseinandersetzung mit den Geschichtsschulen des Positivismus und Historischen Materialismus ist die „Universalistische Geschichtstheorie" aus einem evolutionären Theoriebildungsprozeß hervorgegangen und hat sich als eine Alternative zu den alten Geschichtstheorien durchgesetzt. Sie vermag das zu leisten, was den bisherigen Geschichtsschulen nicht gelang: die historische Dimension wiederzuentdecken und -zugewinnen.

Hatten sich die alten Erkenntnis- und Geschichtstheorien mit Geschichte befaßt, so war sie dort als Vergangenheit verstanden, daß heißt sie vermochten nicht, die Gegenwart historisch zu betrachten. Ist dies im Geschichtspositivismus in der gegenwartsideologischen Festschreibung des herrschenden Status quo der bestehenden Verhältnisse offensichtlich, so hat auch der Historische Materialismus die Dimension der Zu-

---

170 Karam Khella, Universalistische Geschichtstheorie, Hamburg 1995, 35.

171 Karam Khella, Geschichte der arabischen Völker, Hamburg 1994, 364.

kunft zerstört, die Menschen als Subjekt der Geschichte entsubjektiviert, indem dieser das vorausblickende Geschichtsdenken an Determinanten zwangsläufiger Entwicklung gefesselt hat.

Eine historische Herangehensweise an die Geschichte der Menschen, orientiert auf ihre Zukunft, die sie antizipieren, verändern und gestalten. Hierin ist ein wesentlicher Vorzug der „Universalistischen Geschichtstheorie" begründet. Und darin ist die revolutionäre Bedeutung des Geschichtsbewußtseins zu sehen, wie es Karam Khella in der „Universalistischen Geschichtstheorie" herausgestellt hat: „Jedes Verständnis der Geschichte nimmt – vermittels gesellschaftlichen Handelns in der Gegenwart – Einfluß auf die Gestaltung der Zukunft. Darin besteht die revolutionäre Bedeutung des Geschichtsbewußtseins."[172]

Die Prinzipien und Leitlinien der „Universalistischen Geschichtstheorie" kommen zur Geltung, wenn diesen theoretisch und methodisch in der Historisierung der Gegenwart konsequent gefolgt wird. Die Integration der universalistischen Prinzipien und Leitlinien in die von Reduktionismus und Determinismus befreite Theorie gewährleistet die notwendige Verknüpfung der Dimensionen der Wirklichkeit und fügt die Bestandteile der Realität zu einem historischen Gesamtbild zusammen. Die Geschichte ersteht wieder auf. In der Anwendung der „Universalistischen Geschichtstheorie" hat Khella diese neue Herangehensweise an die Geschichte der arabischen Völker veranschaulicht und in dem gleichnamigen Werk dargestellt.

„Regionale Geschichte muß in Bezug auf den historischen Gesamtprozeß gesehen werden, z.B. wie sie sich auf die Weltgeschichte ausgewirkt hat. Universalgeschichte soll weniger als die Summe regionaler Entwicklungen gesehen werden; vielmehr sollen diese in ihren Wechselwirkungen analysiert werden. Die universalistische Geschichtsbetrachtung achtet darauf, wie die einzelnen Segmente des Globus einan-

[172] Karam Khella, Universalistische Geschichtstheorie, Hamburg 1995, 44.

der beeinflußt haben, mit- und gegeneinander spielen. Universalismus als geschichtstheoretischer Ansatz ist kein Luxus, sondern eine Notwendigkeit. Es besteht ein dringender Handlungsbedarf, Geschichte unter dem universalistischen Aspekt neu zu schreiben.“[173]

Hier wird der Widerspruch zu pseudouniversellen Geschichtsbetrachtungen klar ersichtlich; es sind gerade die Ansätze in der etablierten Geschichtsschreibung, welche zuweilen sich die Charakterisierung „universal“ zuschreiben, die die Wechselwirkungen von lokaler, regionaler und weltgeschichtlicher Entwicklung oder auch die von alltäglichen, kleinsten Ereignissen und den scheinbar „großen Ereignissen“ nicht erfassen, geschweige denn verknüpfen können und wahrscheinlich auch nicht wollen. Schließlich würde es das etablierte eurozentristische Geschichtskonstrukt zum Einsturz bringen. Die etablierte Geschichtsforschung bezieht nicht selten offen oder versteckt Stellung zugunsten der Vorherrschaft des Nordens über die Völker des Südens. Ist dem so, dann vermag sie es erst recht nicht, „Geschichte als die Bewegungsform der Gesellschaft“ (Karam Khella) zu verstehen, da ihr nicht nur der für die notwendige Geschichtskorrektur erforderliche Erkenntniszugang, geschweige denn ein Praxisbezug der Geschichtswissenschaft fehlt, sondern sie sich der Bewegung der Völker und damit dem Fortschritt der sich selbstschaffenden Menschen, der Revolutionierung der Gesellschaft, der Zukunft entgegenstellt.

3.3.2 Zur seminargeschichtlichen Rezeption

Im folgenden werde ich die Universalistische Geschichtstheorie seminargeschichtlich rezipieren. Die dabei getroffene Auswahl ausgewählter Seminarsequenzen bezieht sich sowohl auf einen formalisierten, das heißt institutionalisierten Abschnitt im Rahmen der universitären Seminare Khellas, als auch auf einen nichtformalisierten, einen außeruniversitären

---

[173] Karam Khella, Universalistische Geschichtstheorie, Hamburg 1995, 49.

Aspekt meiner erkenntnistheoretischen Sozialisation. In ersterem werde ich ein für die europäische Geschichtsschreibung bedeutendes Ereignis diskutieren, das der „Französischen Revolution“, welches vor dem Hintergrund der Universalistischen Geschichtstheorie entmystifiziert wird. In dem dann folgenden Abschnitt zu nichtformalisierten Lerninhalten Khellas, werde ich die Rezeption von Seminarsequenzen darstellen, für die die universitären Seminare keinen Raum bieten. Die außeruniversitären Seminare, die Khella an verschiedenen Orten in- und außerhalb der Bundesrepublik (Österreich) abhielt, kamen meinem Bedürfnis entgegen, nichtformalisierte Lerninhalte alternativ zu Enge und Begrenztheit der institutionalisierten Lehre anzueignen. Diese Seminare, sei es zur Geschichte der arabischen Völker, der Marxkritik oder zur Anthropologie und -soziogenese der Menschen, bieten unter der Voraussetzung aufeinander aufbauender Erkenntnisvermittlung in einem kontinuierlichen und konzentrierten Zeitrahmen (bis zu einer Woche) optimale Erkenntnismöglichkeiten und endeten jedmalig mit ungeahntem Lerngewinn. Es ist eben ein großer Unterschied, ob die universitären Seminare eineinhalb Stunden für die Behandlung eines thematischen Abschnitts oder auch nur Punktes beanspruchen können oder ein einwöchiges nichtformalisiertes Seminar Zusammenhänge und Komplexität einer Fragestellung abschließend behandeln kann. Neben diesem Aspekt kommen natürlich weitere hinzu, wie Qualifikation und Lernbereitschaft aller Teilnehmenden und vor allem eine in den Institutionen unbekannte, von solidarischer Kritik und Selbstkritik getragene Lernatmosphäre hinzu. Meinen Sozialisationsprozeß reflektierend kann ich sagen, daß diese Seminare das sind, was ich suchte und eine wirkliche Alternative zum betonierten und zeitraffenden Rahmen der institutionalisierten Lehre sind. Diese Herausstellung ist auch deshalb von Bedeutung, da der Krieg gegen die Seminare Khellas seitens der etablierten Lehre nicht nur Unterrichtszeit, sondern auch das Denken beanspruchte, das außerhalb dieser institutionalisierten Auseinandersetzung von Universalismus contra Eurozentrismus freier ist, sich auf die zu erreichenden Lernziele zu konzentrieren. Die nichtformalisierten und -institutionalisierten Seminare sehe ich auch als

die notwendige Alternative, die sich ohnehin stellt, da kritischer Wissenschaft mehr und mehr innerhalb der Institutionen der Raum zu ihrer Entfaltung versperrt wird.
Als Beispiel der nichtformalisierten Rezeption von Seminargeschichte werde ich die Aufarbeitung der sozialistischen Bewegung der Qarmaten behandeln, wie sie Khella in außeruniversitären Seminaren unter unterschiedlicher Schwerpunktsetzung dargestellt hat. Zunächst jedoch stelle ich ein Beispiel der Geschichtsrevision vor, wie sie Khella am Mythos der „Französischen Revolution" in den etablierten Geschichtsschulen im Rahmen einer universitären Seminarsequenz vorgenommen hat.

Die „Französische Revolution" vor dem Hintergrund der Universalistischen Geschichtstheorie.

Im Rahmen des Seminars „Europa und Nahost unter besonderer Berücksichtigung der deutsch-arabischen Beziehungen" von Karam Khella im Wintersemester 1992/93 – dem letzten im Vorlesungsverzeichnis der Universität Bremen aufgeführten[174] – wurde u.a. die „Französische Revolution" zum Gegenstand der Vorlesung vom 11.11.1992.
Eine der zentralen Legenden in der europäischen Geschichtsschreibung beruht auf dem Mythos der „Französischen Revolution". Sie gilt nach wie vor als der Beginn von „Freiheit, Gleichheit und Menschenrechten", sowie als das Ereignis, welches in Europa den „Funken des Nationalbewußtsein entzündete" (Zbigniew Brzezinski)[175] und damit ein neues Zeital-

---

174 Das im Sommersemester folgende und darauf aufbauende Seminar Khellas „Die europäisch-afrikanischen Beziehungen" wurde, obwohl genehmigt, nicht mehr ins Vorlesungsverzeichnis aufgenommen. Die Versuche seitens der etablierten Lehre, die Seminare Khellas und die von ihm gelehrte Universalistische Geschichtstheorie unsichtbar zu machen, nahmen ihren Anfang. Sie eskalierten zum gegen Khella verhängten Lehrverbot im Juni 1994

175 Zbigniew Brzeziński, Macht und Moral, Neue Werte für die Weltpolitik, Hamburg 1994, 39. Auch Ziegler hält an dem Mythos „unbekannten Nationalstolzes" und einer Universalität der

ter einleitete. Die französische Revolution markiert den Beginn nationalstaatlicher Geschichtsschreibung in Europa, deren Mythos sich in den Lehrwerken und Schulbüchern der Gegenwart reproduziert. Vor dem Hintergrund der universalistischen Geschichtstheorie erscheint die „Französische Revolution“ in einem anderen Lichte: „Was für Europa gut ist, gilt nicht für den Rest der Welt. Erscheint die französische Revolution als Bruch mit dem Feudalismus, real war die Invasion Frankreichs in Ägypten 1798 auf deren Welle und unter Führung des Revolutionsgenerals Napoleon eine Konterrevolution gegen den antifeudalen Aufstand unter Umar Makram, der bereits seit Jahren in Ägypten anhielt.“ (sinngemäße Wiedergabe).[176] Khella verdeutlicht das Auseinanderklaffen von in den Lehr- und Geschichtsbüchern re- oder produzierter Schein(realiät und der Wirklichkeit. An anderer Stelle ordnet Khella die französische Revolution in ihren historisch-politischen Kontext: „Das morsche Frankreich wird durch die ‘französische Revolution’ erneuert, um seine eigentliche de-

---

französischen Revolution fest, verstrickt sich jedoch in Widersprüche, wenn er schreibt: Nach fünf Jahren lautstarken Debatten schafft der Nationalkonvent endlich am 4. Februar 1794 die Sklaverei ab, behält aber das Kolonialsystem bei! Jean Ziegler, Der Sieg der Besiegten, Unterdrückung und kultureller Widerstand, Wuppertal 1989, 93. In der Anmerkung dazu heißt es dann auf Seite 114: Die Sklaverei ist am 20. Mai 1802 wieder eingeführt und endgültig erst 1848 abgeschafft. Die Realität der Sklaverei und ihre formale Abschaffung sind bekanntermaßen verschiedene Dinge. Im Zusammenhang mit dieser Jahreszahl macht Ziegler eine interessante Bemerkung zum „Kommunistischen Manifest“: Marx ist der geistige Erbe Robespierres. Das Manifest unterscheidet sorgfältig zwischen „zivilisierten Nationen“ und „barbarischen Nationen“. Die ersteren sind natürlich die Herren der zweiten. ebenda, 93. Da Ziegler der Zugang zu langzeitgeschichtlichen und großdimensionalen Zusammenhängen versperrt bleibt, ist es ihm nicht möglich Zusammenhänge theoretisch herzustellen.

176 Seminarprotokoll, Karam Khella, Europa und Nahost, Wintersemester 92/93, Sitzung vom 11.11.1992.

struktive Funktion erfüllen zu können. Erst durch die Beseitigung des *'Ancien Régime'* und die Neustrukturierung des Staatswesens wird Frankreich in den Stand versetzt, seine aggressiven Unternehmungen gegen die Völker der Welt durchzuführen und die Grundlagen für das Kolonialreich zu legen."[177] Von einer Perspektive der außereuropäischen Völker aus gesehen, war die französische Revolution ein Modernisierungsschub, auf dessen Welle der Kolonialismus erst möglich werden sollte. Dieser bildete fortan den Boden, in dem der Raub an Menschen (Sklaverei) und Reichtümern (Wissen und Ressourcen) im Süden die Triebkraft für den „Fortschritt" des Kolonialismus im Norden hervorbrachte und so die Illusionen von „Freiheit und Gleichheit" in den Metropolen Europas speiste. Das Konstrukt der „Französischen Revolution" in der europäischen Geschichtsschreibung blendet diese Realität aus: Die Parole der „Gleichheit" stellte den nationalen Konsens innerhalb der Kolonialmetropole her, der die Herrschaft der Weißen über die Schwarzen zu seiner Voraussetzung hatte. Ein geographisch anders gelegenes Beispiel, um anhand einer Gegenüberstellung, die strukturelle und ideologische Neuformierung in Europa zu veranschaulichen, findet sich in der Karibik. Dort war von „Brüderlichkeit" nach wie vor keine Spur auszumachen. Erhoben sich Schwarze gegen die Sklaverei, wie z.B. auf Haiti und Saint-Dominigue 1791, dann kehrten sich die Parolen der „Französischen Revolution" auch dort in ihr Gegenteil: die brutale Niederschlagung des Sklavenaufstandes durch die französischen Revolutionsgeneräle restaurierte die Sklaverei (1802).

Die eurozentristischen Geschichtslegenden behaupten genau das Gegenteil von dem, was real angerichtet wurde. Der gespaltene Diskurs in der Darstellung von Kriegen bringt dies zum Ausdruck: „Beginn der Eroberungskriege in Europa und der Ägyptischen Expedition Napoleons (1798-1802)."[178] Die

---

[177] Karam Khella, Arbeitsbuch zur Geschichte der arabischen Völker, Bd. 1, (unv. Manuskript), 304.

[178] Imanuel Geiss, Geschichte griffbereit, Bd. 5, Begriffe, Dortmund 1993, 414. Napoleon selbst bezeichnete die Invasion

französische Kolonialaggression gegen Ägypten (1798) soll nicht als Eroberungskrieg erscheinen. Im Gegenteil, in der europäischen Geschichtsschreibung wird der napoleonische Feldzug als der Einbruch einer „neuen Zeit“ für Ägypten suggeriert. Tatsächlich jedoch brachte Napoleon nicht, wie nicht selten behauptet wird, die „Demokratie“ nach Ägypten, sondern die französische Invasion fand zu einem Zeitpunkt statt, als sich das ägyptische Volk in einer antifeudalen Revolution gegen die osmanische Herrschaft und deren mamlukischen Statthalter erhoben hatte. „Die Revolution erkannte die neue Gefahr des europäischen Kolonialismus und rief zum Volkswiderstand auf. Die französischen Kolonialtruppen richteten daraufhin ein Massaker an der ägyptischen Bevölkerung an. Napoleon selber definierte seinen Aggressionskrieg – anders als die späteren europäischen Historiker – als Revanche für die Niederlage der Kreuzfahrer. Er stand vor dem Mausoleum Salah ad-Din’ in al-Quds (Jerusalem) und sprach: ‘Nous sommes le Saladin’.“[179] Nachdem die französische Invasionsarmee seitens der Völker Ägyptens und Palästinas zurückgeschlagen war, tritt diese 1801 den fluchtartigen Rückzug an. Dies nicht ohne vorher an der arabischen Bevölkerung von Jaffa ein Massaker zu verüben, deren Folgen selbst für ihre Verursacher verheerend waren. Die in dessen Folge ausbrechende Pest erschwerte den französischen Aggressionstruppen den eilig angetretenen Rückzug. Napoleon wird in seinem Verbannungsort auf St. Helena im Jahre 1815 rückblickend festhalten: „Wäre mir Akka in die Hände gefallen, hätte ich

---

Ägyptens als „Feldzug der Wissenschaft“. Wieder einmal beweist sich der Geschichtspositivismus in der Wiedergabe von Aussagen „großer Männer“. Das auf den Erfahrungen der Aggression basierende Werk – es markiert die Entstehung der europäischen Orientalistik – titelte sich ganz richtig: „Description de l’Égypte ou Recueil des observations et recherches qui ont été faites en Égypte pendant l’expédition de l’armée Française, vol. 11-18: État moderne, Paris (2.) 1822-1830.“

[179] Karam Khella, Sie kommen wieder, Golf und der 200jährige euroamerikanische Krieg gegen die Araber, Hamburg 1993, 124 f.

das Antlitz der ganzen Welt verändert."[180] Der herrschsüchtige Traum Napoleons endete 1801 in bitterem Erwachen. Der fluchtartige Rückzug Napoleons 1801 aus Ägypten und Palästina – hier liegt Akka, welches Napoleon nicht mehr von innen sehen sollte – leitete die späteren, auf europäischem Terrain erlittenen Niederlagen ein und beendete dessen Weltherrschaftspläne 1815 (mit der Niederlage bei Waterloo, 18.6.1815) letztendlich. Fortan wird das Kolonialmonopol Frankreichs mit dem aus dem Wiener Kongreß 1815 hervorgegangenem System des „Gleichgewichts der Mächte" unter den europäischen Großmächten verteilt. Dies bedeutete keineswegs die Aufgabe der Pläne für die Eroberung Ägyptens und Palästinas seitens der europäischen Mächte, sondern sah vielmehr ein abgestimmtes und koordiniertes Vorgehen zu diesem Zwecke vor. Unter den europäischen Mächten hatte sich die Einsicht verbreitet, daß eine Macht niemals in der Lage wäre, im Alleingang diesem Ziel näher zu kommen. Khella referierte am 23.4.1992 in einer Vorlesung im Rahmen des Seminars „Problemfelder des Nahen Ostens" das Fazit für zukünftige Eroberungspläne, welches die europäischen Mächte aus der Niederlage Napoleons in Ägypten gezogen haben:

1. „Ägypten ist das wichtigste Land der Welt" (Napoleon). Dem strategischen Ziel einer Eroberung des Landes als Brücke zur arabisch-afrikanischen Welt, steht das momentane Kräfteverhältnis zu Gunsten Ägyptens entgegen.
2. Kollektivdiplomatie. Ein europäischer Staat allein wird niemals in der Lage sein die Macht der arabischen Staaten zurückzuwerfen.
3. Nationalitätenfrage. Die Einheitlichkeit der arabischen Welt muß aufgebrochen werden. (Ethnisierung und Konfessionalisierung als Waffe des Kolonialismus und Imperialismus gegen die Einheit der Araber).

[180] Klaus Polkehn, Palästina, Reisen im 18. und 19. Jahrhundert, Berlin 1986, 44.

4. Palästina in seiner strategischen Bedeutung für die europäischen Mächte. Bereits Napoleon erwog die Ansiedlung europäischer Juden in Palästina.[181]

In der Seminarankündigung zu den „Problemfeldern des Nahen-Ostens“ stand: „Der Nahe Osten (oder die Weltgegend, die so benannt wird) ist mit Abstand konfliktreichste Region der Gegenwart. Auch künftig wird er in der internationalen Diplomatie oberste Priorität haben. Setzen wir das Jahr 1798 (sog. französische Expedition unter Napoleon) als den Anfang der europäischen Invasion im arabischen Raum an, so könne Mensch bald von einer zweihunderjährigen ‘orientalischen Krise’ sprechen.“[182] Die Seminare Khellas orientieren an einem Verständniszugang zu Langzeitgeschichte und – dies ist ein Vorzug der Seminare Khellas in der inhaltlichen, theoretischen, methodischen und didaktischen Aufbereitung – sie setzen keine Vorkenntnisse voraus, wenngleich sie in der Vermittlung von komplexen Zusammenhängen und Fachwissen von einer herausragenden wissenschaftlichen Qualität getragen sind.
In der seminargeschichtlichen Rezeption habe ich die „Französische Revolution“ als Beispiel für ein Ereignis genommen, welches einer Geschichtsrevision unterzogen werden muß. Khella hat dies bereits geleistet. In der folgenden Abhandlung nichtformalisierter seminargeschichtlicher Rezeption werde ich im Rahmen dieser Arbeit versuchen, zur Wiederentdekkung einer anderen, wenn auch nicht weniger verborgenen, Realität in der europäischen Geschichtsschreibung, die Khella geleistet hat, nachzuvollziehen.

[181] Seminarprotokoll, Karam Khella, Problemfelder des Nahen-Ostens, 23.4.1992

[182] Karam Khella, Seminarankündigung, Problemfelder des Nahen Ostens, Sommersemester 1992.

Die Qarmaten – Der zweihundertjährige sozialistische Staat

In nichtformalisierten und außerinstitutionalisierten Seminaren hat Khella wiederholt über den langlebigsten sozialistischen Staat in der Menschheitsgeschichte, den über einen Zeitraum von zweihundert Jahren bestehenden Qarmatenstaat (9.-11. Jahrhundert), referiert, so z.B. während des Seminars zur Geschichte der arabischen Völker vom 24.-28. Oktober 1992 in der Pfalz.[183] Die sozialistische Bewegung der Qarmaten eignet sich hervorragend zur erkenntnis- und geschichtstheoretischen Diskussion, zur Notwendigkeit der Wiederentdeckung verschütteter Dimensionen der Geschichte von unten und zur Wiedererlangung der utopischen Denkens. Der sozialistische Qarmatenstaat hatte über 200 Jahre bestanden und eine geographische Ausstrahlung, die von seinem Zentrum, dem heutigen Bahrain, über die gesamte arabische Halbinsel hinaus, von Khuzistan im heutigen Iran nach Afghanistan und weiter bis nach Indien und andere Regionen der Welt reichte. Ein hervorragendes Beispiel aus der langzeitlichen und universellen Geschichte von unten; zudem eines von konsequent und wissenschaftlich vorangetriebener sozialistischer Gestaltung der Zukunft, die heute in Europa – von den Veröffentlichungen Khellas abgesehen – nahezu unbekannt[184]

[183] Ich werde mich im folgenden auf dieses Seminar beziehen, sowie auf einen Vortrag Khellas, den dieser im Rahmen einer unter dem Überbegriff „Erinnerung an die Zukunft" organisierten Veranstaltungsreihe des AK-Kritik der Wissenschaft des AStA der Uni Bremen am 1. Juni 1994 gehalten hat. Auf letzteren für die Heranziehung der mir vorliegenden Tonbandmitschrift.

[184] Erwähnt werden die Qarmaten bei Peters: „Die sozialrevolutionäre Bewegung der Karmaten, die von Mesopotamien ausgehend große Teile des Araberreiches und von der arabischen Halbinsel (Mekka) bis Indien (Multan) das arbeitende Volk gegen die Herrschenden und Besitzenden im 9. und 10. Jahrhundert vereinte..." Arno Peters, Synchronoptische Weltgeschichte, Indexband, München-Solln 1980, 182.

ist oder verzerrt[185] dargestellt wurde. Eine Geschichte, deren Wiederentdeckung zur Wiedergewinnung der Utopiefähigkeit heute beitragen kann. Geschichte so verstanden, ist dann auch nicht mehr bloße Erinnerung, sondern vergegenwärtigt sich und orientiert auf revolutionäre Perspektiven. An einer Stelle des Vortrages sagte Khella: „Wenn wir die Geschichte neu studieren, dann werden wir sehen, daß in der Geschichte die Revolution überwogen hat, während die Reaktion immer eine isolierte Kultur war, die vielleicht Macht, Gewalt und Reichtum, aber keineswegs die Mehrheit der Bevölkerung hinter sich hatte. Es ist ein Anliegen von mir, daß wir die Geschichte neu lesen, neu studieren und diese Traditionen wieder entdekken."[186]

---

185 In „Geschichte der Araber" wird aus einer atheistischen-sozialistischen Bewegung eine religiös motivierte: „Wichtigen Einfluß besaß die ismailitische Propaganda in der Volksbewegung der Qarmaten ..." (Geschichte der Araber, Bd. 1, Autorenkollektiv unter Leitung von Lothar Rathmann, Berlin 1971, 173) Ein Beispiel für die Projektionen realsozialistischer Geschichtsforschung in die Geschichte. Sie konnte sich natürlich nicht vorstellen, daß es bereits vor dem real existierenden Sozialismus, diesen sogar vielleicht in entwickelterer Form, um es polemisch zu formulieren, gegeben hat und zwar vor über 1.000 Jahren. Sie mußte also eine religiöse Bewegung sein und dementsprechend wird der Qarmatenstaat abgehandelt: „ War diesem, auf einfachen wirtschaftlichen Voraussetzungen beruhenden Gemeinwesen mit Tendenzen der Feudalisierung der Oberschicht auch keine historische Perspektive beschieden, so bewahrte und stärkte doch diese sozialreligiöse Bewegung den Geist der Auflehnung gegen die feudale Ausbeutung." (Die Araber an der Wende zum 21. Jahrhundert, Günter Barthel, Helmut Nimschowski (Hrsg.), Berlin, 25. Ein Beispiel für realexistierenden historischen Determinismus. Warum sollte dem Qarmatenstaat keine Perspektive beschieden sein, fehlte ihm der Kapitalismus zur Voraussetzung für eine Zukunft?

186 Karam Khella, Die Qarmaten – Der zweihunderjährige sozialistische Staat, unveröffentlichtes Tonbandabschrift eines Vortrages am 1. Juni 1994, Bremen 1994, 6.

In der Erkenntnis des Überwiegens der Kontinuität in der Geschichte der Menschen ist ein wesentlicher Unterschied zu den bestehenden Geschichtsschulen zu sehen. Bevor ich jedoch zu erkenntnis- und geschichtstheoretischen Fragestellungen komme, die sich aus diesem Zusammenhang, der Neuaufarbeitung von Geschichte ergeben, sei kurz auf den historischen Kontext, in dem die Qarmaten wirkten, hingewiesen.
Das Aufkommen der Qarmaten läßt sich in das Jahr 890 datieren, in die Zeit der Abbasidenherrschaft, die ihre Zentralgewalt in Bagdad eingerichtet hatte. Seit Beginn der Abbasidenherrschaft (Kalifat von Bagdad, 750-1258) wurde das Kalifat von antifeudalen Aufständen erschüttert, deren Träger vorwiegend die Bauern, waren. Die „Gerechtigkeitsbewegungen",[187] auf deren ausführliche Darstellung ich in Khellas „Geschichte der arabischen Völker" verweisen möchte, waren keineswegs spontane Volkserhebungen, sondern durch planmäßiges Vorgehen im Widerstand und einen hohen Grad an Organisiertheit charakterisiert. Die Qarmaten entwickelten sich nicht aus einem Vakuum oppositioneller Tradition und Kampfrealität heraus, sondern bauten auf den Erfahrungen vorangegangener und bestehender Widerstandsbewegungen auf. Ihr Eingreifen in den Verlauf der Geschichte war bewußt gewählt und vollzog sich zu einem Zeitpunkt, an dem sich die

---

[187] In diesem historischen Kontext der Abschnitt „Gerechtigkeitsbewegungen (II)" in: Karam Khella, Geschichte der arabischen Völker, Hamburg 1994, 156 ff. Einen Eindruck über einen Volksaufstand in Bagdad im Jahre 813 gibt der Vergleich, den ein Historiker namens Kennedy aufgestellt und Parallelen zwischen dem aufständischen Bagdad und der Pariser Commune von 1871 gezogen haben soll. André Clot, Harun al-Raschid, Kalif von Bagdad, München, Zürich 1988, 196. Leider ist es dem ansonsten um die Geschichtsrekonstruktion bemühten Autor nicht gelungen, die bei ihm an verschiedenen Stellen in Erscheinung tretenden Aufstandsbewegungen in den historischen Kontext einer Geschichte von unten im Kalifat einzuordnen. Sie erscheinen dort fälschlicherweise durchgehend als spontane Erhebungen.

Niederlage und das Abebben des ungefähr zweihundert Jahre währenden Aufstandes der Zing[188] endgültig abzeichnete. Beeindruckend ist, von welch hohem Niveau an Wissenschaftlichkeit und Organisationsdisziplin zunächst der Widerstandskampf und später der Aufbau eines sozialistischen Staates seitens der Qarmaten getragen war. Sie führten Schulungen nach einem Qualifikationssystem durch, deren Fachgebiete von der Mathematik, der Zahl 1, bis zur sozialistischen Gesellschaftsformation reichten. Die Einsicht in die Notwendigkeit wissenschaftlicher Qualifikation erforderte Erkenntnisse der Himmelsmechanik, der Medizin, Evolutionslehre – 1.000 Jahre vor Darwin –, der Botanik, Zoologie und anderer Wissensgebiete.[189] Die aus der wissenschaftlichen Erarbeitung gewonnenen Forschungsergebnisse konnten unter anderem dazu beitragen, die Kommunikation zwischen den Widerstandszellen zu verbessern, wenn zum Beispiel Brieftauben zur Nachrichtenübermittlung eingesetzt wurden oder auch die medizinische Versorgung in den befreiten Gebieten verbessert werden konnte. Darüber hinaus waren die Qarmaten als einer philosophisch geschulten und atheistischen Bewegung um die erkenntnistheoretische Weiterentwicklung des arabischen Rationalismus bemüht und es gelang ihnen religiöses Denken zurückzudrängen, ohne es zu unterdrücken. Die freie Religionsausübung stand jedem und jeder frei, ohne daß sie gefördert wurde. War der Einfluß des Kalifats soweit zurückgedrängt – die Herrscher selbst in Bagdad mußten sich im Untergrund verstecken – und konnte an den Aufbau einer egalitä-

---

[188] Der Aufstand der Zing war im wesentlichen von Fremdarbeitern getragen und begann unter dem Kalifat der Umayyaden (Kalifat von Damaskus, 662-750); er realisierte große Erfolge, befreite weite Gebiete einschließlich von Städten und errichtete später ein Gegenkalifat in einer Ortschaft namens Wasit, einige hundert Kilometer entfernt vom Sitz der Abbasiden in Bagdad. Karam Khella, Die Qarmaten – der zweihunderjährige sozialistische Staat, unveröffentlichte Tonbandabschrift eines Vortrages vom 1. Juni 1994, Bremen 1994, 9.

[189] ebenda, 13.

ren, einer sozialistischen Gesellschaft gegangen werden, auch jetzt stand es der Bevölkerung frei, Kirchen, Synagogen oder Moscheen zu bauen. Allerdings wendete der sozialistische Staat hierfür keine Mittel auf, im Gegenteil, er versuchte, sicher nicht nur aus volkswirtschaftlichen Überlegungen heraus – sie nahmen Zeit und Aufbauvermögen in Anspruch – die Pilgerreisen nach Mekka zu unterbinden. Der Qarmatenstaat war nicht nur dem Namen nach ein sozialistischer – die Realität des Gesellschaftsaufbaues spricht eine eindeutige Sprache, denn sie kannte „kein Eigentum an Einrichtungen, die die Menschen von anderen abhängig machen und damit hat die Ausbeutung des Menschen durch den Menschen aufgehört. Jeder konnte nur über Gegenstände verfügen, die allein für ihn notwendig waren.“[190] Die zeitliche Dimension des sozialistischen Qarmatenstaates reichte vom Ende des 9. Jahrhunderts bis in das Ende des 11. Jahrhunderts in seinen Nachwellen – in die Zeit der Kreuzzugsaggressionen, die zur letztendlichen Zerschlagung des langlebigsten sozialistischen Staates in der Menschheitsgeschichte beigetragen haben. Die hier dargestellte Rezeption der Qarmaten, deren Geschichte Karam Khella in den nichtformalisierten Seminaren und Veranstaltungen eindrucksvoll schilderte und theoretisch neu einordnete, ist sicher gedrängt und unvollständig – sie sollte zumindest einen kurzen Einblick in die Geschichte dieser Spuren der Besiegten gegeben. Hier sei auf die weiterführende Literatur verwiesen.[191]

Warum Spuren der Besiegten? Widerständische Geschichte der Völker ist meist ungeschriebene Geschichte. War sie festgehalten – und dies trifft erst recht zu, wenn sie von unmittelbar an den revolutionären Bewegungen Teilnehmenden niedergeschrieben war – wurde sie von den Herrschenden, hatten

[190] ebenda, 8.

[191] „Gerechtigkeitsbewegungen (I)“, Seiten 97-112 und „Klassenkämpfe unter dem Kalifat“ (‘Gerechtigkeitsbewegungen’ II, 156-166), 144-166; Karam Khella, Die Qarmaten – der zweihundertjährige sozialistische Staat, unveröffentlichte Tonbandabschrift eines Vortrages vom 1. Juni 1994, Bremen 1994.

diese ihre Macht restauriert, vernichtet. Die restaurative Macht der Besitzenden duldet keine Spuren der Besiegten. Khella berichtet von der Niederbrennung einer Bibliothek der Qarmaten mit annähernd 30.000 Bänden.[192]

Die Vernichtung der Spuren der Besiegten, vor allem ihrer Werke, wirft für die historischen Wissenschaften, in dem Bemühen um die Rekonstruktion der Geschichte von unten, eine Reihe theoretischer und methodischer Fragen auf, für deren Lösungen die Universalistische Geschichtstheorie vorbildhafte Vorschläge aufzeigt. Es muß hinzugefügt werden, daß sie diese Fragen auch aufgeworfen hat, da sie in der Wiederentdeckung der universellen Geschichte von unten, wie sie es am Beispiele der „Geschichte der arabischen Völker" so eindrucksvoll bewiesen hat, eine historische Aufgabe von größter Wichtigkeit sieht. Die Rekonstruktion von Spuren besiegter Widerstandsbewegungen der Völker ist also zu bewerkstelligen. Gleich Spurenelementen läßt eine sorgfältige Kontextualisierung und Zuordnung dieser nach und nach ein Mosaik und schließlich ein annäherndes Gesamtbild der Auseinandersetzung von oben und unten herstellen. Dabei muß natürlich jegliche Ereignisfixierung und kurzzeitgeschichtliche Orientierung, wie sie dem Geschichtspositivismus eigen ist, überwunden werden. Die „Universalistische Geschichtstheorie" hat auf die Problemlage in der quellentheoretischen und -methodischen Erschließung „verborgener" Geschichte von unten hingewiesen und neue Optionen ihrer Erforschung vorgestellt. So kann es sein, daß zum Beispiel über die Vorgeschichte einer Widerstandsbewegung mehr Material verfügbar ist, als in der Zeit des Aufstandes, des revolutionären Aufschwungs selbiger. Oder genau umgekehrt, die Nachgeschichte ist eher rekonstruierbar als die Vorgeschichte und die Zeit ihres Wirkens. Letzteres ist jedoch eher selten, da in der Geschichte die Herrschenden stets bemüht sind auf systemloyale Opposition zu fokussieren, wie es die Geschichte revolutionärer Strömungen im Urchristentum versus dessen herrschaftstragender Varianten oder auch die „vormarxschen" revolutio-

[192] ebenda, 6.

nären Bewegungen versus der ins reformistische gekehrten Nachwellen dieser zeigen, um nur zwei Beispiele anzuführen. Ein großer Fehler wäre es, nur am unmittelbaren Wirkungsort einer Widerstandsbewegung zu recherchieren. Nicht selten mußten sich Aufständische ins Exil flüchten, wo sie vielleicht mehr Spuren hinterließen als am Herkunftsort. Zunächst gilt es also die vorhandenen Kulturdenkmäler und Schriften Oppositioneller, soweit vorhanden, auszuwerten, um dann im zweiten Schritt Berichte von Historikern, die in irgendeiner Weise Opposition und Bewegung von unten erwähnen, zu analysieren. Dabei kommt es nicht darauf an, daß diese Berichte Ausdruck der Sympathie des Historikers mit den Aufständischen sein müssen – sie sind eher selten, weil oftmals mit vernichtet – sondern es muß auch auf Darstellungen und Erwähnungen von feindselig eingestellten Berichterstattern zurückgegriffen werden. Hier können Hofchroniken, Statistiken oder militärische Lageberichte der systemloyalen Armee erwähnt werden, werfen sie die Frage nach Inhalt und Stoßrichtung der Kämpfe auf. Der Rückgang von Steuereinnahmen, der in einer Statistik festgehalten ist, kann auf ein Indiz der Verweigerung von Abgaben hindeuten.[193] Ein „Kontra-Faktum“, das der Geschichtspositivismus nicht zu erfassen vermag.

Khella hat in Seminaren und Vorträgen zu den Qarmaten auf zwei interessante Beispiele methodischer Herangehensweise an die Geschichte von unten hingewiesen. Das eine betrifft den Informationsgehalt eines persischen Reisenden, der die Qarmatengebiete besuchte und wichtiges Material zur dortigen Alltagsgeschichte überliefert: „Eine sehr wichtige und interessante Quelle ist ein Reisebericht, den ein persischer Reisender geschrieben hat, der sich als Gast in der Gesellschaft der Qarmaten aufgehalten hat. Dieser ist recht eindrucksvoll, weil hier ein Besucher alles beschreibt, was ihm anders vorgekommen ist. Deshalb beschreibt er das, während

---

[193] Siehe hierzu u.a. die Ausführungen unter „Geschichtsforschung und Klassenkämpfe“ in: Karam Khella, Geschichte der arabischen Völker, Hamburg 1994, 146.

jemand, der dort lebt, oft nicht darauf achtet, was der Alltag ist, weil der für ihn Routine ist."[194] Dieser Reisende beschrieb den Alltag und seinen Ablauf in der Qarmatengesellschaft und stellte heraus, daß es kein Privateigentum gibt, daß Produktionsmittel, Maschinen kollektiv genutzt wurden und auf Kosten des Staates repariert wurden und vieles mehr, was den Angehörigen der sozialistischen Gemeinschaft der Qarmaten sicherlich – schließlich durchlebten ihrer Generationen – eine Selbstverständlichkeit geworden war, während es dem Besucher als eine Besonderheit aufgefallen war. Das zweite Beispiel, das Khella anführte, bezieht sich auf die Nachgeschichte, die sich fortbewegenden Wellen, die der sozialistische Qarmatenstaat über seinen Bestand hinaus angeschlagen hatte. Die radikale Kritik religiöser Dogmenherrschaft hatte einem wissenschaftlich fundierten emanzipatorischen Weltbild den Weg gebahnt. Noch zweihundert Jahre nach Zerschlagung des Qarmatenstaates muß diese Orientierung im Volk verankert gewesen sein. Die Herrschenden selbst liefern die Quelle, die dies bestätigt, wenn diese von deren Anstrengungen der Rekultisierung und -mystifizierung der Heiligtümer in Mekka Zeugnis ablegt: „Im 14. Jahrhundert, also zweihundert Jahre nach den Qarmaten, wurde das Heiligtum in Mekka, der schwarze Stein, mit einem agitatorisch sehr wirksamen Bild wiederbelebt, welches das Heiligtum als von Muhammad selbst eingerichtet und in der Tradition der vier Konsenskalifen stehend glauben machen wollte. Wer dieses Bild schafft, tut es unter einem Zwang. Offensichtlich gibt es hier immer noch Öffentlichkeit, die sich der Übermacht der Dogmenherrschaft und der Geistlichkeit entgegenstellt."[195]
Diese Beispiele für neue theoretische und methodische Werkzeuge, die für die Wiederentdeckung der Geschichte von unten entsprechend und mittels der Universalistischen Geschichtstheorie anwendbar sind, beweisen die Rekonstrukti-

[194] Karam Khella, Die Qarmaten – der zweihunderjährige sozialistische Staat, unveröffentlichte Tonbandabschrift eines Vortrages vom 1. Juni 1994, Bremen 1994, 8.
[195] ebenda, 26.

onsmöglichkeit widerständischer Geschichte in historischen Zusammenhängen, die durch eine begrenzte Quellenlage gekennzeichnet sind.

Um die Rezeption nichtformalisierter Seminarinhalte im Rahmen dieser Arbeit abzuschließen, greife ich eine erkenntnis- und revolutionstheoretische Frage auf, die sich aus den nichtinstitutionalisierten Seminaren Khellas unter anderen zu den Qarmaten ergibt und zu wichtig ist, als daß sie nicht wenigstens angeschnitten werden soll.

Es ist die Frage nach dem Warum für das Rebellieren der Menschen. Die historisch-materialistische Revolutionstheorie leitet ihre Antwort aus den materiellen Interessen, der Klassenlage des Proletariats und der zwangsläufigen Krise, die aus der Ausreifung der ökonomischen, objektiven Bedingungen hervorgehe, ab. Es ist vor allem die Frage, inwieweit sich Menschen mit ganz bestimmten Zielen und emanzipatorischen Vorstellungen, seien sie als eine Alternative zum bestehenden Herrschaftssystem realisiert oder nicht, identifizieren. Ist diese Alternative verwirklicht, dann übt sie eine Ausstrahlungs- und Anziehungskraft aus. Ist dem nicht so und ist die gesellschaftliche Alternative keine Gegenwart, dann ist es die Utopie, die die Sehnsucht nach einer von Ausbeutung und Unterdrückung befreiten Lebensweise motiviert. Utopien sind nichts Idealistisches, denn sie haben ihren Platz im historischen Bewußtsein der Besitzlosen. Das meint, ein Rückgriff auf ehedem bestehende egalitäre Gesellschaften ist Ausdruck eines langzeitgeschichtlichen und universellen Bewußtseins, auch wenn es nur noch aus Spuren der Erinnerung besteht. Die Bauernkriege oder auch die utopischen Kommunisten in Europa waren durch die Rückbesinnung auf außereuropäische Gemeinschaften, wie sie vor dem Joch damaliger Ausbeutergesellschaften bestanden haben, motiviert. In einer Frühschrift schrieb Weitling, ein Mitbegründer des Bundes der Gerechten im Paris der 1830er: „Ich sah, wie seit achtzehnhundert Jahren das Christentum im Interesse der Ungerechtigkeit gelehrt wurde und beschloß, es im Interesse der Gerechtigkeit zu lehren wenn es die Lehre der Gerechtigkeit sei oder es für mich ganz über

Bord zu werfen, wenn dies nicht sei."[196] Der „wissenschaftliche Sozialismus" hat dieses widerständische Geschichtsdenken, auch dann noch zurückgewiesen und diskriminiert als es die christlichen Schalen abgestreift hatte, nichts desto weniger aber an utopischer und universalistischer Orientierung festhielt. Eine widerständische Tradition wurde verschüttet und der Sozialismus in eine determinierte, zwangsläufig eintretende Zukunft verlegt. Damit ist sowohl eine langzeitgeschichtliche als auch universelle Dimension im Geschichtsdenken von unten marginalisiert worden. In diesem Zusammenhang war und ist die materialistische Kritik am Idealismus der utopischen Revolutionäre reaktionär. Dem „wissenschaftlichen Sozialismus" wohnt auf der anderen Seite eine „self-fulfilling prophecy" inne: 'Der Sozialismus wird ohnehin kommen, also folgen wir seinem Weg'. Was wiederum in ausharrendes Warten auf die endgültige Krise münden kann und eher die Widerstandsbereitschaft paralysiert als motiviert. Wenn dieser Zusammenhang auch hier nicht annähernd erschöpfend diskutiert werden kann, so soll festgehalten werden: die materialistische Kritik reduzierte auf die Frage der materiellen Interessen als Beweggrund für widerständisches Handeln von unten. Was nicht heißt, daß materielle Interessen keine Rolle spielen, sondern daß sie für sich allein genommen als Erklärung nicht ausreichend sind.

Khella stellt zwei durch die Geschichte der Menschen nebeneinander marschierende Strömungen heraus: „Es gab immer zwei Tendenzen nebeneinander. Eine konstruktive, die erkennt, daß Menschsein, Menschwerdung und menschliche Entfaltung davon abhängig ist, was wir aus unserer menschlichen Gemeinschaft machen. Und die anderen, die parasitären, die nach Herrschaft streben, herrschsüchtig sind, sich für eine Herrenrasse halten, die die Aufbauenden angreifen, überfallen, ihre Reichtümer und Kulturen ausplündern, um vielleicht kurzfristige egoistische Vorteile zu erzielen, um den Preis,

---

196 Wilhelm Weitling, Gerechtigkeit, Ein Studium in 500 Tagen, Bilder der Wirklichkeit und Betrachtungen des Gefangenen, Berlin 1977, 77.

daß langfristig die gesamte Menschheit zurückgeworfen wird. Kräfte des Aufbaus und der Neugestaltung und andere Kräfte der Zerstörung. Sie haben nie aufgehört, gegeneinander zu kämpfen."[197]

3.3.3 Zu meiner eigenen Rezeption

Die Auseinandersetzung mit der Literatur- und Seminargeschichte der Universalistischen Geschichtstheorie geht in meine eigene Rezeption über und gelangt so zu einer schriftlich festgehaltenen Quelle. Sie entspringt meiner erkenntnistheoretischen Sozialisation, eines glücklichen Umstandes, daß diese – wie ich es mittels der autobiographischen Methode beschrieben habe – letztlich, durch alle Windungen und Wendungen hindurch, mit der Aneignung des Universalismus einhergeht. Erkenntnis ist Bewegung, niemals abgeschlossen. So sehe ich diese Arbeit als einen Anfang, mich der Universalistischen Geschichtstheorie und ihrem Inhalt – der universellen Geschichte der Menschen – zu nähern; einem Anfang, dem mein bisheriger Erkenntnisweg vorangeht, dessen Zeuge ich bin.
In der Rezeption des Vortrages von Karam Khella zu den Qarmaten habe ich auf die theoretische und methodische Innovation in der Herangehensweise an die widerständische Geschichte von unten hingewiesen, wie sie in der „Geschichte der arabischen Völker" bereits 1988[198] dargelegt war. Khella hat in der „Universalistischen Geschichtstheorie" (1994) weitere Spezialmethoden zur Erschließung der Geschichte von unten herausgearbeitet, die eine Sensibilität für Quellen wachgerufen hat, die bisher als solche noch nicht einmal erkannt wurden. Die Geschichte von unten ist oftmals mündlich überliefert, da deren Träger wie auch die authentischen schriftlichen Zeugnisse periodisch von den Herrschenden vernichtet wurden. Zudem entfalteten die Überlieferungstechni-

[197] ebenda, 3.
[198] Karam Khella, Geschichte der arabischen Völker, Hamburg 1988 (2. Aufl.), 114 f.

ken widerständischen Wissens besondere Formen. Untergründige Kultur und ihre getarnten Kommunikationsweisen achteten darauf, daß dieses Wissen von Generation zu Generation fortlebte, ohne daß die Mächtigen einen Zugang und damit auch keinen Zugriff darauf haben konnten. Die Völker, die Bauern, die Sklaven und andere Werktätige haben zur Wahrung ihrer widerständischen Langzeittradition spezifische Formen der Überlieferung entfaltet, die Eingang in Sitten, Gebräuche, Kultgewohnheiten, Familienüberlieferungen, in die Sprachen und Sprichwörter gefunden haben. Sie sind eine Sonderform der Geschichtsquellen und erweisen sich als ein bisher kaum erschlossenes Reservoir der untergründigen Widerstandsgeschichte der Völker. Khella führt ein Beispiel eines bis in die Gegenwart geläufigen Sprichwortes aus der Widerstandsgeschichte des Rif (der arabischen Landgebiete) an, welches eine besondere Technik der Abwehr bäuerlicher Gemeinschaften belegt: „Mayya min taht tibn" (Ein Graben wird mit Wasser gefüllt, dann mit Heu bedeckt, in den dann die Angreifer hoffnungslos hineinstürzen).[199] Die festgehaltene, dokumentierte Geschichte ist zu allererst eine Geschichte der Herrschenden. So erscheint sie und so soll sie auch erscheinen, schließlich dienen die herrschenden Geschichtsbilder der Stabilisierung des gegenwärtigen Status Quo. Widerstand ist demnach zwecklos. Während die Geschichte real eine Geschichte von Aufständen ist, welche die bestehenden Herrschaft-systeme stürzten und Geschichte machten. Der langlebige sozialistische Qarmatenstaat ist ein herausragendes Beispiel aus der Geschichte. Die Intifada, der Volksaufstand in Palästina, hat als Begriff für „die Lebensweise der Unterdrückten im Widerstand"[200] Eingang in die Sprachen der Völker gefunden. Die Langzeitgeschichte des Widerstandes von unten ist Gegenwart.
Die bürgerliche Wissenschaft zerstört das Geschichtsbewußtsein mittels der Vernichtung und Ausblendung der Wider-

[199] Karam Khella, Universalistische Geschichtstheorie, Hamburg 1995, 55.
[200] ebenda.

standsgeschichte der Völker. Werden zunächst die Spuren der Besiegten zum Verschwinden gebracht, so daß sich kaum Indizien in der Gegenwart finden lassen – der zweite Schritt in der kriminalistischen Vorgehensweise der herrschenden Wissenschaften hat sich sein Alibi im vorhinein geschaffen: Wo es keine Quellen gibt, hat es auch keine „andere" Geschichte gegeben.

Die Spurenvernichtung erstreckt sich nicht nur auf die „Vergangenheit" der Geschichte von unten, sie reicht an die Gegenwart heran. Eine andere als die von den Herrschenden behauptete Scheinrealität soll gar nicht erst in das öffentliche Bewußtsein gelangen. Dies wird zum Beispiel deutlich in der Politik der Blockaden, wie sie zur Anwendung gegenüber der Realität des Widerstandes und der Eigenständigkeit der Völker Iraks, Cubas, Libyens, Sudans und Nordkoreas, die sich nicht jedem Diktat des Westens beugen, kommt. Parallel der Blockaden, die bestrebt sind die Völker von ihren Überlebensmöglichkeiten abzuschneiden, wird eine Informationssperre verhängt, um sie der Öffentlichkeit im Westen bestenfalls als potentielle Empfänger von Wohltätigkeit und „humanitärer Hilfe" aus dem Norden zu präsentieren. Das „lukrative Geschäft" lauert auf die Quellen des Profits von morgen. Vor Völkermord ist der Westen dabei noch nie zurückgeschreckt.[201]

Ich möchte an dieser Stelle der Rezeptionsgeschichte einen Blick in die Zukunft möglicher eigener Arbeitsvorhaben vorwegnehmen und Methoden der Quellenerschließung wider-

[201] Diese Wirklichkeit sich zu erarbeiten, ermöglichte ein einwöchiges Seminar, welches der Arbeitskreis Süd-Nord mit Karam Khella in Vorbereitung der Athener Konferenz gegen die Politik der Blockaden des Nordens gegen den Süden abhielt. Siehe hierzu: Die unsichtbaren Mauern, Zu den Hintergründen der imperialistischen Politik der Hungerblockaden gegen die Völker des Südens, Mit Beiträgen von Ahmed Ben Bella (Algier), arab. Erzbischof Cappucci (Jerusalem), Karam Khella (Hamburg), Y.K. Ligatchev (Moskau) u.a., AK-Süd-Nord (Hrsg.), Hamburg/ Bremen 1994.

ständischer Geschichte von unten, wie sie die Universalistische Geschichtstheorie anbietet, aufzeigen.

Ein Beispiel für die „Sammlung" von Indizien einer unbekannten, weil verborgenen und zugleich widerständischen Geschichte außereuropäischer Völker gegen Kolonialismus und Imperialismus liefern die „Völkerkundemuseen" im Westen. Hier lagern große Bestände, die die Geschichte des Aufbaus in Asien, Afrika, Amerika und Australien vor und während des kolonialen Eingriffs durch Europa dokumentiert. Die Sammlungen – ein euphemisches Wort für Raub –, die diese Bestände an Wissenschafts-, Kunst-, Kultur- und Gegenständen des alltäglichen Gebrauchs beinhalten, sind Ausdruck der „Emsigkeit" mit der die herrschende Wissenschaft in Europa ab Mitte des 19. Jahrhunderts vorgegangen ist, die außereuropäische Geschichte, wie sie sich in der materiellen Kultur spiegelte, zunächst zu rauben, dann zu vereinnahmen und schließlich ihrem Weltbild entsprechend zu funktionalisieren. Die Versuche der kolonialistischen Eroberung Asiens, Afrikas, Amerikas und Australiens gingen von Anbeginn mit einer gezielten Enthistorisierung einher. Folgte dem Transfer von Wissen und Reichtümern nach Europa die Politik der verbrannten Erde, so ließ der Mythos der Völker ohne Geschichte nicht auf sich warten. Versuchte der Kolonialismus, die Völker im Süden ihrer Zukunft zu berauben, so mußte er ihnen ihre Geschichte nehmen. Die Völkerkundemuseen im Westen stellen einen „Safe" dar, in welchem die Spuren der Besiegten verschwinden. Eine Ausstellung von afrikanischen Waffen im Völkerkundemuseum in Wien im Herbst 1993 berichtet, ohne dies zu beabsichtigen, vom heroischen antikolonialen Widerstand der Völker Afrikas. Wenn diese Ausstellung sich auch auf Datierung, Herkunftsort und „Sammler" (meist die „Beute" von Kolonialsoldaten) als dem Hintergrund der „Objekte" reduziert und sich peinlichst genau über den historischen Kontext dieser „Funde" ausschweigt, so bringt sie doch den hohen Grad an Perfektion in den Waffentechniken zum Ausdruck, der mit dem entschlossenen Widerstand der Völker Afrikas einhergehend, die kolonialistische Eroberung des Landesinneren auf Dauer verunmöglichte. In Verbindung mit anderen Quellen kann also auch ein solches Spurenelement zur Er-

schließung der Geschichte des antikolonialen Widerstandes genutzt werden. Wichtig sind auch die Berichte der kolonialen Eroberer selbst, die zum einen die Unkenntnis der Länder (terra incognita), in die sie einfielen, bezeugt und zum anderen einen Einblick gewähren, welche Panik der antikoloniale Widerstand bei diesen auslöste. „Der Gegner hat keine taktischen Verbände, er ist nicht mit Uniform, Munition etc. beladen, er ist leichtfüßig wie das Wild, kennt jeden Weg, jeden Baum, jeden Stein ... Wie soll eine in taktische Verbände gezwungene Truppe einen solchen Feind verfolgen?“[202], schreibt der Kolonialkommissar Wissmann über den Antiguerillakrieg in Tanganjika im Jahre 1895. Natürlich sind diese Quellen nur sekundär zu nutzen. Aber auch sie belegen, daß das Aufrechterhalten von „fünfhundert Jahre Kolonialismus“ einen Geschichts-mythos bildet, der rechtzeitig zu den „Feierlichkeiten“ 1992 (500 Jahre Eroberung Amerikas) geschaffen wurde und die Langzeitgeschichte des antikolonialen Widerstandes in allen außereuropäischen Kontinenten ausblendete. Die Herrschaft des europäischen Kolonialismus reichte, mit Ausnahme vielleicht der Siedlerkolonien (u.a. Israel und Südafrika), nie auf Dauer über einzelne an den Küsten befestigte Militäranlagen hinaus.
Zuallererst sind jedoch die authentischen Berichte des antikolonialen Widerstandes der Völker selbst heranzuziehen. „Die deutschen befahlen ihren Soldaten, die Gegend zu durchsuchen und alle Nahrung, die sie finden konnten, zu verbrennen. Dadurch kam es zu einer großen Hungersnot. Diejenigen von uns, die überlebten, aßen Wurzeln und Bienenhonig, was wir in den Wäldern sammeln konnten. Diese Hungersnot hielt etwa ein Jahr an. ... Es verhungerten bei uns mehr Menschen als durch direkte Kriegshandlungen umkamen. Mein Vater ist auch durch diese Hungersnot gestorben.“[203] Diese Quelle –

[202] Hermann v. Wissmann, Afrika, Schilderungen und Rathschläge zur Vorbereitung für den Aufenthalt und den Dienst in den Deutschen Schutzgebieten, Berlin 1895, 40 f.

[203] Rashidi Katungai von Mchomoro in „The Maji-Maji War in Ungoni“, zitiert nach: Deutschlands dunkle Vergangenheit in

ein überlieferter biographischer Bericht über den Maij-Maij Aufstand im Jahre 1905 in Tanganijka – gibt einen Eindruck von den so gut wie gar nicht im Geschichtsbewußtsein gegenwärtigen Verbrechen des deutschen Kolonialismus, geschweige denn, daß sie als solche diskutiert oder gar Gegenstand von „Wiedergutmachungsbekundungen" wären. Eine Wiederentdeckung der Geschichte von unten macht jedoch auch nur dann einen Sinn, wenn sie in die Gegenwart reicht. Ansonsten verkäme sie selbst zu einer musealen Vergangenheitsschau. Von daher möchte ich an dieser Stelle einen zeitlichen Sprung vornehmen und habe auch deshalb den Bericht über die Hungersnot aufgegriffen. Die Historisierung der Gegenwart ermöglicht es, durch das Aufzeigen der Langzeitgeschichte von Kolonialismus, Imperialismus und dem Widerstand der Völker, Kontinuitäten im Geschichtsverlauf aufzuzeigen. Nach wie vor wendet der Imperialismus die Waffe des Hungers gegen widerständische Völker an und schweigt die Öffentlichkeit über die Politik des Völkermordes. Nicht nur die Spuren einer widerständischen Geschichte werden vernichtet, auch die ihrer Gegenwart verschwinden. So sind infolge der Blockade gegen den Irak dieser bereits jetzt schon mehr Menschen zum Opfer gefallen als während der unmittelbaren Kriegsaggression. Und sie hält an. In Afrika zielt die Blockade gegen den Sudan darauf ab, eines der reichsten Länder der Erde von seinem selbstbewußten Kurs abzubringen und in die Knie des westlichen „way of life" zu zwingen. Von dem aufopferungsvollen Kampf der von den Blockaden unterworfenen Völker erfahren wir nichts. Auch hier stellen sich den kritischen Wissenschaften eine Reihe von Aufgaben, die Mauern der Gegenwart, die die Wirklichkeit des Widerstandes der Völker in ihre Schatten zwingen, zu überwinden und der Manipulation entgegenzuwirken. Die Waffe des Hungers hat eine Gegenwart, in die einzugreifen von höchster

---

Afrika, Die Liebe zum Imperium, D. Bald, P. Heller, V. Hunsdörfer, J. Paschen, H. Appel (Autoren- und Herausgeberkollektiv), Bremen 1978, 161.

politischer Aktualität und Priorität internationaler Solidarität ist.
Über die literatur- und seminargeschichtliche Rezeption der Universalistischen Geschichtstheorie nähere ich mich den Aufgaben der Gegenwart, die sich auch aus meiner eigenen Rezeption ergeben. Sie weisen in die Zukunft über den Rahmen dieser Arbeit hinaus. War ich Zeuge formalisierter und nichtformalisierter Seminare, so schließt sich auch hier der Kreis, wenn sich erstere in letztere integrieren und die Geschichte in die Zukunft weist.
Eine jede Geschichtsbetrachtung geht vom Standpunkt des Betrachters in der Gegenwart aus. Die Rekapitulation meiner erkenntnistheoretischen Sozialisation vollzog sich mittels der Historisierung meines gegenwärtig erreichten Erkenntnisstandes. Ich wendete die autobiographische Methode in der Reflexion meines Lernprozesses an, stellte die Kritik an Geschichtspositivismus und Historischem Materialismus dar, bevor ich über die Rezeptionsgeschichte der Universalistischen Geschichtstheorie zu ihrer nun folgenden kritischen Würdigung gelange. Meine eigene Theoriegegenwart setzt sich aus den beschriebenen Anteilen der Vergangenheit meines eigenen Sozialisationsprozesses und der Zukunft des vor mir liegenden Erkenntnisweges zusammen. Eine geschichtsphilosophische Dimension, die die Universalistische Geschichtstheorie aufgezeigt hat und für die sich daraus ergebenden erkenntnistheoretischen Fragestellungen Antworten gibt. Die Gegenwart ist keine objektive Zeitgröße, denn gäbe es eine solche, müßte die Zeit angehalten sein. Zeit ist Bewegung, sie kennt keinen Stillstand. Eine Zeiteinheit ist entweder verstrichen und gehört der Vergangenheit an oder sie liegt vor uns in der Zukunft. Dennoch ist das künstliche Festhalten der Zeit und die Konstruktion des Modells „Gegenwart“ notwendig, um eine Momentaufnahme menschlichen Seins analysieren zu können und um Probleme angehen zu können, die heute relevant sind. Warum stelle ich diese geschichtsphilosophische Dimension heraus? Die vorliegende Arbeit, die ich vorhergehend als die Exteriorisation – die Reproduktion gelernter Inhalte durch ihre praktische Anwendung – meiner eigenen Aneignungsgeschichte der Universalistischen Geschichtstheo-

rie umschrieben habe, ist eine solche Momentaufnahme meines Erkenntnisweges. Ich kann sagen, daß meine erkenntnistheoretische Gegenwart mit der Universalistischen Geschichtstheorie beginnt. Erst die Alternative ermöglicht es, die Dinge von einer anderen Perspektive aus zu sehen.

3.3.4 Kritische Würdigung der Universalistischen Geschichtstheorie

Die beiden großen Schulen des 19. und 20. Jahrhunderts, der Positivismus und der Historische Materialismus, erscheinen vor dem Hintergrund des Universalismus in einem anderen Lichte, in einem bisher nicht gesehenen theoriegeschichtlichen Kontext. Von der Alternative der Universalistischen Geschichtstheorie, einem dritten, archimedischen Standpunkt aus betrachtet, verdichten sich die Unterschiede beider Schulen zu Gemeinsamkeiten ihres erkenntnistheoretischen Gehalts. Beiden Geschichtsbetrachtungen ist gemeinsam, daß sie es nicht vermochten, der universellen Geschichte des Menschen geschichtstheoretisch und -methodisch Rechnung zu tragen. Ihre historische Weltsicht ist an den Eurozentrismus gebunden. Die Universalistische Geschichtstheorie hat mit ihrem Aufkommen als einer Alternative dieser Erkenntnis zum Durchbruch verholfen und stellt zugleich eine Geschichtstheorie vor, die die Geschichte der Menschen in einen welthistorischen Kontext einordnet und die Interessen der außereuropäischen Völker erstmalig und umfassend berücksichtigt. Damit hat sie dem Geschichtsdenken den universellen Raum geöffnet, den Geschichtspositivismus und Historischer Materialismus versperrten. Der Grundsatz des Universalismus erweitert das Geschichtsdenken zu einer neuen Qualität; lokale und regionale historische Ereignisse werden zueinander in Beziehung gestellt und in ihren weltgeschichtlichen Kontext geordnet. Das Geschichtsdenken in einem großdimensionalen Erkenntnishorizont ist wiedergewonnen. Die Wiederherstellung der Großdimensionalität ist nicht denkbar, ohne die langzeitgeschichtliche Dimension, in der sich die Geschichte der Menschen bewegte und bewegt. Zeit und Raum bedingen einander. Die Fokussierung auf einen Ausschnitt der Zeit hat die

Fragmentierung der räumlichen Dimension, die Fokussierung auf einen Ausschnitt des Raumes die Segmentierung der Zeit zur folge. Kurzzeitgeschichtliches Denken zerstört die Langzeitdimension historischer Prozesse; die räumliche Isolierung der Ereignisse voneinander läßt weder die Gleichzeitigkeit der Phänomene noch Kausalitätsbeziehungen im Geschichtsverlauf erkennbar werden. Sowohl der Positivismus als auch der Historische Materialismus gelangten nicht über diese reduktive Geschichtsbetrachtung hinaus. Erst die Theorie der Historisierung als einem theoretischen und methodischen Prinzip der Universalistischen Geschichtstheorie vermochte, die Verbindung der Ereignisse herzustellen und die Logik der Geschichte zur Geltung kommen zu lassen. Historisierung meint nicht geschichtlich, vergangenheitsbezogen, sondern historisches Herangehen an die Gegenwart, meint die Vergegenwärtigung historischer Prozesse, um das Werden der Dinge zu verstehen. Dabei sind Kurzeit- und Langzeitprozesse zwei komplementäre Seiten, ebenso wie die Mikro- und Makroebene, in der historischen Darstellung. Die Universalistische Geschichtstheorie entwickelte Theorie und Methode, langzeitgeschichtliche Prozesse über Jahrhunderte und Jahrtausende zu rekonstruieren. Hierbei kommt ihr das Verdienst zu, quantitative, unsichtbare Entwicklungen im Verlauf der historischen Bewegung zu erfassen und deren Umschlagen in neue Qualität zurückzuverfolgen. In der Geschichte der Menschen überwiegt die Kontinuität – ein Bewußtsein darüber ist jedoch nicht zuletzt auch durch das Kurzzeitdenken der gegenwärtigen Geschichtsbetrachtungen verschüttet. Ein Kurzzeitdenken, welches menschheitsgeschichtlich neueren Datums ist und als eine Spiegelung des Zeitalters des Bruchs, in dem wir leben, verstanden werden kann. Eine in ihrer Durchsetzung als einer neuen Qualität relativ nahe an uns heranreichende Epoche, in der eine Minderheit der Mächtigen und Reichen im Norden keine Rücksicht auf Wohlergehen, Frieden und Zukunft der Mehrheit der Weltbevölkerung und ihrer zukünftigen Generationen nimmt. Eine Zeit, die durch die Nord-Süd Spaltung der Welt charakterisiert ist, die durch kurzfristige, eigennützige Profitinteressen einiger weniger zu lasten aller geprägt ist. Das dem nicht immer so war, wie es das gegenwärtige herrschende Geschichtsdenken glauben machen will, daß die Menschen auf Langzeitperspektiven des gemeinsamen Fortkommens orientierten, wird auch erst mit der Wiederentdeckung der Geschichte der Menschen von ihren Anfängen beginnend bis in die Gegenwart zu Bewußtsein geführt. Keine Theorie geht voraussetzungslos an die Geschichte heran. Die Universalistische Geschichtstheorie hat es sich zur Aufgabe gemacht, sich der Erschließung der Geschichte der außereuropäischen Völker theoretisch wie methodisch anzunehmen, sie wiederzuentdecken, darzustellen und zu rehabilitieren. Sie bezieht Stellung an der Seite der unterdrückten und ausgebeuteten Völker der Welt und macht sich deren Erkenntnisinteresse zu eigen. Sind diese in jeder Hinsicht benachteiligt, so auch nicht zuletzt in der Wissenschaft. Die Wissenschaft von unterdrückten Völkern selbst ist unterdrückt. Der Universalismus leitet die Geschichte von unten nach oben ab. Erst im Universalismus kommt die Entfaltung der Geschichte der Völker zur Geltung. Die Universalistische Geschichtstheorie integriert das Geschichtsdenken zur Erkenntnis der inneren organischen Einheit des historischen Gesamtprozesses. Die Phänomene bekommen ihren Sinn.

4. Kapitel
Deutsche Geschichte des 19. Jahrhunderts als Beispiel

4.1. Nach positivistischer Darstellung

Der Geschichtspositivismus ist personen- und ereignisfixiert; die Geschichte Deutschlands im 19. Jahrhundert erscheint demnach zuallererst als die Entscheidungen und Taten großer Männer. Als die Geschichte der Herrschenden. Dem tut es keinen Abbruch, wenn auch Karl Marx zu Worte kommt und zwar dann, wenn er zur Bestätigung des bürgerlichen Geschichts- und Weltbildes herangezogen werden kann. Im Zusammenhang mit dem preußisch-dänischen Krieg von 1848 – sie geht als Schleswig-Holsteinische Frage in die bürgerliche Geschichtsschreibung ein – kommt Marx ob der Frage einer Ausweitung dieses zum europäischen Krieg zu Worte: „Denn die deutsche Nation brauche, wie er sagte, den großen Krieg, in dessen Glut allein Deutschland zur Nation und Einheit gegossen werden könne. Karl Marx war genau der Ansicht, die Bismarck später in die berühmten Worte kleiden sollte: 'Nicht durch Reden und Parlamentsbeschlüsse werden die großen Fragen der Zeit entschieden, sondern durch Blut und Eisen.'“[204] Nicht nur Entscheidungen und Taten großer Männer, auch folgenschwere Aussagen dieser, reihen sich im bürgerlichen Geschichtsbild aneinander. Bismarck und Marx als zwei historische Figürlichkeiten der deutschen Geschichte des 19. Jahrhunderts werden hier voran- und nebeneinandergestellt, weil sie die notwendige Geschichtsrevision, die folgen wird, begleiten werden.

Der Geschichtspositivismus gelangt in seinen Forschungsbemühungen zuweilen zu einer beachtlichen Anhäufung von Geschichtsmaterial, gerade was die Aufreihung des von ihm erschlossenen Quellenquantums anbelangt. Jedoch verliert er sich, geht es darum eine innere Logik der Geschichte aufzuzeigen, in einer tatsächlichen Sackgasse der unüberschaubaren

[204] Michael Freund, Deutsche Geschichte (fortgeführt von Thilo Vogelsang), Gütersloh, Berlin, München, Wien, 1974, 596.

Tatsachen. Der Verlauf der deutschen Geschichte im 19. Jahrhundert erscheint ereignishaft, fragmentarisch und eben als deutsche, das heißt Nationalgeschichte. Da es nicht Zweck dieser Arbeit sein kann, auf die bürgerliche Darstellung der deutschen Geschichte des 19. Jahrhunderts ausführlicher einzugehen, beschränke ich mich im folgenden auf die des Zeitraumes von 1871-1884. In den Vordergrund werde ich den Berliner Kolonialkongreß von 1878 rücken, als einem Ereignis, welches in der eurozentristischen und nationalstaatlichen Geschichtsschreibung Deutschlands von geringer Bedeutung zu sein scheint, im Kontext der universalistischen Geschichtstheorie jedoch von herausragender Wichtigkeit ist.
„Im März 1871 wurde der erste deutsche Reichstag gewählt",[205] ein unzweifelbares Datum und Faktum, wie es bei Freud aufgeführt wird. Daraufhin wird der geschichtliche Schauplatz des gerade eben gegründeten zweiten deutschen Reiches verlassen und auf einen benachbarten eingegangen. Hier, in Paris, warfen sich Männer, Frauen und Kinder den ausgebildeten und vollbewaffneten preußischen Soldaten entgegen. Die Kämpferinnnen und Kämpfer der Pariser Kommune, von denen 50.000 verhaftet und ein Großteil von ihnen hingerichtet wurde.[206] Der Aufstand des Volkes von Paris war von den Bajonetten der preußischen und französischen Soldateska im Blut erstickt. Eine Beziehung zwischen diesem Ereignis und dem der deutschen Reichsgründung stellt der Geschichtspositivismus ebensowenig her, wie er dieses Ereignis in einen historischen Kontext einordnet, interpretiert und deutet. Statt dessen tritt die bürgerliche Gegenwartsideologie aus dem Geschichtsbild hervor: „Die Verherrlichung der heroischen und verbrecherischen Narrheit der Kommune gab fortan dem Sozialismus, vor allem dem deutschen, eine brutale, primitive und heftige Note."[207] Ob die Solidarität mit der Pariser Kommune tatsächlich in der deutschen Sozialdemokratie verankert oder eher minoritär war, sei dahingestellt, das anti-

[205] ebenda, 748.
[206] ebenda, 750.
[207] ebenda, 751.

kommunistische Feindbild der bürgerlichen Geschichtsschreibung kommt deutlich zum Vorschein.

Sieben Jahre später findet unter dem Vorsitz Bismarcks der sogenannte Berliner Kongreß von 1878 statt, ein Ereignis, das in der umfangreichen Monographie zur deutschen Geschichte von Freud nur beiläufig in einem Satz einer Chronologie Erwähnung findet.[208] Deshalb ein Blick in Abhandlungen der bürgerlicher Geschichtsschreibung, die diesem Ereignis mehr Aufmerksamkeit widmen. In diesen erscheint der Berliner Kolonialkongreß 1878 – in der dessen Inhalt verschweigenden Bezeichnung „Berliner Kongreß" – als ein bedeutendes geschichtliches Ereignis. Die „großen Staatsmänner" der europäischen Politik trafen in der Vergangenheit zusammen und konferierten über Grenzfragen betreffende Auseinandersetzungen zwischen dem Osmanischen Reich und dem zaristischen Rußland. Darüberhinaus stand – nach geschichtspositivistischer Auffassung, die eingehender die Ereignisse entlang offizieller Verlautbarungen dokumentiert – die Zukunft des Osmanischen Reiches, v.a. bezüglich des Balkans, aber auch Palästina, Zypern, Tunesien und anderer außereuropäische Länder, auf der Tagesordnung.[209] Es wird als selbst-

---

208 ebenda, 754. Dort steht unter 1878 (13. Juni-13. Juli): „Der drohende Krieg zwischen England und Rußland wird durch den Berliner Kongreß unter Vorsitz Bismarcks abgewehrt (kleinere russische Gewinne, Abweisung der großen Ziele)." Mehr ist über den sogenannten Berliner Kongreß nicht zu erfahren.

209 siehe hierzu: Gregor Schöllgen, Imperialismus und Gleichgewicht, Deutschland, England und die orientalische Frage 1871-1914, München 1984, 18; Der Berliner Kongreß von 1878, Die Politik der Großmächte und die Probleme der Modernisierung in Südosteuropa in der zweiten Hälfte des 19. Jahrhunderts, R. Melville, H.-J. Schröder, Wiesbaden 1982, 48. Dort u.a. ist auf die Rolle Balfours (der spätere Unterzeichner der Balfour-Declaration vom 2. November 1917) auf dem Berliner Kolonialkongreß und die Pläne für eine zionistische Siedlerkolonie in Palästina hingewiesen. Zu Tunesien siehe Bismarck gegenüber dem französischen Botschafter Saint-Vallier am 4.1.1879: „Eh

verständlich angenommen, daß europäische Politiker über die Zukunft außereuropäischer Länder als „Territorialfragen" und „Einflußsphären" konferieren und debatieren. Die Quellen berichten davon; eine Tatsache, die der Geschichtspositivist nicht hinterfragt. Und Quellen in Form von Dokumenten, Berichten und Korrespondenzen scheint der „Berliner Kongreß" zu genüge zu bieten. Selbst wenn bis heute nicht alle Absprachen dokumentiert sind, da sicher nicht nur Bismarck darauf achtete, wichtige politische Entscheidungen niemals schriftlich festzuhalten. Aber auch dieses Quellenproblem der Geschichte von oben, die zu allererst eine Geschichte der Geheimdiplomatie ist – ein Begriff, der im 19. Jahrhundert noch geläufig war – drängt sich dem Geschichtspositivisten nicht auf. Die Faktizität der Tatsachen spricht für sich. Was sich mittels Quellen als Tatsachen nicht belegen läßt, ist dem Geschichtspositivisten zur folge nicht „geschichtsträchtig". So tritt der „Berliner Kongreß" als ein geschichtliches Ereignis hervor, welchem die Entscheidungen „großer Staatsmänner" zugrunde liegen und zu diesen und jenen Ergebnissen führten. Das bürgerliche Geschichtsverständnis ist von der Vorstellung getragen, Geschichte sei meist die Geschichte „großer" aber durchgehend die europäischer Männer, was an dieser Stelle nur am Rande wiederholt sei. In diesem Zusammenhang ist vielmehr die theorielose Quellenerschließung des Geschichtspositivismus von Bedeutung. Hierzu hat Karam Khella einen anschaulichen Vergleich aufgestellt: Ein Abhörspezialist zapft eine Telefonleitung an, um zur Quelle seiner Information zu

---

bien! Je crois que le poire tunisienne est mûre et qu'il est temps pour vous de la cueillir." zitiert nach Mounir Fendri, in: Tunesien, Wasser, Wüste, Weiter Süden, Bremen/Hamburg 1992, 58. Völlig daneben liegt Hillgruber jedoch, dessen Einschätzung selbst hinter eine quellengetreue geschichtspositivistische Darstellung des Berliner Kongresses zurückfällt, wenn er schreibt: „... hingegen gelang es nicht, obwohl während der zwanzig Vollsitzungen des Berliner Kongresses ausschließlich über die beiden Themen Bulgarien und Bosnien/Herzegowina gesprochen wurde ..." Andreas Hillgruber, Bismarcks Außenpolitik, Freiburg i.B. 1993, 134.

gelangen. Er hört die eine Seite, die seiner Zielquelle, mit und dokumentiert dessen Gesprächspart. Die andere Seite, am anderen Ende der Leitung, bleibt ihm verborgen. Sie vertritt das Gegenteil dessen, was der unfreiwillige Informant von sich gibt.[210] Ähnlich verfährt der Geschichtspositivist, wenn er versucht ein Ereignis wie den „Berliner Kongreß" entlang von Dokumenten und Verlautbarungen darzustellen. Seine Informanten sind die „großen Staatsmänner" im Berlin des Jahres 1878; in ihnen sieht er die „Schöpfer" der Geschichte. Er erfährt, was er verbreiten soll. Der Berliner Kongreß als eine „Symphonie" im „Konzert der europäischen Mächte", Bismarck als der „ehrliche Makler", usw. Die Rolle, die Deutschland als „ehrlicher Makler" einzunehmen habe, stellte Bismarck in seiner Reichstagsrede am 19. Februar 1878 heraus. Das klang folgendermaßen: „Die Vermittlung des Friedens denke ich mir nicht so, daß wir nur bei divergierenden Ansichten den Schiedsrichter spielen und sagen: So soll es sein, und dahinter steckt die Macht des deutschen Reiches (sehr gut!), sondern ich denke mir sie bescheidener, ja – ohne Vergleich im übrigen stehe ich nicht an, Ihnen etwas aus dem allgemeinen Leben zu zitieren – mehr die eines ehrlichen Maklers, der das Geschäft wirklich zustande bringen will. (Heiterkeit.)[211]

Der „ehrliche Makler", von den Abgeordneten damals als Witz verstanden, geht jedenfalls als personifizierte Eigenschaft deutscher Politik in die Geschichtsbücher ein. In der Fachliteratur wird der Witz Bismarcks zum Ernst der Geschichte, was sich dann z.B. so ließt: „Der vom 13. Juni bis 13. Juli 1878 tagende Berliner Kongreß brachte Bismarck in die von ihm so begehrte Rolle eines 'ehrlichen Maklers' zwischen den Großmächten und ließ ihn auf dem Höhepunkt sei-

---

[210] Karam Khella, Geschichte der arabischen Völker, Hamburg 1994, 349.

[211] Otto von Bismarck, Rede in der 6. Sitzung des Deutschen Reichstags am 19. Februar 1878, in: Otto von Bismarck, Werke in Auswahl, Bd. 6, 2. Teil 1877-1882, Alfred Milatz (Hrsg.), Darmstadt 1976, 125.

nes internationalen Ansehens als den von den übrigen Mächten respektierten und unverzichtbaren Garanten der europäischen Mächteordnung erscheinen".[212]
Das Selbstbild der Mächtigen Europas gelangt als Quelle aus der Vergangenheit in die Gegenwart der Geschichtsliteratur. Der eigentliche Gegenstand der Verhandlungen wird zur „Orientalischen Frage", zum Objekt europäischer Großmachtpolitik. Allein der Diskurs der bürgerlichen Geschichtsschreibung verrät mehr über die Grundhaltung ihrer Autoren als über den realen historischen Prozeß. Im Orient gibt es keine „großen Staatsmänner", sondern nur den „kranken Mann am Bosporus" (das osmanische Reich). Immerhin ein Mann. Je eigenständiger und selbstbewußter außereuropäische Politiker sind, desto monströser ihre Darstellung.[213]

Der Geschichtspositivismus ist nicht nur Quellenfixiert und reproduziert damit subjektive Berichte in der Gegenwartsliteratur, sondern orientiert zudem auf einseitige Quellen, die seine Grundhaltung und Voreingenommenheit bestätigen. Dies habe ich am Beispiele des hermeneutischen Zirkel des Geschichtspoitivismus bereits dargelegt. Darüber hinaus fokussiert der Geschichtspositivist auf ein historisches Ereignis, welches so zu einem isolierten Datum ohne Vor- und Nachgeschichte punktualisiert wird. Zuweilen werden oberflächliche Bezüge zu kurzzeitig vorangegangenen Ereignissen hergestellt, z.B. dem des „Pariser Frieden" (1856)[214] als ein dem

---

212 Rainer Lahme, Deutsche Außenpolitik 1890-1894, Göttingen 1990, 55.

213 „Der Irre von Bagdad" (gemeint war der irakische Staatspräsident Hussein) titelte die Bildzeitung Anfang Januar 1991 zur kriegspsychologischen Stimulierung der US-NATO-Aggression gegen den Irak.

214 Nach dem Krieg zwischen dem osmanischer Reich und dem zaristischen Rußland in den Jahren 1853-1856 („Krimkrieg") halten die europäischen Mächte eine Konferenz in Paris ab, die u.a. das Ziel verfolgte, das osmanische Reich enger an die Politik der europäischen Mächte (Preußen, England und Frankreich) zu binden. Dem osmanischen Reich wurde die territoriale Inte-

„Berliner Kongreß“ vorgeschaltetes Datum. Geschieht dies, dann steht auch dieses Geschehen in einer zufälligen Chronologie – in der für den Geschichtspositivismus spezifischen Punktualität der Ereignishaftigkeit. Die unmittelbare Nachgeschichte und sei es nur in Bezug auf die Abfolge der Chronologie der beiden Berliner Kolonialkonferenzen 1878 und 1884, wird, entweder, wie bei Freund, gar nicht erwähnt – ihm zufolge hat gar keine Berliner Kongo-Konferenz (gemeint war Afrika) 1884 stattgefunden – oder aus dem historischen Kontext herausgelöst. Kein Wunder, daß es dann bei Freund später unter der Überschrift „Der Kampf um den Platz an der Sonne“ heißt: „Die deutschen stachen keineswegs durch besondere Raffsucht hervor, sie waren die Lehrbuben der Weltpolitik.“[215] Der deutsche Imperialismus erscheint dann als ein zaghafter Nachzügler, als ein verführter Bube oder als Opfer großer Mächte oder irrationaler Kräfte. Ein typisches Bild der Scheinrealität, welches die bürgerliche Geschichtsschreibung schafft, um den aggressiven und militaristischen Wesenszug des deutschen Imperialismus zu verdecken. Hin und wieder dringt ungewollt diese Realität durch das Gewirr von dokumentierten Aussagen der „großen Politik“ in der positivistischen Geschichtsshow. Schließlich sprachen Politiker wie Bismarck nicht selten eine ganz deutliche Sprache. Die Aussage Bismarcks „wenn es uns gelänge das orientalische Geschwür offen zu halten …“[216], läßt sich vor dem Hintergrund der Universalistischen Geschichtstheorie ganz anders interpretieren, wie ich noch aufzeigen werde. Der Angriff der europäischen Mächte auf Afrika ab 1884 fällt, folgt man der bürgerlichen Geschichtsschreibung, vom Himmel und es heißt einfach: „1884 nahm das Reich die von dem Bremer Kauf-

---

grität zugestanden und die Donauschiffahrt wurde internationalisiert. B. Gebhardt, Handbuch der dt. Geschichte, Bd. 3, Stuttgart 1923.

[215] Michael Freund, Deutsche Geschichte, s.o., 827.

[216] Otto v. Bismarck, zitiert nach: Gregor Schöllgen, Stationen deutscher Außenpolitik, Von Friedrich dem Großen bis zur Gegenwart, München 1994, 35.

mann Adolf Lüderitz in Südwestafrika vollzogenen Erwerbungen unter seinen Schutz.“[217] Abgesehen davon, daß allein die Terminologie die Rechtfertigung des Landraubes verrät, erscheint der kolonialistische Zugriff des deutschen Imperialismus als Einladung der „Weltpolitik“, der Deutschland nicht widerstehen konnte. Sicher gibt es Varianten des Geschichtspositivismus; Ableger die sich die imperialistische Ideologie mehr und andere, die sie sich weniger zu eigen machen. Wird nicht gar der imperialistischen Weltherrschaft das Wort geredet, auch ohnedem reicht das Aufspüren vorgefundener Indizien zur Rekonstruktion des „Tathergangs“ Geschichte nicht aus. Auf Beweisstücke fixiert, werden die einander bedingenden Dimensionen von Zeit und Raum auf einen Aus- und Abschnitt verengt. Die Realität wird ausgeblendet. Die Bewegung der Geschichte bleibt im Dunkeln. Der Geschichtspositivismus segmentiert bis atomisiert die Dimension von Zeit und Raum; Geschichtsbewußtsein wird zerstört.

4.2 Nach dem historischen Materialismus

Wie aber steht es um das Menschen-, Geschichts- und Weltbild des Historischen Materialismus – eine erkenntnistheoretische Problem- und Fragestellung, der im folgenden entlang der historisch-materialistischen Geschichtsbetrachtung Deutschlands im 19. Jahrhundert nachgegangen werden soll. Die realsozialistische Darstellung des deutsch-französischen Krieges (1870/71), der Zerschlagung der Pariser Kommune und der schließlichen Einigung Deutschlands unter Vorherrschaft des preußischen Militarismus, bewegt sich in einer Zwickmühle. Zum einen werden die Stellungnahmen von Marx und Engels, die sich für die „fortschrittlichen Einigungskriege“, als solche sie diese gerade unter preußischer Federführung charakterisierten, ausgeblendet oder uminterpretiert. Oder es wird sich nichtssagend herauslaviert: „Die deutsche Arbeiterbewegung hatte eine schwierige Aufgabe zu bewältigen. Ihre Stellungnahme zum deutsch-französischen

[217] Michael Freund, Deutsche Geschichte, s.o., 826.

Krieg mußte zugleich den Prinzipien des proletarischen Internationalismus und den Interessen des nationalen Verteidigungskrieges entsprechen."[218] Was letztlich den Ausschlag gab, die „Einigung" als Fortschritt in der realsozialistischen Geschichtsschreibung darzustellen, war, daß diese den „deutschen Arbeitern" ermöglichte, „ihre Kräfte und ihre Organisation nun auf dem Boden der geeinten Nation zu entwikkeln."[219] Deutschland befindet sich demnach erst am „Vorabend des Imperialismus" eine realsozialistische Geschichtslegende, die aus einer ökonomistisch-deterministischen Gliederung der deutschen Geschichte des 19. Jahrhunderts entsprungen ist.

Eine außereuropäische Dimension des preußischen Machtaufstiegs zur imperialistischen Großmacht wird ganz umgangen und dies ist im Unterschied zu einigen positivistischen Darstellungen zu sehen, die zumindest registrieren, daß Preußens „Orientpolitik" eine entscheidende Komponente in der Vorbereitung des „Einigungskrieges" von 1870/71 bildete.[220] Eurozentrismus und Deutschlandbezogenheit treten in dem realsozialistischen Standardwerk „Deutsche Geschichte von den Anfängen bis zur Gegenwart" von Streisand besonders deutlich in Erscheinung. Dort finden folgekonsequent die Berliner Kolonialkonferenzen von 1878 und 1882 mit keinem Wort Erwähnung. Nicht nur das, der kolonialistische Angriff Deutschlands auf Afrika seit 1884 wird gar nicht erst erwähnt, so als habe er nichts mit der deutschen Geschichte gemein.

---

[218] Joachim Streisand, Deutsche Geschichte von den Anfängen bis zur Gegenwart, Eine marxistische Einführung, Köln 1972, 221 f.

[219] ebenda, 224.

[220] Bormann, ein bürgerlicher Historiker, deutet diesen Zusammenhang, wenn auch verkürzt an, „daß Bismarcks Wirken während der orientalischen Wirren, wenn es auch bisweilen im Verborgenen blieb und bleiben mußte, von entscheidender Bedeutung für die Einigung Deutschlands wurde, indem die orientalische Krise immer wieder die Aufmerksamkeit der Mächte von dem deutschen auf das südosteuropäische Problem lenkte." Claus Bormann, Bismarck und Südosteuropa vom Krimkrieg bis zur Pontuskonferenz, Hamburg 1967, 25.

Geht der Berliner Kolonialkongreß von 1878 in die realsozialistische Geschichtsschreibung ein, wie bei Heinz Wolter, dann heißt es dort: „In seinem unleugbar sicheren, die Zusammenhänge zwischen dem außenpolitischen Aktionsrahmen und der innenpolitischen Stabilität erkennenden Machtinstinkt traf sich Bismarck Anfang 1878 mit der Lagebeurteilung durch die Vorkämpfer der internationalen proletarischen Bewegung, die am Ende der siebziger Jahre Rußland als potentiellen Ausgangspunkt revolutionärer Erschütterungen von europäischer Dimension betrachteten und denen sich folglich das Wechselverhältnis von Revolutionsaussicht in Rußland und in Deutschland ebenfalls als ein politisch aktuelles Problem darstellte.“[221] Auch in dieser Aussage spiegelt sich eine Variante des Bismarckmythos und wird der tatsächliche historisch-politische Kontext des Berliner Kolonialkongresses 1878 vernebelt. Allerdings liegt der soeben zitierte Autor nicht falsch, wenn er als Beleg für seine Aussage Marx und Engels heranzieht. Als „Vorkämpfer des Proletariats“ forderten sie die Unterstützung der Türkei, um Rußland zu schwächen und letztendlich „den Untergang aller dieser säbelrasselnden Shampowers (falschen Scheinmächte)“[222] zu beschleunigen. Zu diesen „Scheinmächten“ zählte Marx neben der Türkei, Rußland auch Österreich, das „wurmstichige alte Orlogschiff“ (Bismarck). „Bismarck hat es besser beantwortet. Er wurde gefragt, wie er diese Politik erklärt. Die Regierung unterstützt offiziell Rußland und praktisch bewaffnet sie die Türkei. Er sagte wörtlich: ‘Ich muß zwei Eisen im Ofen haben.’ Damit wollte er sagen, daß diese beiden gefürchteten

---

[221] Heinz Wolter, Bismarcks Außenpolitik 1871-1881, Berlin (DDR) 1983, 259.

[222] Karl Marx an Wilhelm Liebknecht, 4. Februar 1878, in: MEW, Bd. 34, Berlin 1966, 319 (dort zitiert nach: W. Liebknecht, „Zur orientalischen Frage“, zweite, vermehrte Auflage, Leipzig 1878). Marx schreibt auf die Anfrage von Liebknecht bezüglich der Haltung, die die deutsche Sozialdemokratie einnehmen solle: „Wir nehmen die entschiedenste Partei für die Türkei, ...“, ebenda, 317.

Mächte in Osteuropa einander in diesem Krieg zermürben müssen, damit wir der lachende Dritte sind."[223] Denn, nicht anders als vor dem sogenannten Krimkrieg 1853-56, galt für die preußische Politik auch in der „Orientkrise" des Jahres 1878: „Die großen Krisen bilden das Wetter, welches Preußens Wachstum fördert, indem sie furchtlos, vielleicht auch sehr rücksichtslos von uns benutzt werden ..."[224] Bevor dieser Punkt abgeschlossen wird, ein Rückblick auf die Haltung der Begründer des „wissenschaftlichen Sozialismus" Marx und Engels – hier Engels – zu Bismarck: „Herr Bismarck, der für uns seit sieben Jahren arbeitet, als würden wir ihn bezahlen, scheint sich jetzt kaum noch mäßigen können in seinen Bemühungen, den Sozialismus so schnell wie möglich herbeizuführen. 'Nach mir die Sintflut' genügt ihm nicht; er besteht darauf, die Sintflut noch zu Lebzeiten zu haben – sein Wille geschehe. Ich fürchte nur, er arbeitet zu gut, und die Sintflut kommt vor dem gesetzmäßigen Zeitpunkt."[225] Engels hatte bereits im April 1878 sein Verständnis vom Bismarckschen Staat zum besten gegeben und diesem eine fortschrittliche Rolle in der deutschen Geschichte zugeschrieben: „... daß alle Übertragung industrieller und kommerzieller Funktionen an den Staat heutzutage einen doppelten Sinn und doppelte Wirkung haben kann, je nach den Umständen: einen reaktionären, einen Rückschritt zum Mittelalter, und einen progressiven,

---

[223] Karam Khella, Die Bedeutung Bismarcks für den Sieg des deutschen Imperialismus, Hamburg 1994, s.o., 17.

[224] Otto v. Bismarck, Gesammelte Werke, Bd. 1, Stuttgart 1963, 247.

[225] Friedrich Engels an Pjotr Lawrowitsch Lawrow, 10. August 1878, in: MEW, Bd. 34, Berlin 1966, 338. Ironie oder Ernst? Weder das eine, noch das andere? Der Geschichtswissenschaft stellen sich, findet sie eine solche aus jeglichem Kontext herausgelöste Aussage vor, – angenommen, es wäre vom Marx-Engelschen Werke nichts außer dieser Aussage geblieben – u.a. folgende Fragen: Was war vor sieben Jahren vom damaligen Zeitpunkt aus betrachtet? Was meint Sozialismus? War Bismarck ein Arbeiter? Was meint der gesetzmäßige Zeitpunkt?

einen Fortschritt zum Kommunismus."[226] Deutschland befand sich 1878 nach historisch-materialistischem Verständnis noch am „Vorabend des Kapitalismus."

4.3. Nach der universalistischen Geschichtstheorie

Vor dem Hintergrund der universalistischen Geschichtstheorie stellt sich die Geschichte Deutschlands im 19. Jahrhundert anders dar. Deren Theorie und Methode ordnen die Deutsche Geschichte in einen welthistorischen Kontext und verknüpfen die historischen Ereignisse in den Dimensionen von Raum und Zeit. Die Historisierung von Ereignissen, Daten und Personen, wie sie sich dem Geschichtspositivismus und Historischen Materialismus zur folge scheinbar als nationalstaatliche Entwicklung im Deutschland des 19. Jahrhunderts zutrugen, ermöglicht Kontinuität und Diskontinuität im Geschichtsprozeß aufzuzeigen und Eurozentrismus wie Deutschlandbezogenheit, wie sie beiden etablierten Schulen eigen sind, zu überwinden. Die Analyse von Langzeitprozessen in der deutschen Geschichte wirft ein Licht auf die verborgenen, unsichtbaren, auf die quantitativen Entwicklungen und deren Umschlagen in neue Qualität. Der Leistungsfähigkeit der Universalistischen Geschichtstheorie kommt in diesem Zusammenhang eine herausragende Bedeutung zu. Das Umschlagen des Süd-Nord-Gefälles in einen Nord-Süd-Gegensatz fällt in das letzte Viertel des 19. Jahrhunderts. Diese zunächst quantitativ verlaufende Entwicklung und ihr schließliches Umschlagen in eine neue Qualität der Weltgeschichte ist nur mittels Theorie und Methoden, wie sie die Universalistische Geschichtstheorie anbietet, zu erfassen. Ein Geschichtsbewußtsein über die universelle Dimension des 19. Jahrhunderts ist nicht zuletzt deshalb von größter Wichtigkeit, weil sie unsere unmittelbare Gegenwart, die es zu verändern gilt, bestimmt. Kein Mensch vermag heute, abseits des Nord-Süd-Gegensatzes zu stehen.

---

[226] Friedrich Engels an Wilhelm Brake, 30. April 1878, in: MEW, Bd. 34, Berlin 1966, 328.

Die Kontextualisierung von lokalen, regionalen und globalen Ereignissen entmystifiziert das Nationalstaatlichkeitsbild im herrschenden Geschichtsdenken; sie zeigt auf, daß die Politik der Herrschenden stets koordiniert und gleichzeitig bemüht war, Solidarität und Zusammenwirken der Völker von unten zu zerschlagen. Auch in diesem Zusammenhang kommt der Aneignung der Geschichte eine herausragende Bedeutung zu, wird die universelle Verbundenheit der Völker und die Notwendigkeit des Universalismus, von internationaler Solidarität bewußt.
Im folgenden werde ich die Geschichte Deutschlands im 19. Jahrhundert kurz skizzieren; sie ist an anderer Stelle ausführlicher dargestellt. Hier sei vor allem auf das Buch „Sie kommen wieder ... Golf und der 200jährige euroamerikanische Krieg gegen die Araber“[227] und die Broschüre „Die Bedeutung Bismarcks für den Sieg des deutschen Imperialismus“[228] von Karam Khella verwiesen.

Die Deutsche Geschichte im 19. Jahrhundert – Aggressionswellen gegen die arabischen Völker

Die Europäer sind die eigentlichen Barbaren
(Aus dem Lustspiel von August Kotzebue „Der Harem“, Wien-Leipzig 1841)

Das 19. Jahrhundert begann mit einer europäischen Aggression gegen die Arabische Welt. Die Invasion Frankreichs unter Napoleon (1798) in Ägypten endete mit einer Niederlage (1801) und wird in der Folgezeit das Kolonialmonopol Frankreichs brechen. Die europäischen Mächte erkannten, daß kein europäischer Staat alleine in der Lage sei, die dem kolonialen Vormarsch entgegenstehende Macht der arabischen Staaten zu

---

[227] Karam Khella, Sie kommen wieder ..., Golf und der 200jährige euroamerikanische Krieg gegen die Araber, Hamburg 1991/92 (2. Aufl.).
[228] Karam Khella, Die Bedeutung Bismarcks für den Sieg des deutschen Imperialismus, Hamburg/Bremen 1994.

brechen. Was in die bürgerliche Geschichtsschreibung als „Konzert der europäischen Mächte" eingehen wird, ist der Versuch dieser, den Angriff auf die arabische Welt zu koordinieren, abzustimmen und mit verteilten Rollen einzuleiten. Der „Wiener Kongreß" (1815), wie die aus Preußen, Rußland und Österreich bestehende „Heilige Allianz" genannt werden sollte, leitete die immer wieder unternommenen Anläufe zum „Roll-back" der arabischen Gegenmacht ein, die den einzigen noch bestehenden Schutz des Südens gegenüber der europäischen Kolonial-, sprich Weltherrschaft bildete. „Ja, es ist ein gerechter, ein heiliger Krieg, welchen wir beginnen." – hieß es in einem Antrag des Lübecker Philosophieprofessors Friedrich Herrmann an den „Wiener Kongreß", der den Titel trug: „Ueber die Seeräuber im Mittelmeer und ihre Vertilgung. Ein Völkerwunsch an den erlauchten Kongreß in Wien."[229] Die europäischen Mächte entschieden sich zur Einrichtung einer gemeinsamen Flotte, die diese für sie vordringliche militärische Aufgabe wahrnehmen sollte, und die eigens zum Zwecke des Krieges gegen die „Barbareskenstaaten" – so das Propagandafeindbild welches gegen die Araber inszeniert wurde – geschaffene US-Flotte unterstützen sollte.[230] Die dann folgende Kolonialaggression Frankreichs gegen Algerien 1830 ist auch in diesem Zusammenhang zu sehen und hatte in den deutschen Handelshäusern ihren Rückhalt.

1815 kündigt sich der Aufstieg Preußen zur Vormachtstellung, nicht nur über die im „Deutschen Bund" zusammengeschlossenen Staaten, sondern über Europa insgesamt an.

---

[229] zitiert nach: Mounir Fendri, Bausteine zur Kulturgeschichte der deutsch-tunesischen Beziehungen, in: Tunesien, Wüste, Wasser, Weiter Süden, Hamburg 1992, 56.

[230] Zwischen 1801-1804 war im sogenannten „tripolitanischen Krieg" die gesamte US-Flotte vernichtet worden, mit Ausnahme der „sechsten", deshalb noch heute der Name „sechste Flotte" für die Besatzungsmacht USA im Mittelmeer. Karam Khella, Die Bedeutung Bismarcks für den Sieg des deutschen Imperialismus, Hamburg 1994, 30 f.

Preußen übernimmt ab 1835 als Landmacht die Aufgabe im „Konzert der europäischen Mächte“, den arabischen Einheitsstaat unter Muhammad Ali (1805-1849)[231] zu zerschlagen. Die europäischen Mächte standen angesichts des Aufstiegs Ägyptens zu einer Regionalmacht vor einem „Sicherheitsdilemma“, um eine Wortschöpfung heutiger Sicherheitspolitik zu verwenden. Die Zerschlagung des arabischen Einheitsstaates war für die europäischen Mächte ein Ziel von oberster Priorität. Innerhalb des Afrika schützenden Gürtels arabischer Staaten bildete Ägypten das Zentrum und die stärkste Bastion.

Die „Türkei“ – so die Bezeichnung für das Osmanische Reich im damaligen Sprachgebrauch – sollte seitens der Kollektivdiplomatie der europäischen Mächte als vorgeschobener Brückenkopf für den Krieg gegen Ägypten funktionalisiert werden. 1835 wird der preußische Hauptmann des Generalstabes Helmuth von Moltke in die Türkei beordert. Moltke war nicht der einzige und auch nicht der erste preußische Militär, dem die Aufgabe zufiel, das osmanische Heer in den Stand eines Krieges gegen den arabischen Einheitsstaat unter

---

231 In den Jahren 1831-1841 bildete sich unter Muhammad Ali ein arabischer Einheitsstaat mit Sitz in Kairo heraus. Bis 1840 kontrollierte Ägypten große Teile Arabiens einschließlich Higaz (Jemen), das Rote Meer mit der afrikanischen und asiatischen Küste als Binnengewässer und den arabischen Osten mit Palästina und Syrien. Der arabische Osten wurde von der verhaßten Herrschaft der Osmanen befreit. An die Stelle der Willkür der feudalen osmanischen Statthalter traten entscheidende Reformen in Verwaltung, Bildung, Gesundheit und Sozialpolitik. Landreform und Industriepolitik ließen in Ägypten einen modernen Staat entstehen, der einen Grad an Industrialisierung aufwies, den die europäischen Mächte als Bedrohung ihrer angestrebten Vormachtstellung ansahen. Unter Muhammad Ali wurde eine industrielle Entwicklung eingeleitet, die später die britischen Konsulatsangehörigen in Kairo veranlassen wird, in London auf die Gefahr der Überflügelung Englands durch Ägypten hinzuweisen.

Muhammad Ali zu setzen.[232] 1836 schrieb Moltke: „Schon lange verwickelt die europäische Diplomatie die hohe Pforte in Kriege, die ihrem Interesse fremd sind, oder nöthigt sich zu Friedensschlüssen, die ihr Provinzen kosten.“[233] Der durch die europäischen Großmächte betriebene Prozeß der Fragmentierung des Osmanischen Reiches hatte schon vor Ankunft der preußischen Militärs begonnen. Das Aufkommen einer arabischen Gegenkraft ließ diese Pläne jedoch zunächst in den Hintergrund treten, denn: „Was aber die Ruhe Europas bedroht, scheint weniger die Eroberung durch eine fremde Macht zu sein als vielmehr die äußere Schwäche dieses Reiches (des osmanischen, D.Q.) und der Zusammensturz in seinem Inneren.“[234] Das Osmanische Reich sollte vorerst bestehen bleiben, denn wäre dem nicht so, dann sollten die europäischen Mächte unmittelbar mit dem Widerstand der arabischen Völker konfrontiert sein. Die Ausrichtung seitens des osmanischen Sultans[235] auf das Bündnis mit den europäischen Mäch-

---

[232] Bereits in den Jahren 1831-1833 war der Militärbeobachter und -berichterstatter des preußischen Generalstabes von Olberg während der Auseinandersetzungen zwischen den ägyptischen und osmanischen Truppen in Palästina und Syrien vor Ort.

[233] Helmuth v. Moltke, Briefe über Zustände und Begebenheiten in der Türkei aus den Jahren 1835 bis 1893, Berlin 1893, 48.

[234] ebenda, 54. Daß mit der fremden Macht nicht Ägypten gemeint war, das in den Augen Moltkes „mehr eine feindliche Macht als eine abhängige Provinz“ bildete, liegt auf der Hand. Schließlich hatte Muhammad Ali nach der entscheidenden Niederlage der osmanischen Armee 1832 – die arabischen Truppen waren bis Konya marschiert – Ibrahim, dem Kommandeur der Truppen, von einem Sturz des Sultanats in Istanbul abgeraten. Ibrahim, der Sohn Muhammad Alis, hatte vor dem „Schlangenkopf“ Mahmut II. in Istanbul gewarnt. Das Angebot einer gemeinsamen arabisch-türkischen Front gegen das Vordringen des europäischen Kolonialismus schlug er aus und orientierte auf die Allianz mit den europäischen Mächten. Karam Khella, Sie kommen wieder, s.o., 19.

[235] Spätestens als der osmanische Sultan Mahmut II. insgesamt 11 Offiziere und 4 Unteroffiziere für die Dauer von 3 Jahren bei Friedrich Wilhelm III. angefordert hatte, war dieser zu einer Ma-

ten war der Hintergrund, vor dem mittels einer Kabinettsordre seitens Friedrich Wilhelms III. Moltke und weitere ranghohe preußische Militärs in die Türkei entsandt wurden. Die europäischen Mächte gingen in ihren Vorbereitungen für den Angriff auf den arabischen Einheitsstaat aufgabenteilig vor.[236]

---

rionette in den Händen der europäischen Mächte herabgesunken. Diese verstanden es im abgestimmten Vorgehen ihrer Kollektivdiplomatie verschiedene Rollen einzunehmen. „Der britische Botschafter Lord Ponsonby, ..., schürte zum Krieg, ermutigte Mahmud, bestärkte ihn in seinem verletzten Stolz und stellte das Erscheinen einer englischen Flotte vor Alexandrien in Aussicht." H.v. Moltke, Unter dem Halbmond, Erlebnisse in der alten Türkei 1835-1839, Einleitung des Herausgebers, Tübingen 1984, 34.

[236] So versorgte England sowohl die Türkei als auch drusische Stämme im Libanon, mit dem Ziel der Destabilisierung des arabischen Einheitsstaates, mit Waffen. „So konnten Feudalfürsten 1834 in Palästina, 1838 im Südlibanon und 1840 im Libanongebirge eine Rebellion gegen die ägyptische Herrschaft organisieren." Karam Khella, Sie kommen wieder ..., s.o., 24. Zugleich übte England diplomatischen Druck auf Ägypten aus, seine Truppen in Syrien zu verringern. (I. Friedman, Germany, Turkey and Zionism 1897-1918, Oxford 1977, 28.) Frankreich täuschte eine Unterstützung für Muhammad Ali vor. (siehe dazu in der „Vorbemerkung zur 'Orientalischen Frage'", in: H.v. Moltke, GW, Bd. II, Berlin 1892, 278.) Der osmanische Botschafter in Paris, ließ dem Sultan eine ins Türkische übersetzte Fassung der Schrift des französichen Generals Caraman (Essai sur l'organisation militaire de la Prusse, Paris 1831) zukommen und setzte sich für die Anordnung ein, preußische Militärs in das Osmanische Reich zu holen. Eine unmittelbare Kooperation der europäischen Mächte, die von militärstrategischer Relevanz war, erstreckte sich auf das weite Feld der Geographie und Ethnographie. In der kriegsvorbereitenden Phase kam es zu Zusammentreffen und Austausch zwischen den preußischen Militärs und Angehörigen der britischen „London Geographical Society", worauf wir weiter unten zurückkommen werden. Moltke hatte sich im Vorfeld der „Militärmission" umfassend auf die „Begebenheiten" im Osmanischen Reich vorbereitet, wofür seine Übersetzung von Gibbons „History of the decline and fall of the

Die ersten Jahre des Aufenthaltes der preußischen Militärs nutzten diese für die Anfertigung militärrelevanter Topographien[237], mit dem Aufbau einer Miliz des osmanischen Heeres und für die Infiltration der militärischen und politischen Führung des osmanischen Reiches. Dann setzt der Aufmarsch an der syrischen Grenze im Jahre 1838 ein, begleitet von der Niederschlagung von Aufständen in den arabisch-kurdischen Gebieten, von wo aus sich die Truppen Muhammad Ali's kurz zuvor zurückgezogen hatten. Eine militaristische Glorifizierung davon findet sich in der Neuausgabe von Moltkes „Erlebnissen in der alten Türkei."[238] Der damalige „Aktionsradi-

---

Roman Empire" in den Jahren 1832 bis 1835 spricht, sowie sein Zusammentreffen mit dem „Orientexperten" der Zeit, von Hammer, in Wien, auf dem Weg in die „Türkei" im Jahre 1835. Einleitung zu Moltkes Briefen über die Zustände und Begebenheiten in der Türkei, s.o., XXIX. Diese Tatsachen widersprechen der Darstellung der Moltkeschen Mission als einem verlängerten Urlaub auf Bitte des türkischen Sultans Mahmut II. H. Arndt schreibt in der Einleitung zu dem 1981 neu herausgegebenen Buch „H. von Moltke, Unter dem Halbmond, s.o., auf Seite 35: „Bei diesem Stand der Dinge traf Moltke am 23. November 1835 auf seiner Mittelmeerreise in Konstantinopel ein. Einige Tage vor seiner Abreise nach Athen wurde er durch den preußischen Gesandten Graf von Königsmarck dem türkischen Kriegsminister, dem Seraskier Chosrew Pascha, vorgestellt. Die Folge der Audienz war, daß man Moltke um Aufschub der Abreise und der Sultan Friedrich Wilhelm III. um längere Beurlaubung seines Offiziers bat."

[237] Die Topographien – meist als Aufnahmen bezeichnet – müssen im Kontext der Zeit als sehr bedeutsam und mit heutigen Satellitenaufnahmen vergleichbar angesehen werden. Das osmanische Reich gehörte zu dieser Zeit für Europa – und dies um so mehr sich eine Kenntnis über Istanbul hinaus erstrecken sollte – zur „terra incognita". „Es ist merkwürdig, wie unbekannt das Europa so naheliegende und für die Kulturgeschichte so wichtige Kleinasien in seinem Inneren bis in die neueste Zeit geblieben ist." H.v. Moltke, Schriften, Bd. 1, Berlin 1892, 24.

[238] „Um den letzten Widerstand der Kurden zu brechen, läßt Hafis Pascha Anfang Mai ein Korps von dreieinhalbtausend Mann ge-

us“ Moltkes erstreckte sich bis Mossul, einer Stadt, die heute im Norden des Iraks liegt. Die Situation, in der sich die preußischen Offiziere und das osmanische Heer während der „Züge“ und „Expeditionen“ – so die Termini Moltkes für die Kriege gegen die Völker im Zweistromland von Euphrat und Tigris – befanden, bringt in ihrer Mischung aus Hilflosigkeit und Aggressionsbereitschaft Moltke in seinem Araberfeindbild zum Ausdruck: „Die Araber haben bei ihren Raubzügen vor sich die Hoffnung auf Beute, hinter sich die Gewißheit des Rückzuges; sie allein kennen die Weideplätze und die versteckten Brunnen der Wüste: sie allein können in diesen Regionen leben und auch nur durch die Hilfe des Kamels.“[239]

---

gen den Kurdenhäuptling Sayd-Bei ausrücken. Um das Kurdenschloß zu erkunden, reitet Moltke voraus, mit wenigen leichten Strichen zeichnet er das weiße Raubnest, das sich an den Felsen schmiegt. Schon nach wenigen Tagen erfolgt die Übergabe, Sayd-Bei wird gefangen, das Schloß geschleift.“ H.v. Moltke, Unter dem Halbmonde, s.o., Tübingen 1984, 43. Araber und Kurden leisteten einen entschiedenen Widerstand gegen ihre Zwangsrekrutierung in die Osmanische Armee, die diesen unter Moltke mit einer Politik der verbrannten Erde beantwortete. Die Massaker rechtfertigte Moltke: „... wie soll man einen Volkskrieg im Gebirge ohne jene Scheußlichkeiten führen.“ H.v. Moltke, Schriften, Bd. VIII, s.o., 290.

[239] Helmuth v. Moltke, Unter dem Halbmonde, s.o., 243. Diese Feststellung wirft ein Licht auf die Bedeutung geographischer Kenntnisse im Zusammenhang mit den Erfordernissen und Voraussetzungen einer Eroberung des Landesinneren im arabischen Raum seitens der europäischen Mächte. Diesen war weder die Geographie, noch das, was sie „Ethnographie“ nannten, geschweige denn die Geschichte der arabischen Welt, die sich im Westen von Marokko bis in den Jemen im Osten erstreckt, bekannt: „Es waren Mr. Ainsworth und Mr. Thomas M. Russel, welche von der Londoner Geographical Society und der Society for Promoting Christian Knowledge den Auftrag hatten, den Zustand der chaldäischen Christen zu untersuchen, über welche bei Gelegenheit der Chesneyschen Euphrat-Expedition oberflächliche Kunde nach England gedrungen war. Beide Herren waren seit dem 17. Juni im Lager von Nisib.“ H.v. Moltke, Schriften,

Dies ist ein Aspekt, der dazu beitrug, daß die vier Jahre Vorbereitungszeit unter Moltke für den Krieg gegen die ägyptischen Truppen mit einer Flucht nach verlorener Schlacht enden sollten.
Nach der Niederlage gegen die Truppen des arabischen Einheitsstaates unter Ibrahim in der Schlacht von Nisibiya vom 24. Juni 1839 flüchteten die preußischen Offiziere den osmanischen Truppen vorneweg. Wir verlassen an dieser Stelle einen Abschnitt preußischer Militärgeschichte, die zugleich ein Licht auf die Geschichte Deutschlands im 19. Jahrhundert wirft. Moltke, der uns später als Generalsfeldmarschall in der Niederschlagung der Pariser Kommune wiederbegegnen wird, hatte seine erste Schlacht geschlagen. Daß diese mit einer Niederlage endete, hinderte Friedrich Wilhelm III. nicht, Moltke bei seiner Ankunft in Berlin den „Orden *pour le mérite*" zu verleihen.
Die Niederlage der preußisch-osmanischen Truppen bei Nisibiya (24. Juni 1839) war sicher ein Grund für die europäischen Mächte, mit der Londoner Konvention über die sogenannte „Ägyptenfrage" vom 18. Juli 1840 („Quadrupelallianz"), eine militärische Allianz, bestehend aus den englischen, österreichischen, preußischen, russischen und osmanischen Großreichen, zu bilden und die ägyptischen Truppen am 4. November bei Akka anzugreifen. Das Blatt wendet sich, der arabische Einheitsstaat gerät in die Defensive.[240] Die europäi-

---

Bd. VIII, s.o., 408. Die Entstehung der „Geographical Society" fällt in die Zeit der Vorphase des Aufkommens der „Völkerkunde" (Ethnographie und Ethnologie) im 19. Jahrhundert und wurde seitens des kolonialistischen Europa vor allem für die „Ethnisierung" und „Konfessionalisierung" historisch und kulturell integrierter Regionen benutzt. Ethnische, religiöse und kulturelle Unterschiede wurden von Europa aus in Widersprüche transformiert, um durch eine Politik des „Teile und Herrsche", die Fragmentierung (Zersplitterung) nicht nur der arabischen Welt voranzutreiben. Die Konfessionalisierung diente auch als einem Mittel der Infiltration und Penetration der arabischen Welt.

240 Karam Khella, Die Bedeutung Bismarcks für den Sieg des deutschen Imperialismus, Hamburg 1994, 33. Marx wird später an

schen Mächte sehen die Zeit für gekommen, Pläne für die kolonialistische Eroberung Palästinas zu entwerfen. Moltke wird eine Vorreiterrolle in der Formulierung der Eroberungsziele und -pläne zukommen. 1841 schrieb dieser zur Notwendigkeit der europäischen Herrschaft über Palästina, welches einem deutschen Fürstentum unterstellt werden sollte: „Palästina würde eine Vormauer Syriens gegen Ägypten bilden, … Auf dem direkten Handelswege zwischen Ostindien und Europa gelegen, müßten die Häfen der Küste und die Straßen des Landes sich mit den Reichtümern zweier Welttheile erfüllen, und das christliche Europa würde in der Befreiung des heiligen Grabes eine moralische Genugthuung erlangen, welche ihm durch Jahrhunderte vorenthalten war.“[241]

Die Ziele der europäischen Weltherrschaftsbestrebungen sind klar formuliert: Zerschlagung der Einheit der arabischen Welt, Eroberung Palästinas und Errichtung einer Siedlerkolonie – uneingeschränkter Zugang zu den Reichtümern der Welt. So läßt sich in Kürze zusammenfassen, was den realen Hintergrund der von den europäischen Mächten so beschworenen „Orientalischen Frage“ ausmachte. Und Moltke machte auf eine Grundsatzfrage der Stabilität der Einheit der europäischen Großmächte aufmerksam: „Man hat gesagt, wenn es keinen Krieg mehr gäbe, würde die Menschheit ihre moralische Energie einbüßen, indem sie für eine Idee, sei es Ehre, Treue, Ruhm, Vaterlandsliebe oder Religion, ihr Leben zu

---

diese „Quadrupelallianz“ im Zusammenhang mit dem sogenannten Krimkrieg (1853-56) erinnern und den Angriff der europäischen Mächte auf Ägypten als einen Aufstand von „Mehmed Ali“ umdeuten. Dies bestätigt einmal mehr, wie schnell die Wirklichkeit auf den Kopf gestellt wird: „Daß es keineswegs eines großen Schrittes bedarf, um von einer Wiener Konferenz zu einer europäischen Konferenz in London zu gelangen, wurde bereits zur Zeit des Aufstandes unter Mehmed Ali 1839 bewiesen.“ Karl Marx, Der Quadrupelvertrag – England und der Krieg, New York Daily Tribune, 16. Dezember 1853, in: MEW, Bd. 9, Berlin 1960, 540.

241 Helmuth v. Moltke, Deutschland und Palästina, Gesammelte Schriften, Bd. II (politische Schriften), Berlin 1892, 286.

opfern verlerne. Dies dürfte nicht ganz unbegründet sein. Übrigens, je seltener der Krieg in Europa je nöthiger wird es, für die übersprudelnde Kraft der jungen Generationen ein Feld der Thätigkeit zu finden."[242] Frieden in Europa, Krieg in der Welt. Die Verfolgung dieses strategischen Grundsatzes ist die Konstante in der imperialistischen Politik von Bismarck bis in die Gegenwart. Krieg und Aggression sollen in die außereuropäische Welt, in den „Orient" kanalisiert werden.

Friedrich List, der Begründer der Nationalökonomie in preußischem Gewand, erhofft sich eine Zukunft für den deutschen Imperialismus bereits in den 1840er Jahren, die in der „Allianz der germanischen Nationen" liege, da sie „von der Vorsehung vorzugsweise zur Lösung der großen Aufgabe bestimmt ist, die Weltangelegenheiten zu leiten, wilde und barbarische Länder zu zivilisieren und die noch unbewohnten zu bevölkern."[243] List unterbreitet den Vorschlag eines „Mitteleuropa" unter deutsch-englischer Vorherrschaft. Deutschland gäbe England Flankenschutz für den Angriff auf Ägypten. Bereits zu damaligem Zeitpunkt hatte List die Pläne für eine Ost-West-Bahn in der Tasche, eines Eisenbahnnetzes beginnend von Ostende bis nach Bombay, zu dessen Erörterung er sich 1843 u.a. mit Metternich, dem österreichischen Kanzler, getroffen hatte.[244] Ein Projekt der europäischen Großmächte, welches erst unter Bismarck in Angriff genommen werden sollte. Die Bagdadbahn, ein Projekt, welches der Deutschen Bank und Siemens zu ihrer heutigen Stellung als Finanz- und Industriemächte verhelfen wird. Die Völker Anatoliens hatten später den Bau der Bagdad-Bahn, die dem deutschen Imperialismus den Weg über den Orient hinaus nach Asien bahnen sollte, mit ihrer Arbeit teilweise realisiert und oftmals mit ihrem Leben bezahlt.

---

[242] ebenda, 288.

[243] Friedrich List, nach: William Henderson, Friedrich List, Der erste Visionär eines vereinten Europas, Eine historische Biographie, Reutlingen 1989, 137.

[244] ebenda, 124 f.

Preußen zerschlägt 1848 die Revolutionen von unten in Europa eine nach der anderen und etabliert sich über die Expansionskriege gegen Dänemark (1848 und 1849-50), gegen Österreich (1866) und schließlich gegen Frankreich und die Pariser Kommune (1870/71) als imperialistische Großmacht. Die Ruhe hinter der Front ist hergestellt, der Nationalstaat steht. Deutschland hat sich unbestreitbar zur Führungsmacht in Europa durchgesetzt. Bereits bis 1871 hatte Bismarck die sogenannte Orientalische Frage geschürt, um von Preußens innereuropäischen Expansionskriegen abzulenken, zum Beispiel, indem Frankreichs Kolonialgelüste auf Tunesien gelenkt wurden.[245] 1876 schließlich gab Bismarck England grünes Licht für dessen koloniale Ambitionen auf Ägypten.[246] Bismarck hielt sich ganz an die Devise Moltkes, den Krieg in den „Orient" zu kanalisieren. Im Varziner Diktat vom 20. Oktober 1876 heißt es dementsprechend: „ob der so wertvolle Frieden in Europa nicht dadurch erhalten werden kann, daß die ohnehin unhaltbare Einrichtung der heutigen Türkei die Kosten dafür hergibt."[247] Der dann folgende Berliner Kolonialkongreß 1878 hatte die Zerschlagung des arabischen Schutzgürtels um Afrika und die koloniale Aufteilung des Osmanischen Reiches zum Gegenstand der Zusammenkunft der Repräsentanten der europäische Mächte. Dies läßt sich entlang verstreuter Aussagen europäischer Politiker, auch wenn bis heute durch Geheimdiplomatie und Nichtveröffentlichung von Dokumenten wenig an die Öffentlichkeit dringen sollte, rekonstruieren und durch die Logik der dann folgenden Welle der

---

245 siehe hierzu: Claus Bormann, s.o., Hamburg 1967, 25, zitiert nach: Gregor Schöllgen, s.o., München 1984, 16; Tunesien, s.o., Hamburg 1992, 52.

246 Bismarck hatte dies in einem Gespräch gegenüber dem britischen Diplomaten Russel angedeutet, wie aus einem Briefwechsel von Bülow an Münster vom 4. Januar 1876 hervorgeht. Siehe Anmerkung 20 bei Gregor Schöllgen, Imperialismus und Gleichgewicht, München 1984, 17.

247 Otto v. Bismarck, Varziner Diktat vom 20. Oktober 1876, zitiert nach, ebenda 18.

europäischen Aggression auf die arabischen Länder belegen. (Gründung der ersten zionistischen Siedlung in Palästina 1878[248], Besetzung Zyperns durch England im selben Jahr, Tunesiens durch Frankreich 1881). Ägypten war nach wie vor eine regionale Macht, auch wenn die Penetration und Infiltration, die Einmischung Englands und Frankreichs immer unverhohlener wurde und schließlich in der Absetzung Ismails ihren vorläufigen Höhepunkt 1879 erreichte.[249] Gegen den

---

[248] Neben Rothschild war auf dem Berliner Kolonialkongreß der damalige Sekretär von Salisbury, dem britischen Außenminister, Balfour zugegen. siehe dazu: Der Berliner Kongreß von 1878, s.o., Wiesbaden 1982, 48. Balfour unterzeichnete später als Außenminister am 2. November 1917 die Balfour-Deklaration, in der den zionistischen Ansprüchen auf Palästina mit „Wohlwollen" seitens der britischen Regierung entgegengekommen wurde und er bat Rothschild um Weiterleitung der Erklärung an die Zionistische Föderation (Zionist Federation). Siehe zur Balfour-Deklaration: Nahostkonflikt, Dokumente, Von der Jahrhundertwende bis zur Gegenwart, Berlin 1987, 22 f; Hintergrund und Einordung in den historischen Kontext der Balfour-Deklaration (hier auch dokumentiert) in: Karam Khella, Geschichte der arabischen Völker, Hamburg 1994, 216 ff. Disraeli, der britische Premierminister (von 1874-1880), der ebenfalls auf dem Berliner Kolonialkongreß aufgetreten war, hatte in seiner 1874 erschienen Novelle 'Tancred' einen „jüdischen Staat in Palästina als Bindeglied zwischen Asien und Europa" vor Augen. Viktoria Waltz, Joachim Zschiesche, Die Erde habt ihr uns genommen, 100 Jahre zionistische Siedlungspolitik in Palästina, Berlin 1986, 27. „Im Jahre 1878 entstand dann mit Petach Tikva die erste, rein jüdische Siedlung …" ebenda, 56.

[249] Seit 1876 hatte sich im Untergrund unter Führung von Ahmad Urabi eine patriotische Widerstandsbewegung gegen die schleichende Besetzung durch England und Frankreich organisiert, die sich die Befreiung Ägyptens von dem Einfluß der europäischen Mächte zum Ziel gesetzt hatte. Der Khedive Ismail schließt sich dem ägyptischen Widerstand an; am 6. April wird eine nationale Regierung vereidigt. Am 26. Juni wird durch Intervention Englands und Frankreichs Ismail zur Abdankung gezwungen. Karam

wachsenden Einfluß der europäischen Großmächte erhebt sich Ägypten unter Führung von Ahmad Urabi in einem nationalen Aufstand, der bis zum Juli 1882 anhält. Nach langer Vorbereitung seitens Englands setzt schließlich mit der Bombardierung Alexandriens von Kriegsschiffen aus am 11. Juli 1882 der systematisch betriebene „Ruin of Egypt“[250] ein. Engels untergrub die Protesthaltung der europäischen Linken gegenüber der Bombardierung der Zivilbevölkerung Alexandriens durch die Briten und riet in einem Brief an Bernstein von entschiedenerer Unterstützung des ägyptischen Volkswiderstandes ab: „Es scheint mir, daß sie in der ägyptischen Sache die sogenannte Nationalpartei zu sehr in Schutz nehmen. Von Arabi (gemeint ist Ahmad Urabi, der Führer des Volkaufstandes, D.Q.) wissen wir nicht viel, aber es ist 10 zu 1 zu wetten, daß er ein ordinärer Pascha ist, der den Financiers die Steuereinnahmen nicht gönnt, weil er sie selbst auf gut orientalisch in den Sack stecken will.“[251] Im Herbst 1882 wird Ägypten okkupiert. Ägypten als stärkste Bastion des Schutzes gegen die europäische Kolonialaggression in Richtung Afrika ist gefallen. Der europäische Großangriff auf Afrika beginnt, zunächst von England aus gegen den Sudan 1883. Die zweite Berliner Kolonialkonferenz 1884, die sogenannte Kongo-Konferenz (damit war Afrika gemeint) läßt nicht auf sich warten. Der deutsche Imperialismus beginnt den Sturm auf Afrika 1884:

Khella, Die Bedeutung Bismarcks für den Sieg des deutschen Imperialismus, Hamburg 1994, 42.

250 „Nachdem Ägypten offiziell kapituliert hatte, begann England systematisch mit der Vernichtung der ägyptischen Industrie, die sich vom äußersten Norden bis in den Süden ausgebreitet hatte. Ägypten war eine große Industriemacht, 30 Jahre vor Deutschland industrialisiert und 40 Jahre vor Österreich. Ägypten besaß Industrien auf allen Ebenen und war völlig autark. England begann mit der Zerstörung der Industrie, erst nachdem sich Ägypten ergeben hat. Allein für die Demontage und das Niederbrennen der Produktionsanlagen brauchte England sechs Monate Zeit nach der Okkupation.“ Karam Khella, ebenda 21.

251 Friedrich Engels an Eduard Bernstein, London 9. August 1882, in: MEW, Bd. 34, Berlin 1967, 349.

auf Kamerun, Togo, das Südliches Afrika, Tanganijka (östliches Afrika). Carl Peters führt noch als von der Reichsregierung gedeckter Abenteurer und späterer Kolonialkommissar den „Konquistadorenzug" (Peters) gegen die Araber an der Küste Ostafrikas und tönte: „Die Entscheidung, ob die deutsche oder die arabische Welt in Zukunft an den Gestaden des indischen Ozeans herrschen soll ..., hängt fast ganz von meinen Maßregeln ab."[252]
1888 riet Bismarck, die Kolonialaggression gegen Tanganijka fortzusetzen, „aber nicht weiter als unsere Schiffskanonen trügen; Expeditionen ins Landesinnere seien ganz ausgeschlossen."[253] England und Deutschland verhängten eine Blockade gegen Tanganijka, das Landesinnere war auf Dauer nicht zu halten, der arabisch-afrikanische Widerstand ließ den Traum vom deutschen Afrika zum Alptraum für die Invasoren werden.
„1899 waren die kolonialen Armeen am Ende. Afrika wurde ausgeraubt und niedergebrannt. Hier und da gab es Bastionen des Kolonialismus, aber auch die französischen, englischen und deutschen Armeen waren zermürbt. Gerade in Tanganijka wurde eine nach der anderen deutschen Armee geschickt, die nicht wieder zurückgekommen sind. Weil auch niemand sie dort haben wollte. Gleichwohl haben natürlich auch die Afrikaner große Opfer aufbringen müssen, um ihre Freiheit und Unabhängigkeit zu verteidigen."[254]
Die Geschichte des 19. Jahrhunderts endet so, wie sie begonnen hatte: Mit dem Anfang vom Ende der Kolonialträume europäischer Machtarroganz. Auch Peters wurde, obwohl er

---

[252] Carl Peters, zitiert nach: Hans-Ulrich Wehler, Bismarck und der Imperialismus, Köln 1976, 338.

[253] Bismarcks Direktiven zum innen- und außenpolitischen Vorgehen anläßlich des ostafrikanischen Aufstandes, Dokument aus dem Reichskolonialamt, 360, Blatt 172-177, zitiert nach: Kurt Büttner, Die Anfänge der deutschen Kolonialpolitik in Ostafrika, Berlin, 1959, 144.

[254] Karam Khella, Die Bedeutung Bismarcks für den Sieg des deutschen Imperialismus, Hamburg 1994, 26.

es erhoffte, kein zweiter Napoleon, mußte aber, wie dieser bald von dannen ziehen. Und mag die Geschichte des 20. ebenso wenig geschrieben sein, wie die des 19. Jahrhunderts, ihr Ausgang ist offen.

Die Darstellung der Geschichte Deutschlands im 19. Jahrhundert in langzeitgeschichtlicher und universeller Orientierung läßt eine Wirklichkeit erkennen, die der der etablierten Geschichtsschreibung von Positivismus und Historischem Materialismus entgegensteht. Erst durch die Alternative der Universalistischen Geschichtstheorie erscheint die Geschichte in einem anderen Lichte und reduzieren sich die etablierten alten alternativen Geschichtsbilder von Positivismus und Historischem Materialismus auf nur noch oberflächliche Unterschiede. So Schreibt der Kolonialapologet Rohlfs – er leitete ab 1885 das deutsche Generalkonsulat in Sansibar und gilt der etablierten Wissenschaft als „großer Afrikaforscher" – zur Eroberung Algiers: „... hätten die Franzosen von Anbeginn der Eroberung den Grundsatz befolgt: die Araber, vielleicht auch die Berber, in die Wüste zu drängen wohin sie gehören, und so ein freies Terrain für europäische Kultur und Gesittung geschaffen!"[255] oder Friedrich Engels in „Der Krieg gegen die Mauren": „Es ist nicht der tatsächliche Widerstand der maurischen irregulären Truppen, die niemals disziplinierte Truppen besiegen werden ..., es ist die unkultivierte Natur des Landes, die Unmöglichkeit, etwas anderes zu erobern als die Städte und sich daraus zu versorgen."[256] – keiner von beiden nimmt die Widerstandsbereitschaft der Völker wahr, ihre Freiheit und Unabhängigkeit zu verteidigen, geschweige denn, daß sie parteilich sind. Engels ist, wenngleich es, ginge es nach ihm, nur die Natur sein kann, die die „Blitzsiege" europäischer Armeen verhindere, niemals jedoch in seinen Augen der Widerstand unterdrückter außereuropäischer Völker, realistisch: Die Städte bildeten die Mauern, in denen sich die Kolonialag-

---

[255] Gerhard Rohlfs, Phillippeville, in: Das Ausland, Nr. 1, Augsburg 1. Januar 1869, 6 f.

[256] Friedrich Engels, Der Krieg gegen die Mauren, New-York Daily Tribune, 17. März 1860, in: MEW, Bd. 13, Berlin 1969, 568.

gressoren zu verschanzen hofften. Und auch dies gelang nicht auf Dauer. Aus den propagierten „Blitzsiegen“ wurden für die Kolonialaggressoren verlustreiche, langanhaltende Volksbefreiungskriege.

Schrieb ich anfangs das Hauptcharakteristikum der Geschichte des 19. Jahrhunderts im allgemeinen, einschließlich der deutschen Geschichte und, wie ich darlegte, unter maßgeblicher Federführung des deutschen Imperialismus, ist die Umkehrung des Süd-Nord-Gefälles in einen Nord-Süd-Gegensatz, so trifft dies zu, gilt aber nicht absolut. Mit der Zerschlagung Ägyptens 1882 brach eine neue Ära in der Weltgeschichte an. Afrika, Asien – der Süden war seines Gegengewichtes beraubt. Der koloniale Vormarsch der europäischen Mächte nach Afrika setzte ein. Dem kolonialistischen Zugriff jedoch waren Grenzen gesetzt. Der Widerstand der unterdrückten Völker hörte nie auf.

Es schlugen Wellen einer von Optimismus getragenen Widerstandsbereitschaft im Vertrauen auf eine bessere Zukunft aus, die bis in die Gegenwart reichen. Ein Optimismus, der auch uns den Impuls der Hoffnung und die Kraft der Ausdauer gibt, die wir die Notwendigkeit der Geschichtskorrektur erkennen. Das universelle Gleichgewicht, die Gerechtigkeit muß wieder hergestellt werden.

Die Universalistische Geschichtstheorie besagt: „Alle Geschichte ist die Geschichte von Herrschaft und Gegenwehr.“[257] Der Widerspruch von Fremdherrschaft und Widerstand bestimmt die Dynamik der Geschichte. Sie ist, wenn auch nicht die einzige, so doch die wichtigste Begründung des Universalismus. Die nächst wichtige Begründung für den Universalismus muß in der Gemeinsamkeit der historischen Erfahrungen der Völker gesehen werden, denn schließlich lebten die Völker in Asien, Afrika, Süd-, und Mittelamerika in der Regel nicht in gegenseitigem Krieg. Was nicht minder auf die Völker Nordamerikas und Australiens zutrifft. Sie pflegten

---

[257] Karam Khella, Universalistische Geschichtstheorie, Hamburg 1994, 49.

vor dem europäischen Eingriff in die Weltpolitik gutnachbarschaftliche Beziehungen miteinander, die auf den gütlichen Ausgleich und den friedlichen Austausch von Gütern und Interessen aus waren.[258]
Der kolonialistische Eingriff in die Weltgeschichte stellt einen Bruch in ihrem bisherigen Verlauf dar, der 1441 mit den immer wieder unternommenen Anläufen den arabischen Schutzwall zu zerschlagen und Afrika der Sklaverei zu unterwerfen, seinen Anfang nahm. Die europäischen Mächte zertrümmerten das multikulturelle Gemeinwesen Al-Andalus, welches von 711-1492 bestanden hatte. Kaum eine Spur davon sollte bleiben und in das vom Eurozentrismus besetzte Geschichtsbewußtsein eingehen. 1798 folgt mit der französischen Aggression gegen Ägypten ein erneuter Vorstoß, den die arabischen Völker jedoch zurückwarfen. Bald hundert Jahre werden vergehen, welche die europäischen Mächte nutzten, in aufeinanderfolgenden Aggressionen letztlich die noch bestehende Bastion Ägypten, die sich dem Vormarsch des europäischen Kolonialismus und Imperialismus nach Afrika wie Asien entgegenstellte, 1882 zu zerschlagen. War damit das Gleichgewicht der Welt endgültig aus den Fugen geraten und sollte der Nord-Süd-Gegensatz als Hauptwiderspruch die zukünftige Weltentwicklung prägen – bis heute versucht die Herrschaft des Nordens über die Völker des Südens sich zum Durchbruch zu erheben. Dort, wie es in Kuba, Nordkorea, dem Irak, dem Sudan oder in Libyen zum Alltag geworden ist, wo die Armeen des Imperialismus dank der großen Widerstandsbereitschaft nicht landen können, werden Blockaden verhängt, um die Völker, die sich nicht der Herrschaft unterwerfen, von ihren Überlebensmöglichkeiten und ihrer Zukunft in Freiheit und Unabhängigkeit abzuwürgen. Die Weltherrschaftsbestrebungen der europäischen Mächte, die USA allen voran, bedienen sich alter Mittel in neuen Dimensionen der Barbarei, über die nur kein Bewußtsein besteht, weil sie auch keine Öffentlichkeit im Norden hat, um sich gegen den Widerstand der Völker durchzusetzen. Karam

---

[258] ebenda, 334.

Khella stellt eine Frage, zu deren Beantwortung er einen großen Beitrag geleistet hat:
„Wir werden uns weiterhin die Frage zu stellen haben, woher die Völker, zum Beispiel das palästinensische Volk, die unerschöpfliche Kraft zum Widerstand holen. Darin verbirgt sich für alle Unterdrückten und Kämpfenden ein weiterer Grund zum Optimismus.“[259]

4.4 Thesen zur Leistungsfähigkeit der „Universalistischen Geschichtstheorie“ in der Analyse internationaler Zusammenhänge

1. Die empirische Sozialforschung hat versucht den Widerspruch zwischen Objekt und Subjekt durch die Objektivierung zu lösen. Damit ging jedoch die Illusion einher, als könne die Geschichte erforscht werden, ohne sie zu verändern. Hingegen erkennt die „Universalistische Geschichtstheorie“ den Widerspruch zwischen Objekt und Subjekt an und stellt die dialektische Beziehung zwischen Geschichte und Geschichtsforscher, dem Subjekt und dem Objekt, heraus. In den alten Geschichtsschulen sah sich der Historiker als Geschichte betrachtender; er selbst war als außerhalb der Bewegung der Geschichte verstanden. Die Gegenwart des Geschichtsforschers ist jedoch nicht abzukoppeln von der historischen Entwicklung, der er sich nähert. Der Historiker selbst ist ein integraler Bestandteil des historischen Geschehens. Die Geschichte schlägt Wellen bis in die Gegenwart des Historikers; sie verändert ihn. Er verändert sich mit der Geschichte. Es besteht also ebenso eine Dialektik zwischen Gegenwart und Geschichte wie zwischen dem Subjekt, das heißt dem Forscher, und dem Objekt, dem geforschten Gegenstand. Geschichte ist nicht mehr als dem Historiker jenseitige Forschung verstanden, sondern als Handlungsforschung; er ist handelndes Subjekt, agiert, wirkt auf die Geschichte und greift in sie ein. Die Prinzipien und Leitlinien des Universalismus integrieren den

[259] Karam Khella, Geschichte der arabischen Völker, Hamburg 1994, 254.

Historiker als Agens der Geschichte in die historische Bewegung. Der Historiker hat wieder seine Platz in der Geschichte; er erhebt sich nicht über sie, sondern ist selbst Teil ihrer Bewegung. Der Historiker selbst ist Teil der Geschichte.

2. Die „Universalistische Geschichtstheorie“ durchbricht die Mauern von Eurozentrismus und nationalstaatlichen Grenzen, welche die alten Geschichtsschulen errichteten und den Erkenntnisweg der Menschen versperrten. Sie eröffnet dem Geschichtsdenken die Dimensionen von Raum und Zeit; die historische Dimension ist wiederentdeckt. Die Historisierung der Gegenwart kann sich entfalten. Die Zukunft des Geschichtsbewußtseins hat sich ihrer Fesseln entledigt. Geschichte ist Gegenwart.
Ein Beispiel: Wie sich die Gegenwart aus Anteilen der Vergangenheit und der Zukunft zusammensetzt, so läßt sich die Gegenwart eines beliebigen Landes auf dem Globus nicht anders Verstehen als durch ihre Historisierung. Nehmen wir die heutige Türkei als Beispiel, so setzt sich die Türkei aus Bestandteilen der Vergangenheit zusammen. Vor 1923, dem Jahr der Nationalstaatsgründung der Türkischen Republik, bestand das Osmanische Reich. Die Gegenwart der Türkischen Republik beginnt 1923. Das Osmanische Reich, dem die Rum-Seldschuken vorangegangen waren, reicht zurück in das Jahr 1453, in welchem es das Byzantinische Reich mit Sitz in Konstantinopel, dem heutigen Istanbul, ablöste. Das Byzantinische Reich wiederum war hervorgegangen aus der ersten Teilung des Römischen Reiches (314 n.Chr.). Die Langzeitgeschichte Anatoliens, von der die Türkei ein Teil ist, vergegenwärtigt sich. Der Gegenwart ist sich nur in seiner langzeitgeschichtlichen Historisierung zu nähern. Wir kommen zu der erkenntnis- und geschichtstheoretischen Frage, wie die Geschichte als „Bewegungsform der Gesellschaft“ theoretisch und methodisch zu ergründen ist.

3. Die „Universalistische Geschichtstheorie“ hat das Kurzzeitdenken, die Ereignisfixierung und Tatsachenfetischisierung der bürgerlichen Geschichtsdarstellung überwunden. Mit ihr tritt eine radikale Kritik dem bisherigen Geschichtsdenken

von Geschichtspositivismus wie auch dem historischen Materialismus gegenüber auf und stellt sich als Alternative dar. Während der Geschichtspositivismus nicht über die phänomenologische Betrachtung von Ereignissen hinausgelangt, die zudem die Bewegung der Geschichte von unten verschwinden und den historischen Prozeß in Segmenten der Zusammenhangslosigkeit erstarren läßt, hat der historische Materialismus der Bewegung der Menschen in der Geschichte Gesetze aufgezwungen, sie determiniert und gebremst.

Als eine Alternative zu bisherigem Geschichtsdenken führt die „Universalistische Geschichtstheorie" zu Bewußtsein, daß historische Prozesse nur als Langzeitprozesse, die sich in der Großdimensionalität geosozialer Räume vollziehen, analysiert und verstanden werden können. Geschichte als Langzeitgeschichte betrachtet, läßt die nichtsichtbare, die quantitative Entwicklung im Geschichtsverlauf sichtbar werden. Eine durch Konzentration punktueller Ereignisse ausgelöste Geschichtswelle bewegt sich über lange Zeiträume, über Generationen hinweg – weshalb sie auch nicht von einem Zeitzeugen festgehalten und dokumentiert werden kann –, bevor sie in eine neue Qualität umschlägt und sichtbar wird.

4. Wir leben in einer gespaltenen Welt; unsere Gegenwart ist durch die Herrschaft des Nordens über den Süden geprägt. Niemand steht außerhalb ihrer. Keine Theorie kommt an dieser Wirklichkeit vorbei, auch wenn herrschende Weltsichten noch so bemüht sind, die Spaltung der Welt zu relativieren – kosmopolitische und harmonische Beschreibungen, wie die der „Weltinnenpolitik" oder „einen Welt" entpuppen sich als Herrschaftswissen, das die Völker der Welt und ihren Freiheitskampf marginalisiert. Die „Universalistische Geschichtstheorie" hat die Frage von Kontinuität und Diskontinuität in der Geschichte optimal gelöst. Herrscht im Geschichtspositivismus harmonisches Denken vor und überwiegen im Historischen Materialismus die Diskontinuitäten – erst das Bewußtsein über die Kontinuität, die in der Langzeitgeschichte der Menschen überwiegt, vergegenwärtigt uns die Wirklichkeit einer gespaltenen Welt, einer Zeit des Bruchs, in der wir le-

ben. Mittels konsequenter Anwendung der universalistischen Prinzipien und Leitlinien, lassen sich Kontinuität und Diskontinuität im Geschichtsverlauf rekonstruieren; Brüche, neue Qualitäten fallen nicht vom Himmel, sondern sie entfalten sich aus einer langzeitgeschichtlichen Latenzzeit, bevor sie in Neues umschlagen. Eine Geschichtswelle von einem lokalen Ort aus initiiert, breitet sich zunächst regional, dann universell aus. Geschichtswellen, die sich aufeinander zu bewegen, verstärken und beschleunigen, stehen wiederum Widerstände entgegen, die sie verlangsamen und abschwächen – konzentrierte Quantität springt um in neue Qualität oder schwächst sich und bleibt latent. Der „Universalismus“ als Geschichtsprinzip eröffnet dem Geschichtsdenken die Erkenntnis wellenförmiger Bewegung in der Dimension des Raumes, während Geschichte als Langzeitprozesse verstanden, die historische Dimension wieder erstehen läßt. Die „Universalistische Geschichtstheorie“ integriert, kleinste Ereignisse, lokales Geschehen in seine regionale und schließlich universelle Dimension. Mikro- und Makrogeschichte fügen sich ineinander und ergeben ein vollständiges Bild der Bewegung der Geschichte. Die große Geschichte wirkt auf die kleinste Geschichte und umgekehrt. Wie die Mikrogeschichte nicht unabhängig von der universellen Bewegung der Geschichte zu verstehen ist, so gilt gleiches in entgegenlaufender Richtung. Und: die Gegenwart des Menschen ist weder von seiner Vergangenheit noch von seiner Zukunft abzukoppeln. Ist der Mensch nicht von „gestern“, so reicht seine Zukunft auch nicht bis „morgen“. Über letzteres jedoch entscheiden wir. Die „Universalistische Geschichtstheorie“ hat das Geschichtsdenken zur Erkenntnis der inneren organischen Einheit des historischen Gesamtprozesses geführt.

5. Die „Universalistische Geschichtstheorie“ hat die Selbstschöpfung des Menschen und seiner Geschichte nachgewiesen und Theorie und Methoden zu ihrer Wiederentdeckung und -aneignung eingeführt. Der lange selbstschöpferische, autokreative Weg der Menschen läßt sich in die Anthroposoziogenese, die Zeit 1.000.000 vor unsere Zeit, zurückverfolgen. Die „Universalistische Geschichtstheorie“ ist diesen Weg zurück,

in die Gegenwart gegangen. Wir müssen also mehr als zwei Schritte zurück, um in die Zukunft zu gelangen. Der „Universalismus“ hat den subjektiven Faktor im Geschichtsdenken rehabilitiert und den Reduktionismus von vorherrschendem Objektivismus überwunden. Geschichte war machbar, sie ist machbar. Mit der Notwendigkeit der Geschichtsrevision, der Rehabilitierung der Geschichte der außereuropäischen Völker, gelangt die Machbarkeit von Geschichte zur Gegenwart unseres Bewußtseins und weist dem Erkenntnisweg die Zukunft. Die „Universalistische Geschichtstheorie“ revolutioniert das Geschichtsdenken.

Abschrift des Gutachtens vom 4.1.1995 von
Prof. Dr. Martin Franzbach

Gutachten zur Diplomarbeit von Herrn Detlev Quintern: Zur Leistungsfähigkeit der „Universalistischen Geschichtstheorie“ in der Analyse internationaler Zusammenhänge

Die vorliegende Arbeit versucht drei Ebenen zusammenzubringen: die schulische und akademische Sozialisation des Vfs. als Entwicklungskritik an der bürgerlichen Wissenschaft, die Kritik an den Theorien des Positivismus und des Historischen Materialismus, die Vorzüge der Universalistischen Geschichtstheorie.

Der Prüfstein und das *tertium comparationis* ist dabei das eurozentristische Weltbild vieler – auch angeblich fortschrittlicher – Theorieträger. An Fallbeispielen aus der deutschen, europäischen und außereuropäischen Geschichte (arabische Welt, Lateinamerika) hat Quintern die Vorzüge der Universalistischen Geschichtstheorie erprobt.

Höchst originell liest sich im ersten Teil der Erkenntnisweg des Vs., eine Institutionenkritik in nuce, an deren Ende wie in jeder Bildungspikareske (frei nach Freires „Bankierskonzept“) die Folgerung steht: „Die Universalistische Geschichtstheorie (bietet) die Möglichkeiten, die Theoriedefizite von Positivismus und historischem Materialismus zu überwinden und den Weg in Richtung eines universalistischen Erkenntnishorizontes zu bahnen“ (S. 23).

Bei der Kritik am Geschichtspositivismus und am Historischen Materialismus steht der Vorwurf des Eurozentrismus im Mittelpunkt. Mythenbildung (z.B. Bismarck und der Kolonialismus) und Mythenzerstörung werden anschaulich bis in die Gegenwart dargelegt. An Beispielen der Hauptvertreter wird nicht nur die Europäisierung der Weltgeschichte, sondern auch die versteckte Legitimation für die europäische Expansion in der „Dritten Welt“ herausgearbeitet. So ist das Bolivar-Zerrbild von Marx und Engels sehr treffend aus der Bonapartismus-Kritik erklärt und in die theoretische Vorurteilsstruktur der beiden führenden Vertreter des historischen Materialismus

eingeordnet. Diese Kapitel folgen einem hohen theoretischen Anspruch, der Vorurteile aus ihrer historischen Genese erklärt, in ihrer Funktion und Wirkung deutet und bewertet.
Bei den traditionellen Mißdeutungen der arabischen Geschichte und ideologischen Kampfmitteln bis in die Gegenwart weist Quintern nur kurz auf die Maurophilie, das Gegenteil von Araberfeindlichkeit, die Idealisierung der arabischen Welt und den Araberkult in Europa zwischen Aufklärung und Romantik hin. Hier fällt die Beurteilung m. E. zu knapp und hart aus. Da zu dieser Zeit auch die wissenschaftlichen Anfänge der Arabistik liegen (Lessing übersetzte 1753 Marignys Geschichte der Araber), hält Herder dem damaligen Europa (die Spanier als „veredelte Araber"!) durchaus den Spiegel einer anderen Kultur vor. In den Ideen zur Philosophie der Geschichte der Menschheit (1784-1791) stellt er die Araber als Lehrer Europas, als Lichtbringer im Mittelalter, als freiheitsliebende, tapfere und geistig hochstehende Kulturträger dar.
In der universalgeschichtlichen Bewertung der Französischen Revolution hat der Vf. sicher recht, wenn er ihren Charakter als bürgerlicher Revolution auch an ihrem Verhalten gegenüber den Befreiungskämpfen in der „Dritten Welt" bemißt. Jedoch sollte man auch im Auge behalten, daß Grundprinzipien der Französischen Revolution eine wesentliche Rolle als ideologische Wegbereiter der Unabhängigkeitsbewegung der Kreolenbourgeoisie in Lateinamerika zu Beginn des 19. Jahrhunderts spielten.
In den abschließenden Thesen zur Leistungsfähigkeit der Universalistischen Geschichtstheorie, wie sie hauptsächlich von Karam Khella vertreten wird, hat Quintern noch einmal die Abgrenzung zu den bürgerlichen Geschichtstheorien die wesentlichen Elemente herausgearbeitet. Neben den Nord-Süd-Konflikt würde ich weiterhin den Ost-West-Konflikt stellen, für den die genannten Analysekriterien ebenfalls Gültigkeit haben. Im Sinne der Rehabilitierung der Geschichte der außereuropäischen Völker könnte diese Methode der Geschichtsbetrachtung bei veränderten Machtkonstellationen durchaus zu einem Umdenken führen, das freilich gegen die Schwerfälligkeit der Institutionen kämpfen müßte.

Die Untersuchung stellt einen überaus gelungenen Versuch dar, Individual- und Methodengeschichte, Empirie und Theorie, politische und historische Entwicklungen miteinander zu verbinden. Der Vf. zeigt eine souveräne Kenntnis wissenschaftlicher Methoden, die er im hermeneutischen Zirkel von Induktion und Deduktion und umgekehrt mit zahlreichen Beispielen einer kritischen Prüfung unterzieht. Die Meinungen sind überzeugend begründet und basieren schlüssig auf der Universalistischen Geschichtstheorie. Nach Anlage, Methode und Ergebnissen handelt es sich um eine höchst originelle und überdurchschnittliche Studie.

sehr gut (I)

Prof. Dr. Martin Franzbach

Abschrift des Gutachtens vom 20.1.1995 von Dr. Karam Khella

Gutachten über die Diplomarbeit von Herrn cand. rer. pol. Detlev Quintern: „Zur Leistungsfähigkeit der ‚Universalistischen Geschichtstheorie' in der Analyse internationaler Zusammenhänge". Dem Diplomstudiengang Politikwissenschaft an der Universität Bremen zur Erlangung des akademischen Grades eines Diplompolitologen im Dezember 1994 vorgelegt.

Der Verfasser hat sich zur Aufgabe gestellt, die Entstehung und Entwicklung der Universalistischen Geschichtstheorie zu erforschen, die Geschichte ihrer Rezeption zu untersuchen, um sie schließlich in der Auseinandersetzung mit anderen historischen und politikwissenschaftlichen Theorien, insbesondere mit den großen Schulen des Positivismus und Historischen Materialismus, einzuordnen. Nach diesen allgemeinen theoretischen und geschichtlichen Grundlagen gelangt der Autor zur speziellen Problemstellung seiner Abhandlung, in der er die Leistungsfähigkeit der „Universalistischen Geschichtstheorie" in der Analyse internationaler Zusammenhänge prüft und dies an konkreten Fragestellungen verifiziert. Im einzelnen gliedert sich die Arbeit in vier Kapitel.

„Theoretische und methodische Grundsatzfragen" (1. Kapitel, Seite 5-24):

Sehr ausführlich entwickelt Herr Quintern seinen erkenntnistheoretischen und wissenschaftsmethodischen Ansatz. Uns legt er einen originellen Erkenntnisweg vor, der durchaus als eine theoretisch und wissenschaftsmethodische Innovation, namentlich die autobiographische Methode, beurteilt werden kann. Die biographische Methode wird schon in der Analyse bestimmter Prozesse benutzt, z.B. sozialer Karrieren, in der Kriminologie, Sozialarbeit oder Langzeitanamnesen in der Medizin, hier jedoch liegt etwas neues vor, nämlich die schulische, außerschulische und hochschulische Sozialisation, die unter dem Aspekt der Entwicklung erkenntnistheoretischer Prozesse aufgearbeitet wird.

Herr Quintern denkt sich den Erkenntnisweg lebender Organismus, für den er sich selber als Stellvertreter nimmt. Sein – in erkenntnistheoretischer Sicht – bewegtes Leben scheint geradezu für diese Zielsetzung prädestiniert zu sein. Das erste Kapitel seiner Abhandlung läßt sich als eine erkenntnistheoretische Ontogenese einer längeren wissenschafts- und geschichtsphilosophischen Phylogenese auffassen. Dieses erste Kapitel ist mehr als gelungen.

„Zur Kritik historischer Theorien“ (2. Kapitel, Seite 25-65):
Im zweiten Kapitel setzt sich die Abhandlung mit den großen historischen und geschichtswissenschaftlichen Schulen auseinander, die im letzten und in diesem Jahrhundert zu Bedeutung gelangten. Im einzelnen diskutiert der Verfasser den Geschichtspositivismus, entwickelt seine Grundsätze, erläutert wie er bestehende historische Stoffe aufbereitet und stellt die Frage nach seiner Leistungsfähigkeit. Grenzen und Mängel sind hinreichend nachgewiesen worden. Im Widerspruch zum Geschichtspositivismus entwickelt sich der historische Materialismus, dessen Stärken der Autor erläutert, doch wird auch diese Schule der Kritik unterzogen. Methodisch deckt Herr Quintern auch die Defizite des historischen Materialismus auf, die ganz anders geartet sind als beim Geschichtspositivismus. Damit aber legt er gleichzeitig das Feld frei, das den Handlungsbedarf für eine neue Weiterentwicklung im Bereich geschichts- und politikwissenschaftlicher Theorien hervorruft.

So rückt der Verfasser logisch und planvoll an die entscheidende und zentrale Problemstellung seiner Abhandlung heran, nämlich die Universalistische Geschichtstheorie, ihre Notwendigkeit, Grundlagen und Inhalte, sowie ihre Rezeption. Dieser Thematik widmet er sein drittes Kapitel (Seite 66-96). Unter anderem dokumentiert Herr Quintern als erster Autor die Entwicklung und Rezeption der Universalistischen Geschichtstheorie, sofern diese Teilaufgabe vom Autor der Universalistischen Geschichtstheorie selber nicht geleistet worden ist.

Die Materialien, die der Diplomand beurkundet und auswertet, haben einen geschichtsdokumentarischen Wert und erhöhen die Qualität der Arbeit. Der Verfasser geht über die Dokumentation und Auswertung der Stoffe hinaus und erhebt den Anspruch, eigene Beurteilung der Universalistischen Ge-

schichtstheorie und derer Einzelaspekte vorzunehmen. Im dritten Kapitel stellt der Autor seine Kritikfähigkeit und Urteilskraft erneut unter Beweis.
Der Verifizierung der gesamten Abhandlung dient das vierte Kapitel (Seite 97-118). Hier werden einzelne Kapitel deutscher Geschichte des 19. Jahrhunderts unter dem Aspekt behandelt, wie sie von den einzelnen Geschichtsschulen gesehen werden. Der Verfasser konfrontiert die Universalistische Geschichtstheorie einerseits mit dem Geschichtspositivismus, andererseits mit dem historischen Materialismus, um jeweils die Grenzen und Möglichkeiten einer jeden Theorie herauszustellen. Bei der Wahl der Beispiele hat Herr Quintern es sich nicht leicht gemacht. Dadurch konnte seine Beweiskraft einleuchten. Ein Vorwort zur näheren Erläuterung einzelner und konkreter Motivationsfaktoren, die den Verfasser zu dieser Abhandlung geführt haben, hätte die Arbeit vervollständigt. Dieser Mangel ist jedoch bei dieser Arbeit von einem Umfang von 130 Seiten von untergeordneter Bedeutung.
Zur Gesamtwürdigung der Abhandlung: „Zur Leistungsfähigkeit der 'Universalistischen Geschichtstheorie' in der Analyse internationaler Zusammenhänge" von Herrn Detlev Quintern ist abschließend zu sagen, daß hier eine sehr intensive Auseinandersetzung mit den historischen, also auch den politikwissenschaftlichen, Theorien vorliegt, die eine ausgesprochene Erneuerung im Erkenntnisbereich und Erweiterung unseres Wissens bedeutet. Eindrucksvoll in dieser Arbeit ist ferner die sehr gründliche Auseinandersetzung mit vielen Autoren, die mit ungewöhnlicher Schärfe aber auch intellektueller Redlichkeit und einem Sinn für Wesentliches geführt wird. Die Diplomarbeit von Herrn Quintern ist eine weit überdurchschnittliche Leistung.
Die Abhandlung ist auf ihrer gesamten Länge konsistent und stringent, die Ableitung logisch und konsequent geblieben. Der Verfasser hat seinen Anspruch eingelöst. Die Erkenntnisziele sind erreicht worden.

Die Diplomarbeit von Herrn Quintern benote ich mit „sehr gut" (I).

Dr. Karam Khella

Thesen für die mündliche Diplomprüfung am 22.2.1995

These 1:

In der Gegenwart des ausgehenden 20. Jahrhunderts melden sich Theorievarianten etablierter Schulen in Europa zu Wort und Schrift, das historische Weltgeschehen zu reflektieren und zukünftige politische Entwicklungen zu prognostizieren. Neben der das Geschichtsbewußtsein zerstörenden Auflösung historischer Prozesse in zusammenhangslose Fragmente, dem Verständnis von Geschichte als Geschichte der Herrschenden, deren Selbstdarstellung stets reproduziert wird, ist diesen meist positivistischen bzw. neopositivistischen Schulen eine eurozentristische und nationalstaatliche Weltsicht gemeinsam. Wird seitens ihrer bisweilen eine zunehmende „Globalisierung", u.a. eine dichtere Welt der schnellen Kommunikation, hervorgehoben, die Marginalisierung oder „Nicht-Zur-Kenntnisnahme" außereuropäischer geschichts- sprich politikwissenschaftlicher Theorien kontrastiert mit dieser Herausstellung. Ein Theorieanspruch steht der Wirklichkeit gegenüber und erweist sich bei näherer Betrachtung als eine Theorieschranke, welche bestrebt ist, das scheinbare Monopol eurozentristischer Schulen festzuschreiben.
Das eurozentristische Theoriekonstrukt ist Ausdruck der Stagnation und Krise der historisch-politischen Wissenschaften im Westen; es kompensiert die Grenzen der Leistungsfähigkeit, an die die alten Schulen gelangt sind. Geschichte wird mystifiziert. Ideologisch untermauert dient der Eurzozentrismus im Sinne von Herrschaftslegitimation und Vormachtdenken der Manipulation und Homogenisierung des Geschichts- und Weltbildes. Haben sich die alten Schulen in ihrem Erkenntnispotential erschöpft, so stellt sich die Frage nach Theorie- und Handlungsbedarf einer neuen Geschichtstheorie.

These 2:

Der Bedarf nach einer neuen Theorie ist in der Notwendigkeit der Wiederentdeckung der historischen Dimension, der Machbarkeit der Geschichte begründet. Die alten Schulen verschütteten diese Dimension, trennten die Gegenwart von der Geschichte und transformierten sie in eine Ruine toter Fakten. Verstehen der Geschichte ist die Voraussetzung ihrer Veränderbarkeit. Beides setzt die Wiederentdeckung der historischen Dimension, die Machbarkeit der Geschichte voraus. Die „Universalistische Geschichtstheorie" erkennt die Notwendigkeit dieser vordringlichen Aufgabe und entwickelt Theorie und Methode ihrer Bewältigung. „Geschichte ist keine Reise in die Vergangenheit, wie es so oft heißt. Geschichte ist Gegenwart" (K. Khella, Universalistische Geschichtstheorie, Hamburg 1995, Vorwort, 7). Auch der Historiker, die Historikerin, sind Gegenwart – ihre Haltung, Denk- und Sichtweise entscheidet mit über den Verlauf der Geschichte. Sie selbst sind Teil der Geschichte.

Eine zukunftsweisende Neuorientierung im Geschichtsdenken setzt das Verlassen alter Theoriegemäuer voraus, um der notwendigerweise erschütternden Kritik den Weg zu bahnen. Die Kritik des Eurozentrismus, die mit der Rehabilitierung der Geschichte außereuropäischer Völker einhergeht, bedurfte neuer Prinzipien, nicht zuletzt dem des „Universalismus". Geschichte als die Bewegungsform von Gesellschaften hat weder ihren Ausgangs- noch ihren Endpunkt in Europa, wie es die etablierten Schulen im Westen glauben machen wollen. Die Welt ist nicht erst seit „heute" entweder universalistisch oder gar nicht zu verstehen. Mit dieser Erkenntnis stellt sich die „Universalistische Geschichtstheorie" als Alternative gegenüber den eurozentristischen Sichtweisen zur Diskussion und begründet den Bedarf nach einer neuen Theorie.

These 3:

Die „Universalistische Geschichtstheorie" hat Eurozentrismus, Kurzzeit- und Obrigkeitsdenken, Tatsachenfetischisierung und Determinismus im bürgerlichen Geschichtsdenken einer konsequenten Kritik unterzogen und sich zur Aufgabe gestellt, Theorie und Methode zu erschließen, die Bewegung von Gesellschaften in die innere organische Einheit des historischen Gesamtprozesses zu integrieren. Sie führt zu Bewußtsein, daß historische Prozesse nur in der Verknüpfung von

Ereignissen und Abläufen in den Makrodimensionen von Raum (weltgeschichtlich) und Zeit (langzeitgeschichtlich) analysiert und verstanden werden können. Die Prinzipien „Universalismus" und langzeitgeschichtliche Historisierung sind von denen der „Geschichte von Unten" und der „Machbarkeit der Geschichte" getragen. Geschichte ist nur über die Integration dieser Theorie- und Methodenbestandteile „universalistisch" zu rekonstruieren, d.h. „Weltgeschichte" ist nur als „Geschichte von unten" wie auch „Langzeitgeschichte" nur als die „Machbarkeit der Geschichte" und umgekehrt zu verstehen ist.

Ein weiterer Vorzug der „Universalistischen Geschichtstheorie" ist in der „Theorie der langen Wellen" zu sehen, welche das Sichtbarwerden von in der Geschichte verborgenen, weil latenten Entwicklungen ermöglicht. Sie ermöglicht den erkenntnistheoretischen Zugang zum Verständnis der Dialektik von Kontinuität und Diskontinuität im Geschichtsverlauf. Ein Ereignis mag unbedeutend erscheinen, wenn es kurzzeitgeschichtlich, einer Momentaufnahme entsprechend verstanden wird. Es kann als ein vorgeschichtsloses Ereignis unter vielen gedeutet werden – so der Geschichtspositivismus –, da es vermeintlich für sich isoliert, ohne Ausstrahlung über Lokalität und Aktualität hinaus steht.

Die Verbindung der Prinzipien „Historisierung", „Langzeitgeschichte" und „Universalismus" mit der „Theorie der langen Wellen" ermöglichen dem Geschichtsverständnis einen neuen Zugang. „Ein Ereignis e an einem beliebigen Ort des Globus (horizontale Linie) zu einem beliebigen Zeitpunkt der Geschichte (vertikale Linie) schlägt Wellen: räumlich, d.h. geosozial, universell (horizontale Achse), und geschichtlich (vertikale Achse). Ein punktuelles Ereignis e kann denkbar klein sein; seine Wirkung bleibt unterhalb der Bewußtseinsschwelle. Erst die Addition macht viele kleine Ereignisse sichtbar (K. Khella, „Universalistische Geschichtstheorie" in: Geschichte der arabischen Völker, 4. Aufl., Hamburg 1994, 332). Die universelle und langzeitgeschichtliche Dimension von historischen Ereignissen in ihrer Entwicklung von quantitativem (latentem, nicht sichtbarem) Verlauf zu qualitativem Umschlagen war im Zusammenhang mit der Kontinuität deutscher Orientpolitik dargestellt.

These 4:

Die deutsche Orientpolitik bereitet dem globalen Sieg des Kolonialismus den Boden

Der Aufstieg Preußens zur europäischen Vormacht kündigte sich auf dem „Wiener Kongreß“ 1815 an, bevor dieses über die aufeinanderfolgenden Kriege außer- und innerhalb Europas schließlich 1871 mit die Zerschlagung der Pariser Kommune zur Weltmacht aufstieg. Die bürgerliche Geschichtsschreibung blendet die außereuropäische Dimension des militaristischen Emporsteigens des deutschen Imperialismus auffällig aus. Daten und Ereignisse, die für diesen Prozeß beispielhaft stehen, werden, wenn sie überhaupt aufgegriffen werden, dann punktuell, ohne sie in den Kontext von Raum und Zeit einzuordnen, isoliert und zusammenhangslos abgehandelt. Ereignisse wie der „Berliner Kongreß 1878“ erscheinen ohne Vorgeschichte oder in nur formaler Bezugnahme auf vorangegangene Kongresse. Geistert in diesem Zusammenhang die „Orientalische Frage“ durch die Literatur, so werden nebensächliche Teilaspekte hervorgehoben, die Bedeutsames in ihren Schatten stellen und überlagern.
Die langzeitgeschichtliche Historisierung der deutschen Orientpolitik des 19. Jahrhunderts und ihre Verifizierung mittels der Anwendung der „Theorie der langen Wellen“ läßt die Logik der Geschichte zur Geltung kommen. Die sogenannte „Orientalische Krise“ entpuppt sich dann als „Ägyptische Frage“, die sich als Dreh- und Angelpunkt für das Verständnis des 19. Jahrhunderts aufschlüsseln läßt. „Auf der Suche nach dem Ausgangspunkt für eine lange Welle stößt der Historiker oft auf Ägypten. Besteht Ägypten als regionale Macht, so profitiert ein großes, weitreichendes Einzugsgebiet davon. Fällt Ägypten, so fällt nach und nach eine gesamte Region mit ihm“ (K. Khella, Universalistische Geschichtstheorie in: Geschichte der arabischen Völker, 4. Aufl., Hamburg 1994, 330). Von 1831 bis 1841 bestand Ägypten als Regionalmacht mit integrativer Ausstrahlungskraft in den arabischen Osten und nach Afrika. Das Scheitern des Krieges gegen den arabischen Einheitsstaat unter Federführung des preußischen Militärs

Moltke 1839 von osmanischem Territorium ausgehend, führte 1840 zur Bildung der Quadrupelallianz (England, Österreich-Ungarn, Rußland und Preußen) und der dann folgenden europäisch-osmanischen Aggression bei Akka in Palästina (4.11.1840), die eine Beschneidung der arabischen Regionalmacht im Osten zur Folge hatte.
Dennoch war diese keineswegs gefallen, sondern Ägypten konzentrierte sich auf den Aufbau im Inneren und die Ausdehnung der Beziehungen nach Afrika. Moltke vom europäischen Sieg überwältigt stellte eine deutsche Siedlerkolonie über Palästina in Aussicht und schwärmte: „Palästina würde eine Vormauer Syriens gegen Ägypten bilden ... „ (H.v. Moltke, Deutschland und Palästina, Gesammelte Schriften, Bd. II., Berlin 1892, 286). Voraussetzung zur Realisierung dieser Pläne jedoch war die Zerschlagung der Regionalmacht Ägypten, welches trotz zunehmender Penetration und Infiltration seitens der europäischen Mächte eine Bastion des Schutzes für den kolonialistischen Zugriff Europas auf Asien und Afrika bildete. Gegen die zunehmende erpresserische Einflußnahme der europäischen Mächte erhob sich Ägypten in einem antiimperialistischen Aufstand unter Ahmad Urabi (1879-1882). „Bismarck protestierte als erster europäischer Staatsmann in Kairo gegen die sogenannte Beeinträchtigung der europäischen Interessen" (L. Rathmann, Zur Ägyptenpolitik des deutschen Imperialismus vor dem ersten Weltkrieg, in: Geschichte und Geschichtsbild Afrikas, Berlin 1960, 79). Der Aufstand stellte das Final für die auf dem „Berliner Kongreß 1878" getroffenen Angriffsvorbereitungen auf Ägypten dar und wurde seitens Englands 1882 eingeleitet. Der „Ruin of Egypt" – so die englische Selbstbezeichnung der Aggression – öffnete der kolonialistischen Welle aus Europa nach Afrika und Asien die bis dahin verschlossenen Bahnen; sie entfaltet als eine neue Qualität das ihr innewohnendes Aggressionspotential, rollt seit 1884 in Folge der „Berliner Kongo-Konferenz" auf Afrika zu und versucht die auf dem „Berliner Kongreß" von 1878 gezeichnete Kartographie umzusetzen. Sind aufgrund des anhaltenden und opferreichen Widerstandes der Völker Afrikas gegen die koloniale Invasion die europäischen Armeen bis 1898 zermürbt – Kaiser Wilhelm II. er-

klärt gegenüber dem Begründer der zionistischen Bewegung Theodor Herzl im selben Jahre die Bereitschaft Deutschlands zur Übernahme des Protektorats über Palästina und trifft sich in Al-Quds (Jerusalem) mit einer zionistischen Deputation. Klaffen Anspruch und Realität der europäischen Kolonialambitionen gegen Ende des 19. Jahrhunderts nach wie vor auseinander, so werden mit dem Zwischenspiel des „1. Weltkrieges" erneut die Farbstifte gezückt, die Weltkarte nach europäischen Herrschaftsbedürfnissen zu zeichnen. Die Moltkeschen Pläne der Desintegration und Zerstückelung der arabischen Welt kommen mit dem Abschluß des Sykes-Picot-Abkommens (1916) zu einem vorläufigen Abschluß und prägen die politische Weltkarte bis in die Gegenwart.

These 5:

Die Zerschlagung Ägyptens 1882 als Regional- und Schutzmacht gegen den Vormarsch der europäischen Mächte nach Afrika und Asien war die Voraussetzung für den globalen Sieg des Kolonialismus. Die letzte Gegenmacht im Süden war dem europäischen Ansturm auf die Reichtümer Afrikas und Asien unterlegen, das vormals bestehende Süd-Nord Gefälle in einen Nord-Süd-Gegensatz gewendet, die Welt gespalten. Ein relativer und vorübergehender Sieg, der den Widerspruch zwischen „Fremdherrschaft und Gegenwehr" auf neuer Stufenleiter eskalierte. Die Dynamik dieses Widerspruches läßt sich am Beispiele Libyens rekapitulieren. Seit 1878 (Berliner Kongreß) und der ein Jahrzehnt später folgenden „Beistandsverpflichtung" Deutschlands gegenüber Italien 1887 war die Eroberung des nordafrikanischen Landes unter den europäischen Mächten eine Frage der Zeit und Realisierungsmöglichkeit. Der Angriff auf Libyen erfolgte im Jahre 1911 seitens Italiens mit dem Ziel, dort eine Siedlerkolonie zu errichten. Anfang der vierziger Jahre war das Land von der deutschen Kolonialarmee heimgesucht, der 1943 eine französische folgte. Von 1943 bis 1951 stand Libyen unter englischer Kolonialverwaltung und ab 1954 begannen die USA mit der Errichtung von Militärbasen. Keine der europäischen Mächte konnte die Fremdherrschaft über Libyen durchsetzen; der Wi-

derstand des libyschen Volkes war andauernd und ungebrochen. Im September 1969 schließlich stürzte ein Putsch patriotischer Offiziere den in Englands Gnaden stehenden König Idris, erzwang mit breitester Unterstützung der Bevölkerung den Abzug der anglo-amerikanischen Militärbasen und führte das Land über die Nationalisierung ausländischer Banken, Unternehmen und des Erdölsektors in die Unabhängigkeit. Ab 1975 wurde in Libyen eine weitere Phase der Revolution eingeleitet, die eine volksdemokratische Neuorganisierung der libyschen Gesellschaft anstrebte und realisierte. Soweit der historische Hintergrund, der an dieser Stelle nicht vordergründig behandelt werden soll. Vielmehr dient die „libysche Herausforderung“ beispielhaft der Veranschaulichung des Umschlagens einer kolonialistischen Welle in eine Welle von unten, eine der Völker, die sich aus der Dynamik von „Fremdherrschaft und Widerstand“ heraus entfaltet und über die Lokalität, in die Region, universell ausstrahlt. Der Aufbau der Volksdemokratie in Libyen hat eine weltweite Anziehungskraft und dies trotz der gegen das Land vom Westen verhängten Blockade. Ihr Rückhalt ist im tief verankerten antikolonialistischen Bewußtsein des libyschen Volkes, welches um den Preis seiner Freiheit weiß, zu suchen.
Entsprechend der „Universalistischen Geschichtstheorie“ eignet sich der Weg des libyschen Volkes in die Unabhängigkeit zur Diskussion – in Verbindung mit denen des Universalismus und der Langzeitgeschichte – vor allem folgender Prinzipien:

1. Machbarkeit der Geschichte – objektive und subjektive Triebkräfte.
2. Historisierung der widerständischen Kultur und Intifaden.

These 6:

Die Geschichte muß neu, die ungeschriebene geschriebenen werden

Leben wir heute in einer gespaltenen Welt, die „Universalistische Geschichtstheorie“ eignet sich optimal zur Historisierung des Nord-Süd-Gegensatzes und orientiert auf Lösungsmöglichkeiten im Sinne der Völkerverständigung. In seinem Gutachten zur Diplomarbeit weist Prof. Martin Franzbach auf einen bedeutenden Aspekt universalistischer Herangehensweise an die Gegenwart hin: „Neben den Nord-Süd-Konflikt würde ich weiterhin den Ost-West-Konflikt stellen, für den die genannten Analysekriterien ebenfalls Gültigkeit haben“ (Gutachten vom 4.1.1995). Die Prinzipien des Universalismus sind universell zu verstehen. Sie lassen sich als Theorie und Methode z.B. auf die Geschichte der Sowjetunion, auf die Frage von Kontinuität und Diskontinuität in der Entwicklung vom zaristischen Kolonialreich zur Union der Sowjetrepubliken anwenden.

Eine neue Herangehensweise an die Geschichte hat es schwer, nicht zuletzt steht sie „der Schwerfälligkeit der Institutionen“ (Martin Franzbach) gegenüber. Sie wird aus diesen herausgedrängt, marginalisiert. Das etablierte Geschichtsbild flüchtet sich angesichts erster Erschütterungen in die Homogenisierung alleingültiger Lehre. Im Zusammenhang der Auseinandersetzung um das Lehrverbot gegen Karam Khella an der Uni Bremen, welches den Universalismus aus selbiger verbannt, schreiben Freerk Huisken und Margaret Wirth: „Auf jeden Fall erscheint es uns mit dem Selbstverständnis der Universität Bremen nicht vereinbar, wenn eine Auffassung darüber, was ‘Wissenschaft‘ sei, was ihr zuzurechnen sei und was nicht, auf administrativem Wege zur quasi ‘offiziell‘ gültigen erklärt würde, ohne daß darüber eine Auseinandersetzung ernstlich stattgefunden hätte“ (Stellungnahme zur Erklärung der Hochschullehrer des Studiengangs Politikwissenschaft vom 2.7.1994, Freerk Huisken, Margaret Wirth, 11.7.1994).

Die Homogenisierung der Lehre geht mit der Ideologisierung des Geschichtsdenkens einher. Besonders deutlich wird dies in der Stilisierung der Geschichte der arabischen Völker. Die Grenzen zwischen Fachdiskurs und Boulevardpresse verwischen dann oftmals vollends; Scheinrealitäten werden durch Bedrohungsszenarios zusammengehalten. Die Universalistische Geschichtstheorie, welches sich die Korrektur des alten, anachronistischen, weil eurozentristischen Geschichtsdenkens zum Ziel setzt, wird sich zunächst die Räume für die notwendige und längst fällig Diskussion außerhalb der Institutionen schaffen. Die Zukunft kennt keine andere Alternative als die universalistische Historisierung unserer Gegenwart und die konsequente wie schonungslose Geschichtsrevision. Das alte Geschichtsdenken ist nicht reformierbar, es muß revolutioniert werden.

Vorlage zur 21. Sitzung des Akademischen Senats der Universität Bremen am 14. September 1994

Stellungnahme von Studentinnen und Studenten des Studiengangs Politikwissenschaften/Gemeinschaftskunde

zur Erklärung vom 2. Juli 1994 der Professoren Peters, Zürn, Eichwede, Koopmann, Wagner, Albers, Offe, Zoll

September 1994

Inhaltsübersicht

Sehr geehrte Damen und Herrn Mitglieder des Akademischen Senats,

Zur Erklärung von Hochschullehrern im Studiengang Politikwissenschaft/ Gemeinschaftskunde, die auch Ihnen – mit Sitzung des Akademischen Senats vom 13. Juli 1994 – zugegangen ist, nehmen wir wie folgt Stellung:
In der Erklärung legen sich Professoren des Studienganges zum ersten Male fest und nennen uns schriftliche Gründe dafür, weshalb sie den Lehrauftrag für Dr. Khella nicht verlängern wollen, nachdem sie sich ein Jahr geweigert haben, dies schriftlich zu tun. Der Brief der Politikhochschullehrer enthält eine Reihe von Anhaltspunkten und Kriterien, die uns geeignet erscheinen, auf ihre Denkweise und Einstellungen zu schließen. Jedenfalls bieten sie uns reichlich Ansätze dazu, uns mit ihrer Grundhaltung genauer auseinanderzusetzen. Indes hoffen wir, daß deren Argumente gegen die weitere Vergabe der Lehraufträge an Dr. Khella soweit entkräftet werden, daß er seine Lehrtätigkeit an der Uni Bremen fortsetzen kann.

I
Eigentliche Lehraufträge versus andere Beschäftigungsverhältnisse, die als Lehraufträge ausgegeben werden

In Punkt 4, S. 3 ihrer Erklärung schreiben die Professoren:
„Lehraufträge werden grundsätzlich auf Zeit vergeben, im Studiengang Politik in der Regel für ein Semester.“

Sie sagen es richtig: Ein Lehrauftrag dauert ein Semester. Khella lehrte in Bremen innerhalb der letzten 20 Jahre über 20 Semester; allerdings einen Teil davon im Rahmen des FB 8/Sozialwissenschaften, wo er seit vier Jahren lehrt und arbeitet. Mit diesem Umfang an Dienstzeit war er also faktisch kein Lehrbeauftragter.

Gleichwohl hat er auf Lehrbeauftragtenbasis gearbeitet, da mit einem solchen Dienstverhältnis keine arbeitsrechtlichen Positionen erwachsen sollten. Dennoch ist die Zugehörigkeit Khellas zur Uni Bremen nicht zu bestreiten. Nur vermittels strukturierter Entrechtung und durch die künstlich erzeugte Verfügungsgewalt über Lehrbeauftragte kann Khella nach einem so langen Arbeitsverhältnis willkürlich aus dem Lehrbetrieb verdrängt werden. Diese Form eines akademischen Sklavenbetriebes, die wir in anderen Dokumentationen hinreichend belegt haben, dürfte weltweit einzigartig sein und in dieser extremen Praxis nur noch bei uns vorkommen.
Wenn die unterzeichnenden Hochschullehrer die langfristige Lehrtätigkeit von Herrn Dr. Khella an der Uni Bremen unter Mißachtung der breiten Hochschulöffentlichkeit beenden und diesen Willkürakt „kein Lehrverbot“ nennen (Schreiben der Hochschullehrer auf S. 3, Punkt 4), so ist dies ebenso zynisch wie die Rücksichtslosigkeit gegenüber studentischen Interessen.
Das Lehrverbot gegen Dr. Khella hat eine deutliche Lücke im Veranstaltungsangebot hinterlassen. Wir brauchen seine Lehre auch wegen der Kritik am Eurozentrismus, um Ausgewogenheit und Ausgleich im Curriculum herzustellen. Es besteht großer Bedarf an der „Universalistischen Geschichtstheorie“ gegen Nationalgeschichte und Antitierremondismus.

II
Antikritik

Wir haben die Arbeit von Herrn Zürn unter Wahrung anerkannter Prinzipien der Hermeneutik und Textanalyse zusammengefaßt. Wir stehen in vollem Umfang zu unseren Ergebnissen und fordern die Revision der gestellten Gutachten, in deren Folge die Frauenförderung zu berücksichtigen sein soll, wie dies von feministischer Seite eingefordert wird (vgl. hierzu auch den Artikel in der AStA-Zeitung „Red Flex“ vom Juli 1994, S. 11).

Allerdings müssen wir uns einen von uns nicht beabsichtigten Fehler in der Zitierweise der zürnschen Arbeit eingestehen, auf den uns, einschließlich des Kommafehlers, dankenswerterweise Prof. Senghaas in einem Schreiben, das in der Umlaufmappe auf der Sitzung des Akademischen Senats vom 13. Juli des Jahres einzusehen war, aufmerksam gemacht hat. In dem Flugblatt „Denn sie wissen, was sie tun“ schrieben wir auf Seite 1: „Die Deutschen mußten nachgeben, um das für sie beste Ergebnis durchzusetzen.“ (Zürn, : 210 f.) Tatsächlich heißt es aber auf Seite 211 der Arbeit von Herrn Zürn: „Die Deutschen mußten nachgeben, um das für sie schlimmste Ergebnis zu verhindern.“ In diesem Zusammenhang darf auf den „Freudschen Fehler“ hingewiesen werden. Nach Freud kommt das Verdrängte natürlicher und damit richtiger als Versprecher hervor, gegen den bewußten Versuch, es zu unterdrükken. An dieser Stelle zeigt unser Flugblatt eine exemplarische „freudsche Fehlleistung“. Diesen Fehler bitten wir zu entschuldigen, denn schließlich entsprach die Präferenzordnung „der Deutschen wie in einem Feiglingsspiel (D,C > C,C > C,D > D,D)“ (Zürn, : 210). Unser Fehler könnte die falsche Schlußfolgerung zeitigen, die für diesen Zusammenhang (sog. Marokkokrise 1905/06) modellierte Situationsstruktur entspreche dem auf Seite 330 angeführten Beispiel der „Hirschjagd“ Zürn‘s: „Es läßt sich hin und wieder das Ergebnis nicht eindeutig prognostizieren.“ (Zürn, : 330)
Ohne uns rechtfertigen zu wollen – während Herr Senghaas Zürn buchstabengetreu zitiert, haben wir ihn dem Geiste nach wiedergegeben. Denn, wenn Deutsche in Deutschland das Schlimmste verhindern wollen, ist es etwas anderes, als wenn – wie im Zusammenhang mit der sogenannten Marokkokrise – dies im Rahmen eines Aggressionskrieges gegen ein arabisches Volk geschieht. Auch nur die Spur eines Unrechtbewußtseins gegenüber deutscher Expansionspolitik ist weder bei Herrn Zürn noch bei dessen Kollegen Senghaas aufzufinden. Wir jedenfalls werden es uns auch für 1995 vorbehalten, den Unterschied von Krieg und Spiel herauszustellen und der Kritik der spieltheoretischen Legitimation von Expansionskriegen Gehör verschaffen.

III
Zur Begründung der Beseitigung einer dissidenten Lehrmeinung

Die Argumentation der die Erklärung unterzeichnenden Professoren und unsere Replik

Als einziges Aktivargument, das von den Hochschullehrern gegenüber Herrn Dr. Khella angeführt wird, bleibt der Punkt 2, Seite 1. Sie schreiben, „daß bei Ihnen der Eindruck entstand, daß die Trennlinie zwischen Politikwissenschaft und Politik in den Schriften von Herrn Dr. Khella negiert wird.“

1. Wegen dieser Begründung zur Ablehnung des Lehrauftrages von Herrn Dr. Khella haben sich die unterzeichnenden Hochschullehrer schwere Kritik aus dem festangestellten Lehrkörper eingebracht. Wir verweisen z.B. auf die Gegenerklärung der Hochschullehrenden Frau Prof. Wirth und Herrn Prof. Huisken vom 11. Juli 1994.

2. Die Politikprofessoren haben die Arbeit von Herrn Zürn mit dem Argument in Schutz genommen, daß Zitate einer Denunziation gleichkämen. Sie haben die Authentizität unserer Belege nicht in Frage gestellt. Wie belegt man Thesen anders als durch Zitate? Wie arbeiten diese selbst?

3. Wenn die Politikprofessoren selber die Konsequenz ihrer Logik ziehen wollen, müßten ihnen zuallererst die Lehrstellen gekündigt werden, sollte ihr Argument zum Kriterium erhoben werden. Gerade sie sitzen auf Lehrstühlen wegen ihres politischen Konformismus und bekämpfen deshalb kritische Wissenschaftler, die sich weigern, sich anzupassen, sondern der Gleichschaltung von Lehre, Forschung und herrschendem politischem System eine Absage erteilen.

Nun aber wollen wir sehen, wie sich die Politikprofessoren mit Khella inhaltlich auseinandersetzen. Sie bringen nämlich gar keine Zitate. Sie nennen überhaupt keine Titel von Werken. Sie geben weder Erscheinungsort, noch Erscheinungsjahr an, nicht einmal den Verlag. Sie schreiben: „Die Lektüre einiger Schriften, die Herr Dr. Khella im Selbstverlag publiziert hat.“

Khella hat in 15 verschiedenen deutschsprachigen Verlagen und außerdem in 12 verschiedenen Sprachen publiziert. Keines seiner Werke ist in dem von den Politikprofessoren genannten Verlag erschienen. Wie vereinbaren sie diese Widersprüche. Sie stehen in einem 3-Seitenpapier und nicht in unterschiedlichen Werken. Das wiegt um so mehr, als die Hochschullehrer authentische Belege (die wir gegen Zürn anführen) bestreiten, während Sie selbst mit Fälschungen arbeiten. Mehr noch, sie nennen Ihr Verhalten „zivil“, unser „nicht zivil“. Ist zivil denn Militarismus und Rassismus?

Welche Schriften Khellas angeblich im Selbstverlag erschienen sein sollen, nennen sie ebensowenig, wie die Professoren ihre Informanten im Dunkeln lassen, die über Vorlesungsinhalte Khellas berichtet haben sollen (Erklärung S. 1). Wenn sie diese undurchsichtige und finstere Vorgehensweise nicht als denunziatorische Methode verurteilen, sondern unsere Buchrezension von Herrn Zürn als solche kritisieren, dann vermissen wir bei den Unterzeichnenden jegliche intellektuelle Redlichkeit.

Die Tatsache, daß sie die eigentlichen Fachfragen, die den Inhalt der Lehre Khellas ausmachen nicht diskutieren, geschweige denn ihre Kritik begründen, macht ihre Argumentation unglaubwürdig und disqualifiziert ihr Verständnis von Wissenschaft und Forschung.

Zum Verhältnis von Politikwissenschaft und Politik

Diesen Punkt erhoben die Politikprofessoren in ihrer Erklärung zum einzigen inhaltlichen Punkt zur Ablehnung der Verlängerung des Lehrauftrages von Herrn Dr. Khella. Wir gehen deshalb auf ihn nochmals ausführlicher ein.

Die Politikprofessoren tun in höchst unzulässiger Weise das, was sie uns zu unrecht vorwerfen. Zu unseren Thesen über die Doktorarbeit von Herrn Zürn, die wir mit authentischen Belegen dokumentiert haben, schreiben die Politikprofessoren „Zitatencollage“. Ihrerseits beziehen sie sich auf Dr. Khella und schreiben sie „in Schriften, in seinem Selbstverlag“. Keine Literaturangabe, keine Thesen, keine Seitenverweise. Der genannte Verlag ist eine reine Erfindung der Politikprofessoren. Besonders ärgerlich ist, daß wir aus ihrer Erklärung nicht ermitteln können, um welche Werke und Bezugsstellen es sich dort handelt, um uns damit auseinandersetzen zu können. In ihrer Erklärung stellen die Politikprofessoren also wieder Vermutungen an und streuen Gerüchte. Trotzdem werden wir auf die gestellten Behauptungen eingehen.
Unklar ist uns, was die Professoren mit „Interpretationen“ (Erklärung der Hochschullehrer aus Politik, S. 1) meinen. Wir erkennen in ihrem Schriftstück nicht den geringsten Ansatz für eine fachliche Auseinandersetzung. Vielmehr sollen mit dem Lehrverbot gegen Khella auch die Kritikfähigkeit und die Ausbildung zu eigenständiger Urteilsfähigkeit aus der Universität verbannt werden.

1. Selbstverständlich trennt Dr. Khella in Wort und Schrift Politikwissenschaft und Politik auseinander. Die inhaltliche Analyse konkreter historischer Situationen bildet die Basis aller weiteren Überlegungen. In seiner Literatur und Seminararbeit benutzt Dr. Khella Primärquellen und führt in die Methoden ihrer Verwertung ein. Er zeigt auf, wie sie in der europäischen Literatur oft inkorrekt zitiert werden.
2. Khella überwindet freilich den Geschichtspositivismus. Er dringt in die Erkenntnisbereiche ein, die den Positivisten verschlossen bleiben. Er zeigt Kausalität, Zusammenhänge, Verknüpfung der Ereignisse auf und stellt nicht zuletzt die Brücke zum praktischen Handeln her. Diese Herangehensweise erfolgt nicht beliebig, sondern theoretisch und methodisch nachvollziehbar. Gerade an diesen Fragen erweist sich die Leistungsfähigkeit der „Universalistischen Geschichtstheorie“. Wir freuen uns, feststellen zu können, daß

sich Khella's Geschichtstheorie breiter Rezeption auch in Bremen und zwar nicht nur unter Studierenden erfreut.

3. Die die Erklärung unterzeichnenden Politikprofessoren hätten es besser getan, wenn sie in ihrer Stellungnahme konkrete theoretische, methodische und inhaltliche Punkte nennen, die eine Diskussion ermöglichen. Die pauschalen, völlig undifferenzierten Behauptungen machen es uns unmöglich, uns noch präziser dazu zu äußern. Im übrigen verweisen wir auf die Werke Khellas (z.B. auf die „Universalistische Geschichtstheorie“ in: „Geschichte der arabischen Völker“, 4. Aufl., Hamburg 1994, welche zu den Grundlagen unserer Seminararbeit zählt).
4. Ein Hauptverdienst Khellas sind die Korrekturen, die er an der europäischen Historiographie herbeigeführt hat. Möglicherweise ist es das, was die Politikprofessoren an den Arbeiten Khellas stört. Die Politikprofessoren wollen der Geschichtsrevision keine Chance geben.

Namens des verleumdeten Wissenschaftlers bestehen wir darauf, daß die Politikprofessoren jene Passagen bei Khella nennen, die ihrer Meinung nach zu kritisieren wären. Wir müssen deshalb darauf bestehen, da in den vergangenen Semestern oftmals Khellazitate angegriffen wurden, sich in den Diskussionen jedoch gezeigt hat, daß es sich stets um Mißverständnisse oder Fehlinterpretationen von seiten der Politikprofessoren gehandelt hat.

Imagination und Realität oder wie ein eingebildeter Trennungsstrich die Wirklichkeit unkenntlich macht

In besagter Erklärung vom 2. Juli 1994 haben die Professoren den Gegenstand der Auseinandersetzung zwischen Herrn Khella und den im FB 8 entscheidungstragenden Professoren geschickt unter den Tisch fallen lassen. Der Name Khella steht für klare erkenntnistheoretische, wissenschaftsmethodische, historische und politikwissenschaftliche Inhalte, die im gegenwärtigen geistigen Klima der Bundesrepublik unerwünscht sind. Darin sind die Gründe für das Lehrverbot gegen Dr. Khella zu suchen und nicht im imaginären Trennungsstrich zwischen Politikwissenschaft und Politik, als dürfte ein

Lehrbeauftragter, z.B. nicht für das Selbstbestimmungsrecht und die Freiheit der Völker eintreten. Gleichzeitig ist für die Politikprofessoren mit ihrer Wissenschaftsauffassung die weltweite NATO-Präsenz und sogar der militärische Interventionismus vereinbar. Nur der, welcher dies kritisiert, hebt die hypothetische Trennungslinie auf.

Die Freiheit von Forschung und Lehre – die Lebensader des akademischen Lebens

Jede Universität in der Welt lebt von der Freiheit der Forschung und Lehre. Die Politikprofessoren werfen Khella neben seiner wissenschaftlichen Meinung vor, eine politische Position zu haben. Wie sieht es bei ihnen aus. Sie haben Ämter in Regierungsparteien inne, sie beziehen Forschungsgelder und führen Forschungsaufträge durch. Keines dieser Projekte ist neutral. Sie sind in die Forschungspolitik eingebunden.
Ihre Arbeiten sind systemstabilisierend, staatstragend, herrschaftssichernd, – rechtfertigen und begründen – wie bei Zürn – die Großmachtpolitik und den Inerventionsimus gegen das Prinzip der Nichteinmischung und das Selbstbestimmungsrecht der Völker.
Herr Khella hingegen lebt und untersucht vom Schweiße seines Angesichts – davon finanziert er auch seine wissenschaftlichen Vorhaben und Projekte. Er bezieht keine Fremdfinanzierung, verfügt weder über Forschungsmittel, noch Forschungsaufträge, noch Beraterverträge.

IV
Die erprobte denunziatorische Methode der „Zitatencollage“

schreiben die Politikprofessoren auf Seite 4 Ihrer Erklärung. Wir fragen uns, wen trifft dieser Vorwurf? Ein Vergleich macht deutlich, wie wir, Studierende, arbeiten, und wie sie, die Professoren, sich mit den Werken Khellas auseinanderset-

zen. Insgesamt haben wir in unserer Dissertationsbesprechung zu Herrn Zürn das nachgeholt, was die Gutachter seiner Arbeit versäumt haben. Wenn die Hochschullehrer meinen, fehlende Argumente durch Wortgewalt zu ersetzen, dann haben sie den falschen Beruf gewählt. Demagogie ist das Handwerk von Berufspolitikern, die den Gegner nicht überzeugen, sondern fertig machen wollen. Dem Wissenschaftler ist Demagogie ein schlechter Ratgeber.
Seminarteilnehmende und der AK-Süd-Nord haben in einer Analyse die Kernpunkte der Doktorarbeit von Herrn Zürn herausgearbeitet und mit authentischen Zitaten belegt. Wenn die Politikprofessoren nun der Meinung sind, daß wir Herrn Zürn fehlinterpretiert haben, dann mögen sie doch die richtige Lesart wiedergeben. Es reicht nicht aus, wenn diese schreiben, der Vorwurf der Militarisierung des Studienganges Politik sei konstruiert (vgl. die Erklärung vom 2. Juli 1994, S. 4). Ein Gegenbeweis ist es jedenfalls nicht.

Unsere Thesen über Zürn sehen wir durch das inhaltliche Schweigen der Politikprofessoren voll bestätigt. Ein nochmaliges Lesen seiner Arbeit bekräftigt die Richtigkeit unserer Beurteilung um so mehr.
Die Unterzeichner der Erklärung haben nicht nur der Denunziation das Wort geredet, sondern machen selber davon Gebrauch. Auf Seite 1 ihrer Erklärung berufen sie sich auf Denunzianten.

V

„Auseinandersetzungen innerhalb der Universität Bremen in ziviler Weise austragen“ (Erklärung der Hochschullehrer vom 2.7.1994, S. 4)

Genau das ist es, was wir am Umgang der unterzeichnenden Hochschullehrer mit ihrem Kollegen Khella kritisieren. Wir vermissen an ihnen die Fähigkeit zur Selbstkritik und die Kraft, begangenes Unrecht wiedergutzumachen und uns die

geforderten Seminarinhalte zur Ergänzung des Lehrangebots wieder zu zulassen.
Kommen wir nun zum Gegenstand der Auseinandersetzung zurück. Mit diesem Satz, wollen die Politikwissenschaftler eine Analyse, die in differenzierter Ausarbeitung und im einzelnen belegt, den Zusammenhang von Militarismus und Forschung herstellt, beantwortet und widerlegt haben. Wir können uns dem Eindruck nicht erwehren, daß die Erklärung der Hochschullehrer auf umständliche Art die Richtigkeit unserer Analyse anerkennt.

VI
„Die Würde der Andersdenkenden respektieren“

Das schreiben die Politikprofessoren auf S. 4 ihrer Erklärung. Es ist exakt das, wozu wir, die geehrten Herrn Professoren, ermahnen wollten. Sie gehen ohne Respekt mit Ihrem Kollegen Herrn Dr. Khella um. Wenn ein Wissenschaftler wie er, der sich während zwanzig Jahre um die Universität Bremen in jeder Hinsicht verdient gemacht hat, das von den Politikprofessoren erfahren muß, so stellt deren Verhalten das Maximum an Würdelosigkeit dar.
Zu dem würdelosen Verhalten dererseits zählt auch die Tatsache, daß diese im Dunkeln die Gerüchte gegen Herrn Khella streuen und sich weigern, sich mit ihm im Direktgespräch auseinanderzusetzen. Obwohl die Herren Albers, Koopmann, Offe, Wagner und Zoll mit Herrn Khella nie gesprochen haben, unterschreiben sie einen Brief gegen ihn. Ebensowenig hat der Verfasser der Erklärung der Hochschullehrer, Prof. Peters, und dessen Unterzeichner Prof. Zürn mit Herrn Dr. Khella gesprochen. Vielmehr berufen sie sich – wie sie auf Seite 1 ihrer Erklärung selber zugeben – ausschließlich auf Denunzianten. Ob sie persönlich wirklich Werke Khellas gelesen haben, sei dahin gestellt. Alles spricht vielmehr dafür, daß sie keine Arbeiten Khella's aus erster Hand kennen.

Wir werden uns weiterhin mit den Werken der genannten Politikprofessoren befassen und wären diesen deshalb sehr dankbar, wenn sie uns Exemplare ihrer Publikationen zur Verfügung stellen. Besondere Schwierigkeiten haben wir bei der Beschaffung ihrer Forschungsberichte und Zwischenberichte. Für Kopien wären wir Ihnen, geehrte Herren Politikprofessoren, sehr dankbar. Herr Khella hat uns bereits seine gesamten Schriften bereitgestellt. Auf Ihre warten wir noch.

VII
Nicht nur die Wortwahl verrät den Rassismus

Die Unterzeichner der Erklärung unterstellen uns, unseren bisherigen Dozenten an den Studiengang, so wörtlich, „einschmuggeln" zu wollen. Die Sprache und Denkweise erfüllt uns mit einem Gefühl von Empörung und Abscheu. Die Würdelosigkeit gegenüber einem international anerkannten Wissenschaftler können wir nicht teilen. Herr Khella hat es nicht nötig, „eingeschleust" zu werden. Vielmehr ist es eine Ehre für Bremen, wenn er an seinen Hochschulen lehrt.
„Einschmuggeln" schreiben die Politikprofessoren auf Seite 4 ihrer Erklärung zu unserer Argumentation, Khella wieder in seine Rechte einzusetzen. Diese zutiefst rassistische Ausdrucksweise, die zudem nichts beweist, zeigt den menschenverachtenden Hintergrund, von dem aus die unterzeichnenden Politikprofessoren argumentieren. Wenn sich die Unterzeichner der Erklärung für das Einschmuggeln von Lehrpersonen wirklich interessieren, dann raten wir ihnen, die bisherigen Berufungen an den Studiengang Politik nachzuprüfen.

VIII
Auf den Stufen der Eskalation

In dem Entwurf der Erklärung, die ursprünglich von Prof. Peters verfaßt wurde, räumte dieser die Möglichkeit ein, daß Khella auch künftig Seminare in Politikwissenschaft anbieten könne. Diese Kompromißbereitschaft verschwand in der später von Prof. Zürn unterzeichneten Erklärung. Wir bedauern die rasche Eskalation um den Lehrauftrag Khellas, die allein die Politikprofessoren zu verantworten haben. Die Zuspitzung dieser Verschärfung trat ein, als die Politikprofessoren sich dafür einsetzten, daß die Scheine, die an anderen Studiengängen erworben sind, nicht mehr in Politik anerkannt werden, wenn sie von Khella erstellt sind.

Unklar ist uns, warum die die Erklärung unterzeichnenden Professoren die Bedeutung der Anhörung vom 1. Oktober 1993 herunterspielen. Uns schien das Ergebnis dieser Verhandlungen und die anschließende Erteilung des Lehrauftrages das geeignete Mittel zu sein, das von seiten der etablierten Professoren gestörte Betriebsklima am Studiengang Politik zu entspannen. Die Unterzeichner der Erklärung widersprechen sich und machen sich weiterhin unglaubwürdig, wenn sie behaupten, daß sich durch die Verhandlungen am 1. Oktober nichts geändert hätte. Bei diesem ausschließlich aus Lehrpersonen, darunter der Sprecher des Fachbereichs und der Beauftragte für die Lehre im Studiengang Politik, zusammengesetzten Gremium, hat Khella eine Probevorlesung gehalten und Fragen der Teilnehmer beantwortet. Im Anschluß daran wurde der Lehrauftrag erteilt. Die Sitzung wurde ausdrücklich als Ersatz für ein auswärtiges Gutachterverfahren einberufen.

Auf Vorschlag des einladenden Gremiums stellte Khella seine Universalistische Geschichtstheorie vor, womit wir sagen wollen, daß es sich – entgegen der Behauptung der Erklärung – nicht um ein auf ein Semester bezogenes Gespräch gehandelt hat. Auf der Basis der Verhandlungen vom 1. Oktober 1993 wurden inhaltliche Bedenken ausgeräumt, denn Khella hat aufgrund dieser Anhörung den Lehrauftrag wieder bekommen.

IX
Wir fordern die öffentliche akademische Disputation

Die Politikprofessoren sind zur Fachdebatte am 7. Juli 1994 nicht erschienen. Wir unternehmen den Versuch noch einmal und laden Sie, sehr geehrte Unterzeichnende der Politikhochschullehrererklärung, ein – am: Dienstag, den 25. Oktober 1994 um 19.00 in B 2890. Wir würden uns auch sehr freuen, wenn Sie, sehr geehrte Damen und Herrn Mitglieder des Akademischen Senats, an dieser anberaumten Fachdebatte teilnehmen könnten. Herr Khella hat seine Teilnahme bereits zugesichert.
Wenn Sie, geehrte Politikprofessoren, zu diesem Zeitpunkt nicht können, dann machen Sie bitte einen anderen Vorschlag. Wir wollen mit den Methoden der Streuung von Gerüchten und Diffamierungen Schluß machen. Tragen Sie bitte ihre Einwände an den Inhalten der Werke Khellas öffentlich vor. Der Betroffene wird dazu Stellung nehmen.
Wir bitten Sie, unser nunmehr drittes Angebot (SS 1993, SS 1994 und jetzt WS 1994/95) nicht verstreichen zu lassen. Führen Sie die Debatte mit Herrn Khella öffentlich. Diskussion ist besser als Denunziation. Wir sehen die Fachdebatte als konstruktiven Weg an, Unterstellungen und Vermutungen am wissenschaftlichen Werk Khellas auszuräumen und die Kontinuität seiner Seminare nicht zu stören.

X
Antrag

Hiermit erneuern wir förmlich den Antrag auf Lehrauftrag für Herrn Dr. Khella mit Wirkung zum anstehenden Wintersemester 1994/95 und für das kommende Sommersemester 1995 zu den Themen:
Für jeweils 2 Semester:

1. Nord-Süd-Konflikt I + II (2 SWSt)
2. Europäisch-arabische Beziehungen I + II (2 SWSt)

Mit freundlichen Grüßen

AStA – Arbeitskreis Süd-Nord

AK-Süd-Nord – AStA/Universität Bremen
Bibliothekstraße – 28359 Bremen – Tel.: 0421 / 218 33 15

Literaturverzeichnis

Amin, S., The Arab Nation, Nationalism and Class Struggles. London 1976.

Amin, S., Eurocentrism. London 1988.

Aquin, Th. v., Über die Herrschaft der Fürsten. Stuttgart 1990.

Arbeitskreis Kritik der Wissenschaft, Auch wenn sie die (Vor-) Verurteilung beschlossen haben …, Der Lehrauftrag für Karam Khella muß erhalten bleiben!, Bremen 1993.

Arbeitskreis Süd-Nord (Hrsg.), Die unsichtbaren Mauern durchbrechen, Zu den Hintergründen der imperialistischen Politik der Hungerblockaden gegen die Völker des Südens, Mit Beiträgen von Ahmed Ben Bella (Algier), arab. Erzbischof Cappucci (Jerusalem), Karam Khella (Hamburg), Y.K. Ligatchev (Moskau), u.a. Hamburg 1994.

Auswärtiges Amt (Hrsg.), Deutsche Aussenpolitik nach der Einheit 1990-1993, Eine Dokumentation. Bonn 1994.

Bald, D., Heller, P., Hunsdörfer, V., Paschen, J., Appel, Die Liebe zum Imperium, Deutschlands dunkle Vergangenheit in Afrika. Bremen 1978.

Barnikol, E., Geschichte des religiösen und atheistischen Frühsozialismus. Kiel 1932.

Barthel, G., Nimschowski, H. (Hrsg.), Die Araber an der Wende zum 21. Jahrhundert. Berlin 1987.

Bedjaoui, M., Die Palästinafrage, Kolloquium arabischer Juristen über Palästina, Algier 1967. Beuel 1969.

Bernal, M., Black Athena, The Afroasiatic Roots of Classical Civilization, Vol. 1, The Fabrikation of Acient Greece 1785-1985. New Brunswick 1987.

Bernal, M., Schwarze Athene, Die afroasiatischen Wurzeln der griechischen Antike, Wie das klassische Griechenland ‘erfunden’ wurde. München, Leipzig 1992.

Bismarck, O.v., Gesammelte Werke, Stuttgart 1963.

Bismarck, O.v., Werke in Auswahl, (Milatz, Hrsg.). Darmstadt 1976.

Borries, B.v., Kolonialgeschichte und Weltwirtschaftssystem, Europa und Übersee zwischen Entdeckungs- und Industriezeitalten 1492-1830. Münster, Hamburg 1992.

Braun, K.-H., Genese der Subjektivität. Köln 1982.

Brezezinski, Z., Macht und Moral, Neue Werte für die Weltpolitik. Hamburg 1994.

Brik, N., Kibbuz, Legende und Wirklichkeit. Hamburg 1991.

Brückner, P., Zerstörung des Gehorsams, Aufsätze zur politischen Psychologie. Berlin 1983.

Büttner, K., Die Anfänge der deutschen Kolonialpolitik in Ostafrika. Berlin 1959.

Büttner, Th. (Leiterin eines Autorenkollektivs), Geschichte Afrikas, Von den Anfängen bis in die Gegenwart, Bd. 4, Afrika vom Zusammenbruch des imperialistischen Kolonialsystems bis zur Gegenwart. Berlin 1984.

Cabral, A., Die Theorie als Waffe, Schriften zur Befreiung in Afrika. Bremen 1983.

Castro, F. Die ökonomische und soziale Krise in der Welt ihre Auswirkungen auf die unterentwickelten Länder, ihre düsteren Perspektiven und die Notwendigkeit zu kämpfen, wenn wir überleben wollen. Dresden 1983.

Césaire, A., Über den Kolonialismus, Berlin 1968.

Chenu, M.-D., Thomas von Aquin. Hamburg 1992.

Churchill, W., Das indigene Amerika und die marxistische Tradition, Eine Kontroverse über Kultur, Industrialismus und Eurozentrismus. Bremen 1993.

Communist Working Group (Hrsg.), Unequal exchange and the Prospects of Socialism. Kopenhagen 1986.

Czempiel, E.-O., Weltpolitik im Umbruch, Das internationale System nach dem Ende des Ost-Westkonflikts. München 1992.

Davidson, B., Vom Sklavenhandel zur Kolonisierung, Afrikanisch-europäische Beziehungen zwischen 1500 und 1900. Hamburg 1966.

Diop, C. A., Civilization and Barbarism, An Authentic Anthropology. Brooklyn, New York 1991.

Dottke, B., Lernen zu widerstehen. Hamburg 1987.

Ehrhard, A., Fürst Pückler, Das abenteuerreiche Leben eines Künstlers und Edelmannes. Berlin, Zürich 1935.

Engelberg, E., Deutschland 1871-1897. Berlin 1979.

Engelberg, E., Bismarck, Urpreuße und Reichsgründer. Berlin 1986.

Engels, F., Der Ursprung der Familie, des Privateigentums und des Staates. Im Anschluß an Lewis H. Morgans Forschungen. Berlin 1953.

Engels, F., Die Entwicklung des Sozialismus von der Utopie zur Wissenschaft. Berlin 1955.

Fanon, F., Les damnés de la terre. Paris 1968.

Fanon, F., Schwarze Haut, Weiße Masken. Frankfurt a.M. 1980.

Fanon, F., Die Verdammten dieser Erde. Frankfurt a.M. 1981.

Fanon, F., Das kolonisierte Ding wird Mensch, Ausgewählte Schriften. Leipzig 1986.

Fleischer, H. (Hrsg.), Der Marxismus in seinem Zeitalter. Leipzig 1994.

Freire, P., Pädagogik der Unterdrückten. Hamburg 1973.

Freire, P., Dialog als Prinzip. Erwachsenenalphabetisierung in Guinea Bissau. Wuppertal 1980.

Freund, M., Deutsche Geschichte, Gütersloh, Berlin, München, Wien 1974.

Fröhlich, M., Von der Konfrontation zur Koexistenz, Deutsch-Englische Kolonialbeziehungen in Afrika zwischen 1884 und 1914. Bochum 1990.

Galeano, E., Die offenen Adern Lateinamerikas, Die Geschichte eines Kontinents von der Entdeckung bis zur Gegenwart. Wuppertal 1980.

Galeano, E., Von der Notwendigkeit Augen im Hinterkopf zu haben. Wuppertal 1992.

Gebhard, B., Handbuch der deutschen Geschichte, Stuttgart 1923.

Geiss, I., Geschichte griffbereit, Band 1-6. Dortmund 1993.

Geiss, I., Ballof, R., Fricke-Finkelburg, R. (Hrsg.), Epochen und Strukturen, Grundzüge einer Universalgeschichte für die Oberstufe. Frankfurt a.M. 1994.

Gemkow, H. (Leiter eines Autorenkollektivs), Friedrich Engels, Eine Biographie. Frankfurt a.M. 1970.

Gijsel, P., (Herausgeberkollektiv), Ökonomie und Gesellschaft, Jahrbuch 3, Jenseits von Staat und Kapital. Frankfurt a.M., New York 1985.

Grubbe, P., Der Untergang der Dritten Welt. Der Krieg zwischen Nord und Süd hat begonnen. München 1994.

Gupta, A., Kolonisierung durch Sprache am Beispiel Englisch in Indien, Vortragsmausskript. Berlin 1992.

Haasis, H.G., Spuren der Besiegten. Hamburg 1984.

Habib, I., Marx's perceptions of India, in: Marx on Indonesioa and India, Trier 1983.

Hahnsohn, D., Kappel, R., Schwarz-weiße Mythen, Afrika und der entwicklungs-politische Diskurs, Bremer Afrika-Studien Bd. 3. Münster, Hamburg 1993.

Haller, R., Neopositivismus: Eine historische Einführung in die Philosophie des Wiener Kreises. Darmstadt 1993.

Harbauer, H., Lemp, R., Nissen, G., Strunk, R., Lehrbuch der speziellen Kinder- und Jugendpsychatrie. Berlin, Heidelberg, New York 1976.

Harding, L., Reinwald, B., Cheikh Anta Diop, Afrika – Mutter und Modell der Zivilisation? Die Rehabilitierung des schwarzen Kontinents durch Cheikh Anta Diop. Berlin 1990.

Harding, L., Einführung in das Studium der afrikanischen Geschichte. Münster, Hamburg 1994.

Harstick, H.-P., Karl Marx über Formen vorkapitalistischer Produktion. Vergleichende Studien zur Geschichte des Grundeigentums 1879-80. Frankfurt a.M., New York 1977.

Hegel, G.W.F., Werke, Bd. 12; Bd. 18, Frankfurt a.M. 1970.

Heller, E., Arabesken und Talismane, Geschichte und Geschichten des Morgenlandes in der Kultur des Abendlandes. München 1992.

Henderson, W., Friedrich List, Eine historische Biographie. Reutlingen 1989.

Henecka, H.-P., Wöhler, K., Schulsoziologie. Stuttgart 1980.

Hentsch, T., L'orient imaginaire, La vision politique occidentale de l'Est méditerranéen, Paris 1988.

Hillgruber, A., Bismarcks Außenpolitik. Freiburg i.B. 1994.

Hippler, J., Die neue Weltordnung. Hamburg 1991.

Ho Tschi Minh, Revolution und nationaler Befreiungskampf, Reden und Schriften 1920 bis 1968. München 1986.

Hug, B., Busley, H. (Hrsg.), Geschichtliche Weltkunde, Bd. 1, Frankfurt a.M. 1978.

Hundt, M., Bund der Kommunisten 1836-1852. Berlin 1988.

Humboldt, A. v., Kosmos Bd. 2. Stuttgart 1869.

Hunke, S., Allah ist ganz anders, Enthüllung von 1001 Vorurteilen gegen die Araber. Bad König 1990.

Hunke, S., Allahs Sonne über dem Abendland, Unser arabisches Erbe. Frankfurt a.M. 1991.

Iggers, G., G., Geschichtswissenschaft im 20. Jahrhundert. Göttingen 1993.

Institut für Internationale Beziehungen an der Akademie für Staats- und Rechtswissenschaft der DDR (Potsdam Babelsberg, Hrsg.), Der Nahostkonflikt, Gefahr für den Weltfrieden, Dokumente, Von der Jahrhundertwende bis zur Gegenwart. Berlin 1987.

Institut für Marxismus-Leninismus beim ZK der SED; Institut für Marxismus-Leninismus beim ZK der KPDSU (Hrsg.), Der Bund der Kommunisten, Dokumente und Materialien, Bd. 1, 1836-1849. Berlin 1963.

Jensen, S. (Hrsg.), T. Parsons, Zur Theorie sozialer Systeme. Opladen 1976.

Junge, P., Asiatische Produktionsweise und Staatsentstehung, Zum Problem der logischen Analyse der Staatsentstehung in Klassengesellschaften mit Gemeineigentum. Bremen 1980.

Kautsky, K., Rasse und Judentum, in: Neue Zeit (Ergänzungsheft), Buchhandlung Vorwärts (Hrsg.). Berlin 1914.

Keller, K., Theorie und Praxis der Revolution. Hamburg 1981.

Keßler, M., Die kommunistische Internationale und der arabische Osten. (Dissertationsschrift). Leipzig 1982.

Khella, K., Zur Frauenfrage. Hamburg 1979.

Khella, K., Dialektischer und historischer Materialismus. Hamburg 1979.

Khella, K., Theorie und Praxis der Sozialarbeit, Bd. 2. Hamburg 1980.

Khella, K., Wörterbuch der Sozialarbeit, Sozialpädagogik und Sonderpädagogik. Hamburg 1980.

Khella, K., Sozialarbeit von unten, Praktische Methoden fortschrittlicher Sozialarbeit und Sozialpädagogik, Hamburg 1982.

Khella, K., Einführung in die Psychologie. Hamburg 1981.

Khella, K., Der israelisch-arabische Konflikt. Hamburg 1982.

Khella, K., Einführung in die Sozialarbeit und Sozialpädagogik, Adressaten der Sozialarbeit und Sozialpädagogik, Daten, Analysen, Praxis, Teil 1. Hamburg 1983.

Khella, K., Einführung in die Sozialarbeit und Sozialpädagogik, Die soziale Frage in der Bundesrepublik, Teil 2. Hamburg 1983.

Khella, K., Ägypten – von 1952 bis zur Gegenwart. Hamburg 1986.

Khella, K., Imperialismus heute, Jederzeit, überall, mit allen Waffen, Ökonomische Ausbeutung, politische Herrschaft und militärische Bedrohung des Globus, Über Ursachen von Reichtum und Armut in der Welt. Hamburg 1987.

Khella, K., Lagerkrieg. Hamburg 1987.

Khella, K., Brief an die Deutschen, Betr.: Irrationale Geschichtsaufarbeitung oder kein Abschied vom tausendjährigen Reich. Hamburg 1988.

Khella, K., Geschichte der arabischen Völker, (2. Aufl.). Hamburg 1988.

Khella, K., Die libysche Herausforderung, Innere Entwicklung und äußere Bedrohung eines aufregenden Experiments. Hamburg 1989.

Khella, K., Sie kommen wieder, Der 200jährige euroamerikanische Krieg gegen die Araber. Hamburg 1991.

Khella, K., Zionismus und palästinensischer Widerstand, Geschichte und Gegenwart. Hamburg 1991.

Khella, K., Brief des Dolmetschers oder die Antwort des Klägers auf die Kirchen. Hamburg 1992.

Khella, K., Tor der Totenklage, Somalia, Jemen, Golf, Araber in Schwarzafrika, Hamburg 1993.

Khella, K., Braucht der Norden den Süden? Bremen 1993.

Khella, K., Zweiter Brief des Dolmetschers. Hamburg 1994.

Khella, K., Geschichte der arabischen Völker. Hamburg 1994.

Khella, K., Die Bedeutung Bismarcks für den Sieg des deutschen Imperialismus oder Aufgaben zur Revision des 19. Jahrhunderts. Hamburg 1994.

Khella, K., „Universalistische Geschichtstheorie“, Grundlegung der „Universalistischen Geschichtstheorie“, Hamburg 1995.

Khella, K., Wie soll es weitergehen? Fragen zur Situation nach dem Abzug der PLO aus Beirut, in: Große Freiheit, Nr. 54, Hamburg 1982.

Khella, K., Libyen – Soziale Revolution und Imperialistische Aggression, in: Al Karamah, Zeitschrift für die Solidarität mit dem Kampf der arabischen Völker und in den Drei Kontinenten, Nr. 2, Marburg/Lahn 1986.

Khella, K., Zur Aktualität und Aktualisierung der Revolutionstheorie, in: Al Karamah, Zeitschrift der Solidarität mit dem Kampf der arabischen Völker und in den Drei Kontinente, Nr. 3, Marburg/Lahn 1986.

Khella, K., Reformismus, (unveröffentlichtes Vortragsmanuskript). Hamburg 1986.

Khella, K., Freiheitskampf (1945-1956), in: Tunesien, Wüste, Wasser, Weiter Süden, Übersee-Museum Bremen (Hrsg.). Hamburg, Bremen 1992.

Khella, K., Initiationsriten bei den Deutschen – Zur Anatomie des deutschen Rassismus, in: Arkaden, Rassismus in den Medien, Interkulturelle Zeitschrift, Jahrgang 2, Heft 1, Hildesheim 1993.

Khella, K., Das eurozentristische Afrikabild, in: Arkaden, Afrika – Verstehen und Handeln, Interkulturelle Zeitschrift, Jahrgang 3, Heft 1, Hildesheim 1994.

Khella, K., Der Sturm, die Explosion und das deutsche Superhirn, in: Arkaden, Interkulturalität, Familie und Weltbevölkerung, Interkulturelle Zeitschrift, Jahrgang 3, Heft 2, Hildesheim 1994.

Khella, K., Cuba und die neue Weltordnung, in: Cuba Si, Sondernummer 79. Wien 1994.

Khella, K., Epilog – Die neuen Mauern, in: Anachronia, Esprit cotre Temps, Spirit against Time, Geist gegen die Zeit, Nr. 1, Mai 1994.

Ki-Zerbo, J., Die Geschichte Schwarzafrikas. Frankfurt a.M. 1992.

Klaus, G., Buhr, M. (Hrsg.), Marxistisch-Leninistisches Wörterbuch der Philosophie. Hamburg 1977.

Klein-Franke, F., Die klassische Antike in der Tradition des Islam. Darmstadt 1980.

Kössler, R., Dritte Internationale und Bauernrevolution, Die Herausbildung des sowjetischen Marxismus in der Debatte um die asiatische Produktionsweise. Frankfurt a.M., New York 1982.

Korsch, K., Karl Marx. Frankfurt a.M. 1967.

Korsch, K., Politische Schriften. Frankfurt a.M. 1974.

Kowalski, W., Vorgeschichte und Entstehung des Bundes der Gerechten. Berlin 1962.

Kramer, F., Verkehrte Welten, Zur imaginären Ethnographie des 19. Jahrhunderts. Frankfurt a.M. 1977.

Krippendorff, E., Internationale Politik. Frankfurt a.M., New York 1986.

Kuhnen, G., Schlüter, H., Mythos revolutionäres Subjekt. Hamburg 1990.

Kurz, R., Auf der Suche nach dem verlorenen sozialistischen Ziel, Manifest für die Erneuerung revolutionärer Theorie. Erlangen 1988.

Lahme, R., Deutsche Außenpolitik 1890-1894. Göttingen 1990.

Lasky, M., J., Utopie und Revolution, Über die Geschichte einer Metapher oder Eine Geschichte des politischen Temperaments. Hamburg 1989.

Leclerc, G., Anthropologie und Kolonialismus. München 1973.

Léon, A., Kapitalismus und Judenfrage. München 1971.

Leonhard, W., Der radikale Kritiker, in: Der Tagesspiegel. Berlin 24.9.1994.

Liebknecht, W., Gegen Militarismus und Eroberungskrieg. Berlin 1986.

List, F., Werke, Bd. 5. Berlin 1928.

Loth, H., Afrika ein Zentrum der alten Welt. Berlin 1990.

Luhmann, N., Beobachtungen der Moderne. Opladen 1992.

Luxemburg, R. Die Akkumulation des Kapitals. Berlin 1923.

Machthan, L., Redemanuskript zur Eröffnung der Ausstellung „Bismarck und der deutschen Nationalmythos 1890-1940“ in der Staats- und Universitätsbibliothek Bremen am 30. September 1994.

Mährdel, C. (Hrsg.), Afrika, Geschichte von den Anfängen bis zur Gegenwart, Bd. 3, Afrika vom zweiten Weltkrieg bis zum Zusammenbruch des imperialistischen Kolonialsystems. Köln 1983.

Magazine Littéraire, Marx après Marxisme, Nr. 324, Paris Septembre 1994.

Markov, W., Anderle, A., Werner, E. (Hrsg.), Weltgeschichte, Die Länder der Erde von A-Z. Leipzig 1965.

Martin, P., Das rebellische Eigentum, Vom Kampf der Afroamerikaner gegen ihre Versklavung. Frankfurt a.M. 1988.

Martin, P., Schwarze Teufel, Edle Mohren, Afrikaner in Bewußtsein und Geschichte der Deutschen. Hamburg 1994.

Marx, K., Pariser Manuskripte, Ökonomisch-philosophische Manuskripte aus dem Jahre 1844. Berlin 1987.

Marx, K., Das Kapital, Buch. 1, Der Produktionsprozeß des Kapitals. Berlin 1955.

Marx, K., Engels, F., Aufstand in Indien, Berlin 1978.

Marx, K., Exzerpte und Notizen, September 1846 bis Dezember 1847, Karl Marx, Friedrich Engels, Gesamtausgabe (MEGA), Vierte Abteilung, Exzerpte, Notizen, Marginalien, Bd. 6 (Institut für Marxismus-Leninismus beim Zentralkomitee der Kommunistischen Partei der Sowjetunion und vom Institut für Marxismus-Leninismus beim Zentralkomitee der Sozialistischen Einheitspartei Deutschlands, Hrsg.). Berlin 1983.

Marx, K., Exzerpte und Notizen, Juli bis September 1851, (MEGA), Vierte Abteilung, Exzerpte, Notizen, Marginalien, Bd. 9 (Internationale Marx-Engels-Stiftung, Hrsg.). Berlin 1991.

Marx, K., Engels, F., Werke, Bd. 1-39. Berlin 1965-1969.

Mehring, F., Karl Marx, Geschichte seines Lebens. Berlin 1967.

Melville, R., Schröder, H.-J., Der Berliner Kongreß 1878. Die Politik der Großmächte und die Probleme der Modernisierung in Südosteuropa in der zweiten Hälfte des 19. Jahrhunderts. Wiesbaden 1982.

Mickel, W., Handlexikon zur Politikwissenschaft. Bonn 1986.

Milger, P., die Kreuzzüge, Krieg im Namen Gottes. München 1988.

Moltke, H.v., Gesammelte Werke, Berlin 1892.

Moltke, H.v., Unter dem Halbmond, Erlebnisse in der alten Türkei. Tübingen 1984.

Myrdal, J., Indien bricht auf. Bremen 1984.

Nehru, J., Weltgeschichtliche Betrachtungen, Briefe an Indira. Düsseldorf 1957.

Nohlen, D. (Hrsg.), Lexikon der Politik, Bd. 6, Internationale Beziehungen (Boeck, A., Hrsg.). München 1993.

Nohlen, D., Nuscheler F. (Hrsg.), Handbuch der Dritten Welt, Bd. 6, Nordafrika und Naher Osten. Bonn 1993.

Nkrumah, K., Revolutionary Path. London 1973.

N'udumbe III, K., Was wollte Hitler in Afrika?, NS-Planungen für eine faschistische Neugestaltung Afrikas. Frankfurt a.M. 1993.

Peters, A., Die Periodisierung der Geschichte und das historische Weltbild des Menschen. Wortlaut eines Vortrages an der Akademie der Wissenschaften (DDR) in Berlin am 2.11.1978.

Peters, A., Synchronoptische Weltgeschichte, 2 Bände. München-Solln 1982.

Peters, B., Die Integration moderner Gesellschaften. Frankfurt a.M. 1993.

Pippig, G., Beziehungen zwischen Kenntniserwerb und Entwicklung geistiger Fähigkeiten. Berlin 1980.

Politischer Club Potsdam e.V.; Instytut Zachodni Poznan (Hrsg.), Welttrends Nr. 4 (August 1994), Geopolitik, Ein altes Konzept wird neu befragt. Berlin 1994.

Polkehn, Palästina, Reisen im 18. und 19. Jahrhundert. Berlin 1986.

Rathmann, L., Berlin-Bagdad, Die imperialistische Nahostpolitik des kaiserlichen Deutschlands, Wahrheiten über den deutschen Imperialismus/9. Berlin 1962.

Rathmann, L. (Hrsg.), Geschichte der Araber, Bd. 1-7. Berlin 1971-1983.

Ravasani, S., Die große orientalische Gemeinschaft (Zusammenfassung in deutscher Sprache) in: Gamica bezorg scharq, Teheran 1991.

Ravasani, S. (Hrsg.), Beginnt eine neue Ära in der Weltgeschichte, Bd. 2. Oldenburg 1993.

Reich, W., Was ist Klassenbewußtsein. Berlin 1934.

Riedel, F., Die Unterrichtspraxis nach der Aneignungstheorie. Reutlingen 1981.

Rittberger, V., Internationale Organisationen, Politik und Geschichte, Europäische und weltweite zwischenstaatliche Zusammenschlüsse. Opladen 1994.

Rodney, W., Afrika, Geschichte einer Unterentwicklung. Berlin 1975.

Rohlfs, G., Phillipeville, in: Das Ausland, Nr. 1, Augsburg, 1. Januar 1869.

Ruffin, J.-C., Das Reich und die neuen Barbaren. Berlin 1993.

Russel, B., Philosophie des Abendlandes. Wien 1978.

Said, E., Orientalismus. Frankfurt a.M., Berlin, Wien 1981.

Said, E., Kultur und Imperialismus. Frankfurt a.M. 1994.

Sandkühler, H.-J., Die Wirklichkeit des Wissens. Frankfurt a.M. 1991.

Sartre, J.-P., Schwarze und weiße Literatur, Aufsätze zur Literatur 1946-1960 (König, T., Hrsg.). Hamburg 1984.

Schäfer, R., Saint-Simonistische Texte, 2 Bände. Darmstadt 1975.

Schöllgen, G., Imperialismus und Gleichgewicht, Deutschland, England und die orientalische Frage 1871-1914. München 1984.

Schöllgen, G., Stationen deutscher Außenpolitik, Von Friedrich dem Großen bis zur Gegenwart, München 1994.

Senghaas, D., Wohin driftet die Welt?, Über die Zukunft friedlicher Koexistenz. Frankfurt a.M. 1994.

Sezgin, F., Geschichte des arabischen Schrifttums Bd. 3. Leiden 1970.

Skinner, B. F., Erziehung als Verhaltensformung, Grundlagen einer Technologie des Lernens. München-Neubiberg 1971.

Skutnab-Kangas, T., Minderheitenbildungspolitik und Rassismus/Linguizismus, Vortragsmanuskript, XIII. Kemnade international. Bochum, 1.-2. Juli 1993.

Stalin, J., Der Marxismus und die nationale und koloniale Frage. Berlin 1950.

Streisand, J., Deutsche Geschichte von den Anfängen bis in die Gegenwart, Eine marxistische Einführung. Köln 1972.

Kim il Sung, Über Dschutsche in unserer Revolution. Pjongjang 1979.

Tablada, C., Che Guevara, Economics and politics in the transition to socialism. New York 1990.

Tillmann, K.-J., Sozialisationstheorien. Hamburg 1991.

Todorov, T., Die Eroberung Amerikas, Das Problem des Anderen. Frankfurt a.M. 1985.

Tumler, M., Der deutsche Orden, Von seinem Ursprung bis zur Gegenwart. Bonn-Bad Godesberg 1974.

Übersee-Museum Bremen (Hrsg.), Tunesien – Wüste, Wasser, Weiter Süden. Bremen/Hamburg 1992.

UNESCO-Kommission, deutsche (Hrsg.), Kulturaustausch zwischen Orient und Okzident, Über die Beziehungen zwischen islamisch-arabischer Kultur und Europa (12.-16. Jahrhundert). Bonn 1985.

Vinnai, G., Die Austreibung der Kritik aus der Wissenschaft, Psychologie im Universitätsbetrieb. Frankfurt a.M., New York 1993.

Voges, W. (Hrsg.), Methoden der Biographie- und Lebenslaufforschung. Opladen 1987.

Wagner, H., Der Arabisch-Israelische Konflikt im Völkerrecht. Berlin 1971.

Wagner, W. (Hrsg.), Kolonien und Missionen, 3. kolonialgeschichtliches Symposium '93. Münster, Hamburg 1994.

Waltz, V., Zschiesche, J., Die Erde habt ihr uns genommen, 100 Jahre zionistische Siedlungspolitik in Palästina. Berlin 1986.

Watts, M., W., Der Einfluß des Islam auf das europäische Mittelalter. Berlin 1992.

Wehler, H. U., Bismarck und der Imperialismus. Köln 1976.

Weitling, W., Garantien der Harmonie und Freiheit. Berlin 1908.

Weitling, W., Gerechtigkeit, Ein Studium in 500 Tagen, Bilder der Wirklichkeit und Betrachtungen des Gefangenen. Berlin 1977.

Werner, E., Markov, W., Geschichte der Türken, Von den Anfängen bis zur Gegenwart. Berlin 1979.

Williams, E., Capitalism and Slavery. New York 1941.

Wiß, E., Die elementaren Richtungen der Zeit, in: Republik Arbeiter (W. Weitling, Hrsg.). New York, 27. Mai 1854.

Wissmann, H.v., Afrika, Schilderungen und Ratschläge zur Vorbereitung für den Aufenthalt und den Dienst in den Deutschen Schutzgebieten. Berlin 1895.

Wittfogel, K., A., Die orientalische Despotie, Eine vergleichende Untersuchung totaler Macht. Frankfurt a.M., Berlin, Wien 1977.

Wolf, Eric R., Die Völker ohne Geschichte, Europa und die andere Welt seit 1400. Frankfurt a.M., New York 1991.

Wolter, H., Bismarcks Außenpolitik 1871-1881. Berlin 1983.

Ziegler, J., Genossen an der Macht, Von sozialistischen Idealen zur Staatsraison. Frankfurt a.M. 1988.

Ziegler, J., Der Sieg der Besiegten, Unterdrückung und kultureller Widerstand. Wuppertal 1989.

Zöllner, Geschichte der Kreuzzüge. Halle 1989.

Zürn, M., Interessen und Institutionen in der internationalen Politik, Grundlegung und Anwendungen des situationsstrukturellen Ansatzes. Opladen 1992.

Detlev Quintern / Kamal Ramahi

Qarmaten und Ihwān as-Safā'

Gerechtigkeitsbewegungen unter den Abbasiden und die universalistische Geschichtstheorie

ISBN 3-921866-97-9
480 Seiten
28 €

Das Buch behandelt eine der sowohl wichtigsten wie aufregendsten Epochen der Menschheitsgeschichte, deren Schauplatz das Kalifat der Abbasiden des 9./10. Jahrhunderts war. Die in der egalitären Gesellschaft der Qarmaten realisierte Utopie hatte einen Bestand von über zwei Jahrhunderten.
Schon vor über tausend Jahren übte sie eine Anziehungskraft aus, die weit über die arabische Halbinsel hinausreichte. Die auf Wissen, Gerechtigkeit und Toleranz erbaute Gesellschaft war auf die Entfaltung des Menschen ausgerichtet; im Erkennen der Einheit von Makro- und Mikrokosmos ist deren Verwirklichung vorweggenommen. Die Gerechtigkeitsbewegungen und ihre Ideenträger in den Wissenschaften dieser Epoche waren von der Einsicht angeleitet, den schöpferischen Einklang von Individuum, Gesellschaft, Natur und Universum zu vervollkommnen. Theoretisch, angewandt und gesellschaftsbezogen stellt das Autorenduett das Werk der Ihwān as-Safā' (Lauteren Geschwister) als Begründung des Humanismus im klassischen Universalismus vor.

Aus dem Inhalt:
* Die universalistische Erkenntnis- und Geschichtstheorie
* Die gnostische Lehrsystematik
* Von der Gnosis zum öffentlichen Auftreten der Qarmaten
* Das historisch-kulturelle Milieu unter den Abbasiden
* Lehre, Aufbau, Gliederung und Organisationsstruktur der Qarmatenbewegung
* Ihwān as-Safā' begründen eine neue philosophische Geschichtsepoche

Dottke/Quintern (Hrsg.)

Auch ein Licht durchbricht die Finsternis – Festschrift für Karam Khella

ISBN 978-3-921866-99-3
1. Auflage 1999 – 290 Seiten
19 €

Vor dem Hintergrund unterschiedlichster Disziplinen und Lebensgeschichten, an vielen Orten des Globus, haben WissenschaftlerInnen und FreundInnen Beiträge für diese

Dr. Karam Khella zum 65. Geburtstag

gewidmete Festschrift verfasst.

Es ist ein Buch entstanden, welches in seiner Interdisziplinarität und Vielgestaltigkeit Erkenntniswege öffnet, die ineinanderfließen und Karam Khella als einen außergewöhnlichen Gelehrten würdigen.

tp

Karam Khella

Die Universalistische Erkenntnis- und Geschichtstheorie

ISBN 978-3-939710-00-4
197 Seiten
12 €

Das Buch behandelt die Theorie, ist aber nicht weniger ein Buch der Praxis.
Es sind zwei Bücher in einem Band:
Im Mittelpunkt des ersten Teils stehen die Fragen der Erkenntnis:

- Ist objektive Erkenntnis möglich?
- Wie können wir Erkenntnissperren überwinden?
- Wie können wir Barrieren des Verstehens aus dem Weg schaffen?

Die Lösung dieser Probleme öffnet die Tür zu zielgerichtetem Handeln, zur Praxis.
Die Welt ist erkennbar – Die Welt ist veränderbar.
Es ist ein Buch für den Alltag. Jeder ist der Schöpfer seiner selbst. Jede ist Schöpferin ihrer Welt.

Warum denn ein Buch zur Geschichtstheorie?
Entgegen ihrem Anspruch, historisch-kritisch zu sein, erweist sich die Geschichtswissenschaft als ideologisches Mittel ersten Ranges. Alte Mythen werden durch neue, scheinwissenschaftliche Legendenbildung ersetzt.
Ist Geschichtswissenschaft möglich? Wie können eingefahrene Wege und Denkmuster überwunden werden?
Vielleicht werden Sie durch die Lektüre dieses Buches feststellen, dass Geschichte, Erkenntnis und Theorie viel aufregender sind, als Sie es sich vorgestellt haben.

Karam Khella
Universalistische Erkenntnis- und Geschichtstheorie

Sonderdruck deutsch aus „Geschichte der arabischen Völker"
ISBN 978-3-921866-59-7
2. Auflage 1995
72 Seiten
5 €

Universalistische Geschichtstheorie in arabischer Übersetzung
ISBN 978-3-921866-65-8
1. Auflage 1996 – 76 Seiten
10 €

Fondament de la „Théorie universaliste de l'histoire"
ISBN 978-3-921866-68-9
1. Auflage 1996 – 86 Seiten
10 €

Teoría Universalista de la Historia
ISBN 978-3-921866-69-6
1. Auflage 1996 – 74 Seiten
10 €

Üniversalist Tarih
ISBN 975-8674-07-2
1. Auflage 2006 – 192 Seiten
10 €

Universalistic Theory of Knowledge and History
ISBN 978-3-939710-22-6
1. Auflage 2020 – in Vorbereitung
10 €

tp

Karam Khella

Arabische und islamische Philosophie

und ihr Einfluß auf das europäische Denken

Karam Khella

Arabische und islamische Philosophie

und ihr Einfluß auf das europäische Denken

Theorie und Praxis Verlag

ISBN: 3-921866-98-7
416 Seiten, 2. Auflage 2014
25 €

Geschichte und Inhalte der arabischen und islamischen Philosophie

Ideen – Erkenntnisziele – Lehren – Aktualität – Einfluß auf das europäische Denken

Die klassische arabische Philosophie ist eine der bedeutsamsten Höhepunkte der Geistesgeschichte. Das Buch ist geeignet, in diese Philosophie einzuführen und sich in ihre Inhalte zu vertiefen. Kenntnisse der arabischen Sprache und sonstiges Vorwissen werden nicht vorausgesetzt. Es heißt zwar „Geschichte", ist aber ein Buch für unsere Zeit mit Antworten auf unsere Fragen, vielleicht auch mit Lösungen für die derzeitige Geisteskrise. Die Hauptlinien des arabischen philosophischen Denkens werden verständnisorientiert dargelegt. Wichtige Philosophen wie Kindī, Rāzī, Farābī, die Lauteren Geschwister, Ibn-Sī nā (Avicenna), Ibn-Rušd (Averroes) und Maimonides werden präsentiert, ihre Lehren jedem verständlich vorgestellt. Die stark humanistisch und ethisch betonten Ansätze werden vor dem Hintergrund ihres historischen Kontextes aufbereitet. Die arabische Klassik gewinnt in der Gegenwart erneute Aktualität.

tp

Karam Khella

Geschichte der arabischen Völker von den Anfängen bis zur Gegenwart

ISBN 3-921866-28-6
4. erweiterte Auflage 2007
600 Seiten
jetzt 22 €

Mit diesem Buch wird eine vollständige und integrierte Geschichte der arabischen Welt vorgelegt. Ausführlich wird auch die sonst kaum wahrgenommene Geschichte der Araber vor Muhammad behandelt. Der Islam wird im historischen Zusammenhang betrachtet, seine regionalen und weltgeschichtlichen Auswirkungen werden analysiert.

Aus dem Inhalt:
Anthropogenese – Vor- und Frühgeschichte – Arabien in der Urgesellschaft – Das arabisch-islamische Weltreich – Aufstieg und Niedergang des Kalifats – Orientalischer Feudalismus –Herausbildung der arabischen Welt – Die Bildung moderner souveräner arabischer Staaten – Gegenwärtige Gesellschaft und aktuelle Probleme der arabischen Länder

Neu in der vierten Auflage:
* Neuer Ansatz des historischen Herangehens
* Eine neue Periodisierungstafel zur Epocheneinteilung der Weltgeschichte
* Eine gesamtarabische Chronik, die mit der Universalgeschichte synchronisiert ist
* Umfangreicher Anhang mit Personen-, Orts- und Sachverzeichnis (über 2.000 Nachschlageworte informieren über alle Bereiche der arabischen und islamischen Welt).